Richard Grill
DIE gegängelte NATION

Richard Grill

DIE gegängelte NATION

Die Folgen der bedingungslosen Kapitulation

UNIVERSITAS

»Wir werden ihre Herzen zerbrechen«
(Churchill)

© 1994 by Universitas Verlag in
F. A. Herbig Verlagsbuchhandlung GmbH, München
Alle Rechte vorbehalten
Schutzumschlag: Wolfgang Heinzel
Satz: Fotosatz Völkl, Puchheim
Druck: Jos. C. Huber KG, Dießen
Binden: Großbuchbinderei Monheim, Monheim
Printed in Germany
ISBN 3-8004-1302-7

Inhalt

Einführung: Nach 50 Jahren 7

1 **Das Ziel:**
   Entmachtung und Entmündigung der Deutschen....... 13
   Die Handelnden, ihre Programme und ihre Völker – Der Interventions-Clan und Roosevelt: Ein Haß bricht sich Bahn – Der geliebte Krieg: Churchill: Right or wrong, my country – Frankreichs *gloire*: François-Poncet und de Gaulle – Stalin und Deutschland: Das heimliche Zentrum des Weltsozialismus – Treibender und Getriebener: Hitler
   Schwäche Deutschlands und Europas: Anreiz für Heilsbringer – Ausverkauf Deutschlands – Quarantäne für totalitäre Staaten? – Die Pazifik-Karte und die Atlantik-Charta – Das Kriegsziel 1943: Korrektur von Versailles
   Bedingungslose Kapitulation: Die Aufspaltung Deutschlands und der Friede in der Welt – Morgenthaus Plan? – Diagnose und Therapie – Finis Germaniae?

2 **Mittel und Wege:**
   Das müssen die Deutschen selbst machen 67
   Reeducation und Erziehung zum Marxismus-Leninismus – Das eine Volk: Der Widerstand, Hohn für deutsche Patrioten – Das viergeteilte Volk: Demokraten (-West)/Nazis, Demokraten(-Ost)/Faschisten – Ein Beitrag aus der evangelischen Kirche: Schuld und Scham – Ein Volk hat keine Psyche: Meinungsführer und ihre Klientel – Die lautlose Unterwerfung: Der »senkrechte« Mensch und der Friedenskämpfer
   Lizenzen, Schulen und Institute – Bei Weimar beginnen? – Weichensteller und Trittbrettfahrer – County-Schulen für deutsche Länder? – Wohlverhalten gegen Akten: Ein Institut für Zeitgeschichte entsteht

Geschichte steht zur Disposition: Ein Volk wird kriminalisiert – Fischers Griff zur Weltmacht und der Beginn der deutschen Geschichte – Ein Lehrstück: »München« – Die Entfesselung eines Weltkrieges und die ersten Kriegsverbrechen – Die Vertreibung, eine gerechte Sache?
Ersatzmittel für die ausgehöhlte und geteilte Nation – Der Weg zur Mark und der Aufbau des Sozialismus – Die kalkulierte Konfrontation: Wer hat den besten deutschen Staat? – Die Aufgaben für den Musterschüler

3 Die Lage: Die befriedeten und eingehegten Deutschen 176

Die Sklaven der dritten Generation – Der Revisor und die Falschbuchungen – Institutionalisierte Erpressung – Die guten und die schlechten Deutschen: Die überwältigte Biographie

Das Volk und seine Sprecher – Adenauer, der Kanzler – Brandt, der idealtypische Deutsche – Weizsäcker, ein Präsident für die Welt – Die Gnade der späten Geburt und die Verwalter der Gnade – Wer repräsentiert die Deutschen?

Made in Germany – Selbsthaß und Fremdenliebe – Die Nationalingenieure und ihr Volk – Thomas Fall: Ein weiteres Lehrstück – Pilsting: Ein authentischer Fall

Das Lied der Deutschen – Bundesrepublik – Ausgesiedelt – Ostdeutsche, Fernostdeutsche – Deutschstämmig – Einigkeit und Recht und Freiheit ... – ... für die Deutschen

4 Literatur- und Quellennachweis 248
5 Personenregister 256

Einführung:
Nach 50 Jahren

Im Januar 1992 verkündete Präsident Bush den Sieg. Der Konkurrent habe nun den Wettlauf aufgegeben. Die Welt möge applaudieren. Man klatscht Beifall, routiniert oder gelangweilt. Es gibt auch Begeisterung von Idealisten; manche freilich weigern sich, vor dieser Selbstsiegerehrung ihr Erinnerungsvermögen an der Garderobe zur (Welt-)Macht abzugeben.

Ist es ein Sieg?

Natürlich, der Marxismus-Leninismus-Stalinismus ist zusammengebrochen, soweit er sich als staatlicher oder überstaatlich organisierter Machtkomplex in die Weltgeschichte gedrängt hat, aber zerflossen ist auch die andere Weltformel, unkenntlich geworden der Weltfriede, der ausgerufen worden war vor einem halben Jahrhundert. Sehr viele spüren das, auch in den Staaten, für die ihr Präsident eine Art Jubeljahr ausgerufen hat, ganz biblisch, ergriffen, von was auch immer.

Bush hat sich getäuscht. Dieser Lauf hat wenig mehr gebracht als getrogene Hoffnungen und Gewalt. Die exportierten Formeln haben Kontinente revolutioniert, die verkündete Freiheit hat sich in millionenfachem Tod entladen.

Vor 50 Jahren wurde der Welt das Bild des großen freien Lebens vor dem Hintergrund eines Horrorgemäldes entfaltet. Es zeigte die Deutschen. Diese seien es, welche die Heraufkunft des Heiles behindert hätten, ihr Aggressionsdrang im Verein mit dem des pazifischen Partners Japan, böse Völker, welche ein weiteres Mal – jetzt in etwas anderer Besetzung als 1917 – die Welt unterwerfen möchten. Die schöne neue Welt, 1941 verkündet, bahnte sich in wenigen Jahren ihren Weg, auf dem die Völker sicher in die Zukunft schreiten sollten.

Noch bestehen – jedenfalls formal – die Feindstaaten-Artikel 53 und 107 der UNO (UNO 71; 103) gegen die Deutschen. So sollte der große Weltfriede garantiert werden.

Die schöne neue Welt hat seitdem wenig mehr als Neid, Haß und Tod gesehen.

Die Versehrungen, welche dem wankenden Siegläufer seit vielen Jahren widerfahren, sind anderer Art, als daß ihnen mit Nationalkosmetik à la Reagan oder Bush begegnet werden könnte. Die Ideale der einen großen wegweisenden Nation zerbröseln im Anspruch, sie durchzusetzen. Die Revolutionierung der Stämme und Völker gegen die europäischen und pazifischen Mächte schon während des Krieges schlug als Welle zurück in die abgeschirmten Villenviertel Philadelphias oder Montereys. Die Substanzen im *melting pot* gewinnen an Farbe, und die Gesellschaft taucht anders aus dem Kochdunst auf, als sie sollte. Der Sternenkrieg, mit dem der euroasiatische Konkurrent erschreckt und gefordert wurde, bewegt die hispanische und farbige Bevölkerung in den USA weniger als die Quote für nichtenglischsprachige Klassengruppen in den Schulen und die Frage, ob die Finanzbeihilfen für die Unterprivilegierten gekürzt werden.

Wenn diese Schwierigkeiten nur die Angelegenheit der Vereinigten Staaten wären wie der Zerfall der Sowjetunion die der Völker der GUS, könnte dies für die Deutschen auf sich beruhen.

Die »Befriedung« der Welt in einem Maße und einer Tiefe, wie dies keine der Hegemoniemächte alten Zuschnitts betrieben hat, zwingt uns jedoch in den Sturz der im Kampf um die Welt-Macht ineinander verkeilten Gegner. Keinem der Völker wurde das je »richtige« Bild der Welt so tief einzuprägen versucht, ja eingeprägt, wie dem deutschen. Es blieb nicht nur die Narbe, als die Deutschen zum Un-Volk erklärt wurden. Sie sind es im Bewußtsein der Friedensvölker weithin heute noch, wie dies aus der Charakterliste eines durchschnittlichen Films eines der früheren Propagandastudios etwa in Hollywood abgelesen werden kann oder aus dem ungläubigen Erstaunen, das den heutigen Deutschen in den Ländern der GUS begegnet.

Die Konkursverwalter der scheiternden Weltmächte haben

sich mit den Folgen zu beschäftigen, welche die Einteilung der Welt in neun Zehntel gute Menschen und ein Zehntel böse gebracht hatte – wie dies Roosevelts sehr beschränktem Verständnis klar schien – oder in ein Zehntel gute und neun Zehntel böse, wovon sein Friedenspartner Stalin – etwas realistischer – ausging. Bei beiden Mechanisten paarte sich diese Einsicht mit einer besonderen Art Auserwähltheit, in der sie sich so wenig unterschieden, daß der optimistischere Gevatter den anderen als vertrauten Freund ansehen konnte, wobei Stalin den Vorteil des Mißtrauischen wahrnahm.

Das in Grenzen verfaßte Ergebnis ist den Deutschen gegenwärtig, kaum die verheerende Wirkung, welche die Forderung nach bedingungsloser Kapitulation in Casablanca durch die beiden Ideologen und ihre Klientel brachte.

Das Jahr 1943 ist der wesentliche Einschnitt der neuesten deutschen Geschichte.

Die Kapitulation wurde in Reims am 8.5.1945 der deutschen Wehrmacht abverlangt und nach einer Formel angenommen, die kurzfristig und überstürzt erstellt worden war. Daß es zu diesem Zeitpunkt bei all der ausgeformten Kriegsplanung nicht zu einer nach allen Seiten abgeklärten Festlegung der Kapitulation gekommen war, kann nicht nur daran liegen, daß man 1944 für Europa noch mit einem Kriegsende für Sommer 1945 rechnete. Denn jede der in Deutschland umgesetzten Direktiven hatte eine lange und zum Teil sehr sorgfältige Vorbereitung. Wer sollte die Übergabe vollziehen?

Der Grundsatz der bedingungslosen Kapitulation enthält in sich die Verfügungsgewalt über alles; Land und Menschen fallen dem Sieger anheim. Es ist niemand anzuerkennen, der Bedingungen stellen könnte. Es ist aber auch nichts anzuerkennen, aus dem heraus eine Bedingung einsichtig wäre. Die bedingungslose Kapitulation regelt nicht nur die Sache, sie setzt die Norm und erklärt, sie deutet sie dem Unterworfenen.

Was an der bedingungslosen Kapitulation steckt in den Deutschen? Was ist die Erklärung für Pauschalbegriffe, ob Schuld oder Scham, die in dieser Form in der europäischen Geschichte der Völker und Staaten bisher unbekannt waren? Wieso äußern sich Vertreter des Volkes in einer Art über sich selbst, die für unsere Nachbarn undenkbar ist?

Diese nehmen dies zur Kenntnis, aber sie sind zutiefst unsicher. Der Kniefall schreckt, nicht die Widerrede gegen institutionalisierte Drohgebärden, ebenso irritiert die Anbiederung an Machtgegner im Konflikt um die Golfregion etwa, nicht das Wahrnehmen natürlichen Nationalinteresses.

Viele Geschichtsbücher in den Schulen sind durch verkürzte, ja falsche Sachinformationen und durch Tabus geprägt. Die Nation wird in eine Schemenwelt hinabgedrückt, weil es den Nachrichtenhändlern und Meinungsaktionären als weiterhin opportun dünkt, auf den einstmals lizenzierten, längst kapitalisierten Medienthronen die einmal gelernten Reeducation-Lektionen wiederzukäuen. Die Enkelgeneration hat Anrecht auf Sachverhalt und Unterrichtung, wenn schon die Kinder darin gestört und abgelenkt wurden und die Eltern verunsichert und behindert in ihrer Verpflichtung zu überliefern.

In die Propagandafeldzüge, welche die Verkünder der Weltformeln seit dem Ausbruch des großen Friedens als Ablenkung für ihr eigenes Scheitern führen, sind die Deutschen einbezogen, als Opfer, als Täter. Die Welt der Rivalen ist längst von selbstgemachten Belastungen und Konflikten gezeichnet. Die Deutschen aber haben als die Verursacher, als die Verschwörer gegen die Menschheit und den Frieden ihren festen Platz in ihrem Meinungsbild. Dem Autoschlosser in Detroit wie dem Landarbeiter bei Semipalatinsk, dem Kleinhändler in Birmingham wie dem Weinbauern in der Provence wird auch heute noch der Popanz aufgebaut; die instrumentalisierte Vergangenheitsschau läuft weiter. In Meinungswellen wurden und werden eigene Schwierigkeiten oder solche mit Satelliten oder Juniorpartnern mit Holocaust, deutschem Sonderweg und neuerdings »Großdeutschland« eingeebnet. Jede dieser Wellen, an der US-

Ostküste oder – früher auch – im Desinformationszentrum in Prag konzipiert, ergoß sich schnell über die Deutschen, wo Meinungssklaven – in wechselnder Besetzung – immer zur Hand waren und sind.

Die Forderung nach bedingungsloser Kapitulation und die Unterwerfung unter sie sollte mehr bewirken und hat mehr bewirkt als den Sieg über einen Machtgegner. Mit 1943 griffen die Architekten der neuen schönen Welt nachhaltig in das künftige Leben der Deutschen ein, so nachhaltig, daß dies sehr vielen nicht (mehr) bewußt ist, da sie die Gedanken ihrer Unterwerfer denken, deren Argumentationsstränge benutzen.

Der Zusammenbruch des eurasiatischen staatskapitalistischen Systems und das Wanken des pazifisch-atlantischen in Teilen staatskapitalistischen Systems fordern den 1918/19 zerrütteten und 1947/48 fast aufgeriebenen europäischen Kontinent und seine Völker heraus. Manchem Deutschen wird bewußt, daß die europäischen Einheitsformeln mehr und anderes sein müßten als Fesselung und Domestizierung oder »Einhegung« nur seines Volkes.

Daß ein wirtschaftlich ausgehöhltes Deutschland keine Alternative zu Hitlers Autarkiesystem sein könnte und durfte, wußten schon die amerikanischen und englischen Kritiker Morgenthaus 1944, aber daß eine Politik gegen ein entmündigtes, seiner selbst entkleidetes, ja entmanntes Volk eine kaum kenntliche und deshalb um so gefährlichere Art des versuchten und betriebenen Genozids ist, sollte denen zu denken geben, die in den neuen Herausforderungen nach den Deutschen und ihrer Verantwortung fragen.

Das Nachdenken über die Deutschen als mögliche Brücke für viele Völker Europas, ihre Rolle im Versuch, sich vor den stürzenden Trümmern des zusammenbrechenden Staates der roten Zaren zu schützen und zugleich nicht hineingezogen zu werden in den Machtstrudel des anderen taumelnden Weltbeglückungsriesen, fordert als erstes, daß die Deutschen überhaupt noch als Volk mit eigenem Willen und Umriß faßbar sind.

Noch bestehen die formenden Kräfte in der Welt als Völker oder Stämme. Solange dies so ist, sollten sich die Deutschen fragen, ob es genügt oder angeht, im Umgang mit Franzosen, Polen, Russen und Spaniern gut »bundesrepublikanisch« zu sein.

Die äußerste Form der Ver-rücktheit ist doch wohl erreicht, indem sich eine Politik-Historiker-Schule breitmacht, die mit den Begriffen »westintegrativ« oder »verfassungs-bundesrepublikanisch« auskommt, dabei aber anzumerken vergißt, ob sie sich dabei vielleicht doch auf Österreich bezieht. Noch gibt es keine Weltbürger und auch keine Euros, was erlauben würde, vom Psycho-Genozid an den Deutschen auszugehen und sich damit unvermerkt an der Spitze der Entwicklung zu sehen.

Die Extreme berühren sich im Kreis. Die Leugner des Nationalen stehen ganz nahe bei jenen, die Angehörige anderer Völker nicht gelten lassen. Sie negieren das eigene Volk. Inländerhaß ist nicht besser als Ausländerhaß, er ist freilich schwieriger zu erklären.

Die Deutschen nach den Anspannungen, Brüchen und Spaltungen der letzten Generationen wieder in eine ausgeglichene Lage zu bringen, wird nicht zuletzt auch davon abhängen, ob es ihnen gelingt, sich von den Mythen, Legenden und Formeln zu befreien, die über sie gelegt wurden.

Das Ziel: Entmachtung und Entmündigung der Deutschen

Einen Welt-Augenblick trat das deutsche Volk im Herbst 1989 aus der Schemenwelt. Was gezeigt wurde, woran nicht vorbeizukommen war, entsprach so gar nicht dem jahrzehntelang bemühten Bild vom machtlüsternen Verbrechervolk.

Man nahm sich das zum Vorurteil nicht passende Original vor und zog zuerst einen Braunschleier darüber, deutete nach kurzer Unsicherheit den Jubel als Machtrausch und bestimmte das Ergebnis der Einung der verbliebenen Staats- und Volksteile, das kleinste Deutschland seit 1000 Jahren, als »Großdeutschland« oder »Viertes Reich«.

Mit dieser Festlegung konnte man einschwenken in die Generallinie, die sich schon vor dem Ersten Weltkrieg abzeichnete. Sie äußerte sich im Bemühen der damaligen europäischen Weltmächte, den in der Mitte des Kontinents gewachsenen und dann verfaßten (Teil-)Nationalstaat auf folgendes Maß zurückzuführen: Deutschland sollte als sogenannter Festlandsdegen Englands tauglich und damit als Konkurrent in der Welt ungefährlich, für Frankreich im Bündnis mit der aufstrebenden Flügelmacht Rußland auflösbar, jedenfalls beherrschbar und für diese selbst als Vorfeld ins westliche Europa hinein lenkbar sein.

Der Zug Napoleons mit den deutschen Stammeskontingenten 1812 prägte diese Vorstellung ebenso wie die Kriege, die England auf dem Festland ablaufen ließ; der Gegenzug Alexanders I. nach dem Westen 1813 bot den weiteren Hintergrund. Denn die Eroberung von Paris 1815 war in der Vorstellung der in Wien versammelten Mächte alles andere als eine »deutsche« Unternehmung. Ein wesentliches Ergebnis des Wiener Kongresses war die Verhinderung eines deutschen Nationalstaates.

Die europäischen Mächte verbanden mit dem seit 1848 denkbaren Entwurf eines deutschen Nationalstaates den Vorsatz, in diesem Land Volks- und Staatsgrenzen nicht zur Deckung kommen zu lassen. Die Entscheidung für Preußen 1862/66 war die gegen Deutschland. Das von Rußland und England geförderte Preußen-Deutschland unterbrach die demokratisch-liberale gesamtnationale Linie der Paulskirche 1848 an eben dem Punkt, der in der Bündelung der technischen und organisatorischen Möglichkeiten sowohl die kontinentalen Absichten Englands wie die maritimen Rußlands in Frage stellen konnte. Frankreich wurde zu beider Juniorpartner und konnte bei erstmöglicher Konfrontation hoffen, das inzwischen überraschend mächtig gewordene Bismarckreich zurückzuschneiden. Daß dies in den Pariser Vorort-Beschlüssen in extremer Weise geschah, entfachte im entmachteten und gedemütigten Deutschland nicht vermutete Regenerationskräfte. Sie führten auch durch die Auflösung der Donaumonarchie die in den Nachfolgestaaten zur Entnationalisierung freigegebenen Deutschen wie das Rumpfvolk selbst zur Frage, wer ihre Selbstbestimmung garantieren könne, wenn schon die Garantiemächte die im Rausch des Sieges übermütig gemachten Mit-Sieger nicht zähmen konnten oder wollten.

Der Ruf nach der Einung der Deutschen erwuchs aus der nicht überbrückten Spannung zwischen dem 1917 verkündeten neuen Weltgrundsatz der Selbstbestimmung und der mit der Kriegsschuldzuweisung gehandhabten Fremdbestimmung. Darin blieben die Deutschen so lange, wie Frankreich die Auflösung des östlichen Nachbarstaates durch separatistische und revolutionäre Versuche – vergeblich – betrieb und England 1938 feststellte, daß der nicht ausgehandelte Friede unhaltbar blieb.

Die 1918/19 geschaffenen, ineinander verkeilten Nationalstaaten waren überdies für England kein geeignetes Exportfeld. Rußland unterwarf in dieser Zeit das alte Staatsgebiet in einer harten und mörderischen, von Roosevelt sofort nach dessen Regierungsantritt unterstützten Umwälzung. Sämtliche im Gürtel um Deutschland konstruierten Staaten verhärteten sich in Militär- oder Weltanschauungsautoritarismen oder -diktaturen. Denn auch eine der gewagtesten Konstruktionen der Sieger, die quer durch das östliche Mitteleuropa gelegte Tschechoslowakei, war der Wirkung nach ein ideologiegespeistes System darin, daß es bei garantierten Rechten für die Einzelbürger den wahldemokratischen Mehrheitsgrundsatz gegen die ihr zugeschlagenen Minderheiten anwandte. Sie konnte schon im Januar 1919 aus dem Munde ihres Präsidenten Masaryk die Hoffnung verkünden lassen, die Deutschen durch »sehr rasche Entgermanisierung« (Zit. Habel 118) an die Grenzen zurückzudrängen. – Das 1916 von den Mittelmächten geschaffene, 1918 mit demokratischer Aura umgebene Polen wählte sofort eine andere Form der Entnationalisierung: Es begann Hunderttausende Deutsche aus dem ohne Abstimmung zugeschlagenen gemischtbesiedelten Gebiet zu verdrängen und zu vertreiben – Beginn der chauvinistischen Ausbrüche in Mitteleuropa und der Westbewegung dieses Staates und Volkes, die hinter der Propaganda-Nebelwand eines fiktiven deutschen Ostlandritts abliefen.

Die Inanspruchnahme der Selbstbestimmung durch das jeweilige »Staats«-Volk allein durch die Sieger und deren Trabanten lud die im System des Staatengleichgewichts schon bestehenen Spannungen deutlich auf. Die derart »bevorrechteten« Völker suchten ihre Wurzel tief in der Geschichte. Die Serben erinnerten an den St.-Veits-Tag 1389 als an den Auftrag, alle Südslawen von jeglicher Knechtschaft zu befreien, die Tschechen nahmen Hus für ihr Staatskonzept in Anspruch und mußten deshalb ihr Bundesvolk, die Slowaken, genauso befrieden wie die Deutschen. Die Polen beschworen für ihre nach Westen und Osten weit über die Siedlungsgrenzen ausgreifende Republik die – schlesischen – Piasten und die – litauischen – Jagiellonen.

Die Deutschen konnten sich zur gleichen Zeit an ihre Teilungen und Spaltungen erinnern als an die geglückten Versuche der Nachbarn, das zur sprachlich-kulturellen und wirtschaftlichen Einheit zusammenwachsende Volk nicht zur Nation werden zu lassen. Darin waren sich im 19. Jahrhundert die Staatsmänner der europäischen Mächte einig.

Der Spruch von Versailles und St. Germain gegen den Beitritt

Deutschösterreichs und damit auch eines großen Teils der Deutschen aus den anderen Gebieten der zerschlagenen Donaumonarchie wurde gefällt, nachdem die Dynastien gestürzt oder abgetreten waren.

Dies ist der Widerspruch: Das preußisch-deutsche Kaisertum sollte als Sinnbild des obrigkeitshörigen deutschen Machtrausches 1919 vor den Welt-Richter zitiert werden, das von ihm befreite Volk wird aber in der Wahrnehmung des eigenen Interesses auf Dauer behindert.

Die Entmachtung der Deutschen äußerte sich in Gebietsabtretungen, Eingriffen in die territoriale Hoheit und finanziellen Forderungen. Versailles zielte jedoch noch weiter. Wenn auch die Aufnahme des Kriegsschuldartikels nach außen hin mit dem Hinweis begründet wurde, damit seien die Reparationsforderungen abzusichern, maßten sich die Friedensmacher damit ein Urteil an, das eine Nation des europäischen Systems im Kern traf. Denn die Lösung von Machtfragen wurde anders als bisher nicht nur an die Kriegsentscheidung geknüpft, sondern an die Vorausverurteilung des Machtinteresses *eines* Staates und Volkes. Die Forderungen und Zumutungen des Jahres 1943 stehen damit schon am Horizont. Die in Deutschland nach 1919 heftig geführte Diskussion um diese Teilentmündigung enthob die Machtgegner für viele Jahre einer Stellungnahme. Gegen die Deutung der Niederlage als alleiniges Versagen der – wie bei den Gegnern – einer parlamentarischen Kontrolle weitgehend entzogenen Kriegsführung setzten die verbliebenen Machtreste die dann als »Dolchstoß« bezeichnete Argumentation, so daß sich die in der Kriegs- und ersten Nachkriegszeit angesichts der Hungerblockade formierte Schicksalsnation zu zerfleischen begann. Nach der abgewehrten separatistischen und revolutionären Gefährdung kehrte das Staatsvolk bei aller Auseinandersetzung, wie es überleben könne, zum Gegenstand zurück: Wie alle Parteien in der Frage der revisionsbedürftigen Grenzen eins waren, so auch in der Forderung nach Streichung des Versailler Artikels 231. Deshalb ist sie für den Aufstieg und Sieg des einen Flügels des sozialistischen Blocks, des nationalen, keineswegs so erheblich, wie dies seit 1933 und 1943 den Deutschen einzuhämmern versucht wird. Darin ist in der Propaganda der Nationalsozialisten wie der Kriegsalliierten eine bemerkenswerte Übereinstimmung festzustellen.

Die Diktatmächte weigerten sich, in die anlaufende Revision der die Sieger selbst gefährdenden Strafbestimmungen, der wirtschaftlichen, den Kriegsschuldvorwurf einzubeziehen. Er wurde nicht zurückgenommen, schien durch den Machtzuwachs seit 1929, dann unter Hitler, obsolet und wurde durch die Forderung nach bedingungsloser Kapitulation 1943 überholt.

Diese erlaubte nicht nur eine Aussage zu einem zeitlich und materiell begrenzten Ausschnitt der Nationalgeschichte, also 1933 bis 1945, sondern unterwarf diese insgesamt dem Spruch des Gerichts, das sich berufen fühlte, die Welt von allem Unrat zu säubern für die Heraufkunft des Heiles. Dieses war seit 1941 wie mit den Gesetzestafeln des Moses angekündigt in der »Atlantik-Charta«. Es hatte sich mit einem Wirtschaftskrieg, dann einem nicht erklärten Krieg schon vor Jahren Bahn gebrochen, auch im Pazifik.

Die Handelnden, ihre Programme und ihre Völker

Die bedingungslose Kapitulation sollte nicht nur die völlige Entmachtung des Staates bestätigen, sondern die Entmündigung der Deutschen gewährleisten. Sie erlaubte den Zugriff auf die deutsche Geschichte, ja machte ihn zwingend in der Setzung der Eckdaten und deren Deutung. Sie hatte die Generationen Deutscher im Blick, die in der Friedenswelt unter gänzlich befreiten und freien Völkern leben würden. Die Besatzungszeit selbst wurde in den Planungen mit etwa zwei Generationen angesetzt. Recht besehen, trifft dies weitgehend zu, wenn die Stationierung eingerechnet wird.

Roosevelt faßte eineinhalb Jahre nach Casablanca die Kriterien für die Friedensplanung in den Worten zusammen, daß »dem deutschen Volk beigebracht werden müsse, daß es sich in eine gesetzlose Konspiration gegen die Würde der modernen Zivilisation eingelassen habe« (Zit. Schrenck-N. 81).

Es stand demnach eine große Erziehungsaufgabe an. Die vom Interventionsclan um Roosevelt bestimmten Lern- und Erziehungsziele hatten sich also vorrangig damit zu beschäftigen, den Deutschen in Lernschritten klarzumachen,
- was eine Konspiration ist,
- inwiefern sie gesetzlos war,
- wie und worin sich die Deutschen in diese eingelassen hatten und
- worin die Würde der modernen Zivilisation bestünde oder weiterbestehen solle.

Dazu muß in den Instituten und Schulbuchverlagen Geschichte neu geschrieben werden – und keineswegs nur die zwischen 1933 und 1945 geschriebene –, und neu zu deuten an den Medientischen und Rundfunkpulten.

Die Blaupausen wurden noch während des Krieges angefertigt, beginnend bei den »Deutschen« als den blindwütigen Eroberern an den Dardanellen, in Karthago, in ...

Das alles ist irgendwie bekannt: die Gleichsetzung der Germanen – auch der untergegangenen Völker – mit den Deutschen, die Beschwörung von »National«-Eigenschaften, die Inanspruchnahme geschichtlicher Daten für die Propaganda. Das meistgelesene Buch über Deutschland in den Vereinigten Staaten überhaupt stellt bündig fest, daß »... das deutsche Volk ... immer der Erzverschwörer gegen die Zivilisation (war)« (Nizer, 11, 40). Eisenhower, der dieses Buch innig liebte – schließlich waren seine Vorfahren diesen Barbaren entkommen –, empfahl es all seinen Offizieren als notwendige Lektüre zur Information darüber, in wessen Land sie die Bomben fallen und die Panzer vorrücken ließen. Harry S. Truman befand: »Jeder Amerikaner sollte es lesen« (Zit. Schrenck-N. 59). Roosevelt steht nicht in Verdacht, ein Kenner der Geschichte gewesen zu sein. Der Entwurf zum Deutschlandbild war ihm ins Weltkonzept geschrieben worden. Natürlich war es für einen seiner Nachfolger eine Ehre, Gleiches zu denken wie sein damaliger Oberbefehlshaber. Andererseits hatte der Heerführer doch wohl an einer Militärakademie Geschichtsunterricht gehabt?!

Der Entwurf für die deutsche Geschichte zielte, abgesehen von den Horrordaten seit den Ostgoten, auf 1918 als die nicht anerkannte Niederlage, auf 1933, 1939 und auf das bei der Kapitulationsplanung noch nicht benennbare Jahr, an dem die Rechnung präsentiert würde, das Jahr Null der für die Deutschen konzipierten neuen Zeitrechnung.

Eine Zeitwende war angesagt – auch hier eine auffällige Wort- und Sinnparallele zur NS-Geschichtsschreibung –, für die christlich oder deistisch geprägten Deutschen ein Gnadenjahr: Gnade der Stunde Null.

Verdeckt blieb im Geschichtsentwurf für die Deutschen das Epochenjahr 1917, unerheblich 1932 und 1937, unausgesprochen das Schicksalsjahr 1943.

Die zwölf Jahre wurden herausgezerrt, herausgebrochen aus der europäischen und deutschen Geschichte.

Begriffe wurden besetzt:

Imperialismus und Totalitarismus ließen sich ehrlichen und vollen Herzens nur mehr mit »deutsch« verbinden. Dabei wäre auch nach den Imperialismen zu fragen gewesen, welche fast die ganze Welt besetzt hielten, nach den Totalitarismen innen und außen, mit denen man sich im Weltkrieg verbündet hatte: Die in den Häfen der Ostküste zur Abwehr Deutscher verpflichtete Mafia und das Stalinsche System schwappten bald in das staatliche Demokratiegehege.

Zudem, wer nur kann einen Weltkrieg beginnen, wer ihn führen, wer ihn beenden? Doch wohl nur eine Weltmacht. Aufgerichtet wurden die Gesetzestafeln, auf denen dann eingemeißelt wurde: Kollektivschuld, Kollektivscham, deutscher Sonderweg ...

Wenigstens 50 Jahre galt es 1943 neu anzuordnen. Die 100 Jahre, die seit der Eingrenzung der Deutschen vergangen sind, haben viele Gesichter.

Das Vorspiel begann um 1890, in den Jahren, in denen sich der Ring um das deutsche Teilreich zu bilden begann, in denen die französisch-russische Militärkonvention die Markierung legte. Mit der Jahrhundertwende wurde die wirtschaftliche Kraft, die von dem Deutschen Reich ausging, in England für so bedrohlich gehalten, daß nach dem kolonialen Ausgleich mit Frankreich auch der imperiale mit Rußland vorangebracht wurde. Mit dem von dort nach Südosteuropa und Ostmitteleuropa drängenden Panslawismus wurde die weiche Flanke des Zweibundes Deutsches Reich/Österreich-Ungarn auf Sicht geöffnet. Der deutsche Versuch, dies zu verhindern, endete mit den Kämpfen in den Schützengräben.

Inzwischen hatte die Revolutionierung der Welt schon eingesetzt. Aus dem Schuldnerland USA war durch die Kriegslieferungen ein Gläubigerland geworden, das sich Zins und Tilgung eher bei den Siegern erhoffte. Der Isolationismus, schon seit der »Öffnung« Japans 1854, der Eroberung der Philippinen 1898 und der Kanalöffnung bei Panama 1903 für den pazifischen Raum aufgegeben, hatte mit der bewaffneten Kriegs-Handels-Schiffahrt im Atlantik die letzte Zone geräumt. Die Intervention zielte nur vordergründig und vorläufig auf den bisherigen Handelspartner Deutsches Reich. Sie hatte eine Welt im Blick, für welche die imperialen Maße in der Machtmeile am Potomac ganz in der Art vermessen wurde, wie dies das Vorbild Rom nicht nur im baulichen Gestus forderte. Das »vierte Rom« lag im Grundriß fest, bevor das dritte in eine – wie es schien – tödliche Krise geriet.

Diese Krise im Epochenjahr 1917 stellte das andere Modell der Friedenswelt vor, das sozialistische, das sich im zerrütteten

Rußland vorläufig festsetzte und – nicht nur nach dem weltanschaulichen Konzept Marx/Lenin – das Zentrum dort haben sollte, wo die Wirtschaft im Fortschritt war, im Industriegürtel Mittel- und Westeuropas. Damit lagen die Deutschen schon während des ersten Krieges in sich überschneidenden Gravitationslinien der beiden neuen Weltmächte, der Flügelmächte, wie sie Tocqueville schon lange zuvor geortet hatte.

Bei der Entmachtung und Fesselung des Deutschen Reiches wie der Zerstreuung der Deutschen in der Donaumonarchie saß die westliche Flügelmacht 1919 am Verhandlungstisch, vorgeblich – wie seitdem häufig entschuldigend dargestellt wird – ausgespielt, ausgetrickst, ja genötigt von den trunkenen Mitsiegern, tatsächlich doch wohl eher überrascht und verunsichert von den Konsequenzen, die sich mit dem Sieg in Europa ergaben. Der Kongreß stellte dies auch klar, er ratifizierte die Vorort-Verträge nicht.

Das östliche Weltmodell hatte sich unterdessen der Intervention der westlichen Alliierten und ihrer Juniorpartner zu erwehren, Englands vor allem und Polens, bevor es – vorerst – die russische Erde sammeln konnte. Die Räterepublik sah sich als Nachfolgerin Rußlands durch einen neuen Staatengürtel von der heimlichen Hauptstadt Berlin abgeschnitten, dem Berlin, das für 20 Jahre als weiterwirkendes Zentrum fortgeschrittener europäischer Wirtschafts- und Sozialentwicklung zunehmend für die USA an Bedeutung in dem Maß gewann, als die europäischen Sieger Frankreich und England im Kolonialbereich den wirtschaftlichen und bald auch den politischen Einfluß an sie verloren, bis der zweite Eingriff in einen europäischen Krieg die Handhabe bot, auch die Reste des alten Kontinentalsystems aufzulösen und die Welt – ganz im Sinne der neuen Römer – zu befrieden.

In den 20 Jahren der wirtschaftlichen Aufrüstung und weltweiten Ausbreitung der Vereinigten Staaten bemühte sich das anfangs präsidial-parlamentarische Deutsche Reich, die ärgsten wirtschaftlichen und politischen Fesseln zu lockern. Es erfuhr dabei keine Hilfe. Die Nachbarstaaten bedrohten es durch ihre Entwicklung. Sie verließen, südlich mit Italien beginnend und auch östlich, die demokratischen Formen, die das neue Machtsystem gewährleisten sollten. Schließlich ging das Deutsche Reich vor der nationalen wie autoritären Bedrohung als letzter der größeren Staaten 1932 selbst diesen Weg, der ihm mehr Stärke zu garantieren schien. Es war der Infektion durch die Nachbarn erlegen – nicht umgekehrt!

Mit der Selbstentmachtung des demokratischen Systems in Preußen und im Reich ging der immer noch unter Kuratel des Artikels 231 stehende besiegte Staat in der europaweiten antiparlamentarischen Flut unter. Daß sie kontinentweit war, belegt auch die völlige Lähmung in Frankreich, das der inneren Gefährdung 1936 ohne große Ehre erlag.

Diese Zusammenhänge galt es in der Geschichtssetzung für – also: gegen – die Deutschen zu verwischen.

Während noch die europäischen Machtverflechtungen dem kundigen Zeitgenossen präsent waren, wurde in den Vereinigten Staaten – unterstützt durch französische Vordenker – ein neues Bild entworfen.

Es war nicht vielschichtig, wie die Verhältnisse waren; es war grobstrichig, plakativ, wie es nun einmal Ideologien zustande bringen. Gegenüber dem nun für die Deutschen gemachten Geschichtsentwurf nimmt sich sogar die völkische Geschichtsideologie, wie sie unter Hitler in Deutschland staatsverordnet gepflegt wurde, vergleichsweise anspruchsvoll aus, weil sie immerhin – als Beispiele – die deutsche Geschichte doch erst da beginnen ließ, seitdem es »Deutsche« gibt, also bei den karolingischen Teilungsverträgen und dem deutschen Königtum, und die geschichtlichen Strukturen als solche nahm und nicht – wie hier und im sozialistischen Gegenbild – als Steinbruch.

Entmachtung und Entmündigung der Deutschen werden nicht so sehr oder nur in der Niederlage und Auflösung ihres Staates offenbar, sondern im Zugriff auf die Tradition und damit das Selbstverständnis der Kultur- und Schicksalsnation. Dieser Zugriff erfolgte unter einem hehren Anspruch, dem des Friedens auf der Welt. Er einte Machtgegner für eben die benötigte Zeit, um das im ersten Anprall – 1919 – erschütterte Volk in Mitteleuropa in einem zweiten Versuch als Nation zu zersplittern und aufzulösen, seiner selbst zu entkleiden oder – wie es der für einprägsame Kennzeichnung immer bereite Churchill verlangte – zu entmannen.

Der Interventionsclan und Roosevelt: Ein Haß bricht sich Bahn

Die Geschichtsentwürfe in den Vereinigten Staaten sind – überspitzt ausgedrückt – jene der einwandernden Europäer. Das zeigte sich schon bei der Staatsgründung durch die Engländer, welche kraft Kolonisation zu Oligarchen im neuen Land geworden waren. Im 20. Jahrhundert wurde einem Emigrantenschub die Gelegenheit geboten, innerhalb eines Jahrzehnts sein importiertes und damit schon eingeengtes Weltbild zu überarbeiten und mit den Machtmitteln der größten Industrienation über Deutschland zu legen.

Die wirtschaftliche Ausweitung in den USA war in den *roaring twenties* konvulsiv, in Aufschwüngen und Zusammenbrüchen, vorangetrieben worden. Das enthemmte Gewinnstreben sah am Wege aufstrebende Schichten, aber auch verhungernde Farmer. Der sich selbst überantwortete Liberalismus fand bei der Wahl des Präsidenten 1932 keine Integrationsfigur mehr. Der Ruf nach dem Volksführer traf zeitgleich wie Europa und Deutschland auch die USA, der Ruf nach Rettung, Sicherheit und Heil. Die Populisten hatten weltweit Hochkonjunktur; es traf Gefreite wie Hitler, Korporale wie Mussolini, Offiziere wie Göring, Churchill oder den Polen Beck, aber auch schlichte Nichtgediente, die für Seeschlachten schwärmten und vergleichbare Sehnsüchte hatten, wie eben Roosevelt.

Der Sohn einer landadeligen Familie am Hudson ohne abgeschlossene Berufsausbildung und erkennbare professionelle Fähigkeit, der in einem Anwaltsbüro, in das er wegen seiner Herkunft aufgenommen worden war, von ernsthaften Rechtsgeschäften ferngehalten werden mußte, durfte bald seine Standesgenossen des Staates New York als Senator vertreten. Er sah gut aus und berechtigte deshalb zu den größten Hoffnungen. Ein Beobachter notiert, es sei von ihm keine selbständige zusammenhängende längere schriftliche Darlegung nachgewiesen. Das muß kein Nachteil sein, wie sein politischer Weg beweist. Er reiste mit seinen Eltern als Kind und sehr junger Mensch nach Europa. Er hatte also die Welt gesehen, was ihm gegenüber Mitbewerbern einen großen Vorteil bot. Von seinen Gaben dürfte jene die folgenreichste gewesen sein, daß er Anmutungen, etwa, er sei ein *scholar*, ein Gelehrter also, oder ein durchdringender Analytiker, Feldherr und so fort, jeweils mit höflichstem Lächeln annahm, so daß er an seinem Lebensende fast mit Stalin gleichgezogen hatte, der nicht nur ein Marschall, sondern auch Philosoph, Historiker, Pädagoge und sonst noch einiges war, jeweils in der Spitzenklasse.

Bis fast in sein 40. Lebensjahr hatte Roosevelt, wiewohl er kurz vor dem Krieg zum Unterstaatssekretär der Marine gemacht worden war, weder etwas Nennenswertes geleistet noch auch sich ein umfassendes Bild von seinem Land und der Welt gemacht. Er lebte das Leben des Landedelmannes vom Hyde Park, der materiellen Sorgen dank der Tüchtigkeit seiner Vorfahren enthoben war, in seinem Rücken eine ehrgeizige, willensstarke und nicht unbegabte Frau, deren Stunde noch kommen sollte.

Sie kam 1921, als ihr Gatte an Kinderlähmung erkrankte. Nun lernte er: Leiden annehmen, Leiden austeilen. Seine Frau Eleanor bahnte ihm den Weg zurück in die Politik. Um ihn, den Gouverneur von New York, scharten sich damals schon hoffnungsvolle Diplomanden teurer Universitäten, die beweisen wollten oder mußten, daß sie das Geld, das für sie aufgewendet worden war, wert waren.

Der Gouverneur mußte mit seiner Bewegungsbehinderung leben wie der etwas ältere Wilhelm, der abgedankte deutsche Kaiser, mit seinem steifen Arm. Nicht nur das verbindet sie. Schiffe liebten sie über alles. Sie redeten gerne. Roosevelt aber wurde in die Radiowelt und -zeit hineingeboren. Er las freilich Reden vor, die nicht von ihm stammten. Das hat nicht davor gefeit, daß vieles an ihnen der Hunnenrede Wilhelms ebenbürtig war. Am 11. August 1941, vor dem formalen Kriegseintritt also, forderte er: »Vorwärts, christliche Soldaten! Wir sind christliche Soldaten und wir werden vorwärtsschreiten mit Gottes Hilfe« (Zit. Moltmann 11).

Der Gouverneur von New York bot von seiner Amtsführung her nicht die Gewähr, daß er ein tadelloser Präsident der Staaten werden könnte. Er entzog sich den Verschlingungen und Verwerfungen der Mafiagangs mit der öffentlichen Verwaltung und seiner Parteihierarchie in der Zeit der Prohibition, indem er für das Präsidialamt kandidierte. Den Wahlkampf ließ er hart führen, kompromiß- und gnadenlos. Der kluge, erfahrene, gutwillige Hoover wurde mit seinen Republikanern zerfetzt.

Die Nation hatte 1932 ihren Heroen, ihren Führer. Seitdem ist »lider« in der spanischsprachigen Nachbarschaft ein prägender Begriff. Im Januar 1933 wurde Roosevelt in sein Amt eingeführt. Der Führer der Nation ließ die Administration mit hohem Personalbestand betreiben. Die Teilhabe an der Macht verstand die intellektuell-demokratische Klientel ganz wörtlich. Die Ämter füllten sich, man nahm auch Republikaner, wenn sie »modern« und »sozial-liberal« waren. Zuerst aber mußte das Machtzentrum aufgebaut werden. Die demokratischen Kritiker der boomenden, aber auch gebeutelten Nationalwirtschaft hatten sich bisher in Oberseminaren und in Versammlungen der *egg heads* hervorgetan. Nun drängten sie in die Vorzimmer der (Staats-)Macht und in die *connections*, die jene Wohlfahrtsstaatsprojekte unter das Volk bringen sollten, von denen der Machterhalt künftig abhing.

Vor der imperialistischen Einflußnahme aber signalisierte die neue Administration, was sie vom Isolationismus hielt. Sie erkannte die Stalinsche Sowjetunion an und begann – geebnet durch den Präsidentensohn – bei der Industrialisierung und dem Aufbau des russischen Luftverkehrssystems mitzuwirken. Millionen von russischen und ukrainischen Bauern bezahlten schon damals mit Hunger, Terror und Tod. Dies war der Administration bekannt. Nach dem Verständnis aus nicht ganz entfernter Zeit könnte man diesen Investitionsschub in Ideologie und Ökonomie für ein verbrecherisches System »Normalisierung« nennen.

Für das innenpolitische Feld war es nicht schädlich, daß dem ersten New Deal in den USA, der schon im Ansatz scheiterte, weitere nachgeschoben wurden.

Die gefährliche Verbindung von Staatseingriffen, Wohltaten und Propaganda, wie sie auf dem europäischen Kontinent ansatzweise zu dieser Zeit in verschiedenen Staaten versucht wurde, hatte sich als System in den USA mit den neuen Medien Radio und Film flächendeckend durchgesetzt, so daß Roosevelt, von seinem *brain trust* abgeschirmt und unvermerkt gesteuert, 1936 überwältigend wiedergewählt wurde. Was Mussolini, Stalin und Hitler für ihre Staats- und Parteipropaganda bei den diversen Aufmärschen mobilisieren konnten, hatte die Welturaufführung als Medienspektakel in New York schon hinter sich. Die satte Mehrheit 1936 ließ die Entwurfsverfasser des neuen, nun vorbehaltlos und unumkehrbar interventionistischen Weltkonzepts an die Arbeit gehen. Man holte sich bei jenen europäischen und deutschen Einwanderern, die aus ihrer bisherigen beruflichen Stellung etwas beitragen konnten, die Kenntnis über jene Weltflanke, die auch anderes als »Old Heidelberg« zu bieten hatte.

Die Emigration war nur zum Teil politisch bedingt. Soweit es sich um Hochschulabsolventen handelte, drängte ein erheblicher Teil der hochrangig wissenschaftlich ausgebildeten, aber nur schlecht entlohnten oder zukunftslosen Europäer in die Vereinigten Staaten. Dies setzte sich, 1933 durch die jüdische Emigration leicht erhöht, bis zum Ende der dreißiger Jahre fort (Fischer 1991; 344). Die US-amerikanischen Institute im technischen, aber auch im wirtschafts-, sozial- und politikwissenschaftlichen Bereich füllten sich. Ein Teil stellte sich den Interventionisten zur Verfügung. Er hätte sich auch einer anderen Administration angeboten; er stieg ein und auf.

Die McCarthy-Welle bot nach dem Krieg einen Begriff dessen, was »unamerican« bewirken konnte. Was *unamerican* ist, stellt die zuerst gesteuerte, dann erfragte und schließlich verfaßte veröffentlichte Meinung dar. 1937 war sie demokratisch-friedliebend, zeigte aber schon einmal die Zähne, wenn es galt. Der zu Einfluß kommende Interventionsclan schaukelte sich mit den darin meinungsbildenden Blättern an der Ostküste bis zu jenem Mal auf, an dem der gewählte Führer-Präsident drei Führern in Europa und Asien bedeutete, man werde nicht umhinkönnen, sie und ihre Völker in Quarantäne zu bringen, damit die zu 90 Prozent friedliebenden Völker von ihnen nicht angesteckt würden. Der Präsident als Welt-Sanitätsbeamter, als Heiler. Er beließ es 1937 nicht dabei. Er steifte den Angrenzern Japans den Rücken, was dessen Einmarsch in der Mandschurei nicht verhinderte, und er tat dies bis 1939 bei Deutschlands Nachbarn Tschechoslowakei und Polen. An beiden Punkten begannen Kriege, ein Wirtschaftskrieg am Pazifik, ein Revisions- und Machtkrieg in Europa. Der Krieg in der Mandschurei war vorhersehbar, ja bestimmbar. Die Isolierung und wirtschaftliche Ausgrenzung der Japaner im Pazifik bis zur Quotenregelung für die japanische Einwanderung war deutlich. Die Bevölkerung des rohstoffarmen Landes wuchs rasch.

1938 begann über die Aufrüstung der US-amerikanischen Flotte die bis Roosevelts Tod geführte Auseinandersetzung mit dem Kongreß, besonders dem Senat, bei der die *checks* von präsidialer Seite so hart waren, daß die *balance* nur durch den außenpolitischen *drive* des Kriegspräsidenten zu halten war. *Victory* war der Aspekt, nachdem Roosevelt innerhalb eines Jahres, von der dritten Wahl 1940 an, vom Kriegsverhinderer über den aufgerüsteten Kriegsverhinderer zum Friedensmacher geworden war, der dafür freilich Krieg führen mußte. Damit war das bei den Quarantäne-Bedrohten gerügte Spektrum vollständig: Aufhebung des Waffenembargos, allgemeine Wehrpflicht, Waffenlieferung an Kriegsstaaten, verdecktes Kriegsbündnis über das dem Senat nicht hinreichend bekannt gemachte Pacht- und Leihsystem, Ausgrenzung politisch oder rassisch Andersartiger, also der Japaner und von Deutschen, in *camps*. Der Krieg wurde mit steigender Teilnahme des gesamten logistischen Apparates gegen Japan und Deutschland ohne Kriegserklärung seit Beginn 1941 geführt, bis Pearl Harbor die formale Feststellung ermöglichte. Der Entschluß zum Krieg rührt vom Oktober 1940, ein englischer Verbindungsstab befand sich seit Januar 1941 in den USA, der gemeinsame Kriegsplan stammt vom 29.3.1941 (Flynn 295 f).

Der Interventionsclan hatte in der zweiten Präsidialzeit eine Außenpolitik der charaktervollen Stärke – gegen die Schwäche der 1919 so starken Sieger –, in der dritten Periode eine der unnachgiebigen Härte entworfen. Unterfüttert mußte sie mit dem Verweis auf die Grundwerte der Menschheit werden. Denn es war bis 1941 unmöglich, die Wähler glauben zu machen, daß der Tenno, Mussolini oder Hitler die Vereinigten Staaten im Land selbst bedrohen würden.

Dem deutschen Volk wurde ein Image als Verbrechervolk aufgebaut. Die Meinungssetzer nutzten geschickt die wenigen bekannten Äußerungen des Präsidenten über Deutschland und griffen die kritischen und abfälligen heraus. An der Volksschule in Bad Nauheim, wohin ihn die Eltern während eines Kuraufenthaltes gegeben hatten, war er als Ausländer gehänselt worden, wie dies unter Kindern geschieht. Er aber hatte – so durfte und sollte er sich nun in seiner ausgeprägten Kenntnis der Menschen und Völker erinnern – gegen die deutschen Flegel gekämpft, welche dann davonliefen.

Das mochte auch nach 50 Jahren noch gelten, und man rüstete – mit Eisenhower – zum Kreuzzug, zuerst wenig bedenkend, daß es wenig Ehre bringt, gegen Feiglinge zu siegen. Deshalb holte man die Teufelsfratzen, Feistnacken und Schaftstiefel aus dem Fundus, hauptsächlich in den Ateliers in Hollywood, und zeigte den Deutschen, wie er jetzt noch bei jenen herumgeistert, die außer in Propagandafilmen noch nie einen gesehen haben. Und von denen gibt es auch heute noch in den Staaten Abermillionen, jenseits des Kanals etwas weniger.

Der geliebte Krieg:
Churchill: Right or wrong, my country

Das Verhältnis der Vereinigten Staaten zu Großbritannien, das seit 1939 vom verdeckten Kriegsbündnis bestimmt wurde, war seit 1919 zwiespältig gewesen. Aufmerksame politische Köpfe in England hatten aus den Zeichen der wirtschaftlichen Entwicklung Folgerungen gezogen und der machtpolitischen Zurückhaltung der USA in Europa mißtraut. Zu deutlich war der eigene Einbruch im pazifischen Raum. Dem Ersten Lord der Admiralität, dem Siegelbewahrer imperialer Größe, welcher Partei er angehören mochte, mußte seit 1938, seit der Aufrüstung der US-Flotte, klar sein, daß die Weltmacht zwischen Pazifik und Atlantik an den Gegenküsten in dem Maße ausgreifen würde, wie das eurozentrische System es zuließ. Dieses aber war zusammengebrochen.

Die Machtelite im Vereinigten Königreich hatte 1919 einen entscheidenden Umsturz erfahren. Das liberale Element im System war durch die Labour Party gekippt worden. Das hatte Konsequenzen für jenen Mann, der es als gegeben ansah, »daß er dazu geboren war, ein Beherrscher der Welt zu werden« (Hughes 26). Churchill sollte die Tradition derer von Marlborough weiterführen. Kämpfer und Beutemacher war schon der Urahn gewesen, auch für Winston wurde der Krieg zum Metier, ob als Berichterstatter für ein Massenblatt (»Morning Post«) im Sudan, ob als Förderer der Flotte, derentwegen er, geborener Konservativer, die Partei wechselt, um als Liberaler für Kredite stimmen zu können. Prinzipienlos, wie ein Kabinettskollege über ihn urteilt (Hughes 43) – er war vom Unterstaatssekretär für die Kolonien über den Handelsminister zum Innenminister aufgestiegen –, erprobt er seine Wortmächtigkeit nicht nur in den rasch aus seinen Zeitungsberichten zusammengeschriebenen Büchern, sondern auch auf der Rednertribüne: »Die konservative Partei ist keine Partei, sondern eine Verschwörung« (Zit. Hughes 54). Dieser würde er 1924 wieder beitreten. Er agierte über die ihm verbundene Zeitung »Daily Mail« für die Bündnisse mit Frankreich und Rußland und konnte nach seiner Bestellung zum Ersten Lord der Admiralität 1911 unmittelbar in die Kriegsplanung gegen das Deutsche Reich eintreten. Für den Flottenbau gab immer schon das Vereinigte Königreich – und nicht das Deutsche Reich – das Tempo und den Umfang an, das Marinebudget 1913 markierte Kriegswillen: »Die Flotte war bereit. Das war mein Plan« (Zit. Hughes 66). Der Plan freilich für ein Zusammengehen mit Frankreich war schon 1906 durch Kriegsminister Haldane mit seinem Kollegen durch die Zusage eines Landungskorps in Gang gebracht worden. Die Frage der belgischen Neutralität wurde erst unmittelbar vor Kriegsbeginn aktiviert.

Churchill bekam seinen Krieg, er wollte ihn aber auch unmittelbar genießen und drückte 1915 den Dardanellen-Plan durch, mit dem er mit den Gegnern »so etwas wie eine organisierte Hetzjagd« haben wollte (Hughes 74). Über diesen gescheiterten Einsatz stürzte er, er bekam nach einem nicht ganz ernsthaften Zwischenspiel als Major im Feld nach 20 Monaten das Munitionsministerium.

Seine Geniestreiche im Krieg bestanden darin, daß er durch beruhigende Berichte in der gesteuerten Presse das amerikanische Munitionsschiff Lusitania mit abenteuerversessenen Passagieren in die Sperrzone direkt vor die Torpedos eines deutschen U-Bootes führte (7.5.1915) und daß er den Bryce-Bericht über angebliche deutsche Grausamkeiten (12.5.1915), eine Fälschung, veröffentlichen ließ. Auf der anderen Seite des Ozeans forderte ein junger Unterstaatssekretär der Marine – Roosevelt – sofort den Kriegseintritt der USA. Er mußte noch zwei Jahre warten und war dann mit der Bestrafung der Deutschen als zu mild unzufrieden.

Churchill wurde, zurückgewendet, als Konservativer 1924 sofort Schatzkanzler und blieb es fünf Jahre. Er huldigte noch am 26.9.1935 einem bemerkenswerten Kommunistenhaß und Faschistenlob: Mussolini sei ein »großer und weiser Herrscher« (Zit. Hughes 118), und er verzieh zur gleichen Zeit Gandhi nicht, daß er mit Indien »das schönste und kostbarste Juwel der Königskrone ... Ruhm und Stärke des britischen Imperiums« rauben wolle. Er hatte mehr als nur Verständnis für Hitler und Franco. In einer Zeit, als alle europäischen Mächte aufrüsteten, die Entente-Staaten auf dem breiten Sockel bestehender Sollstärken, das Deutsche Reich von der 100 000-Mann-Ausbilderarmee aus, pries er Hitler als Führer per se und war gegen ihn als Führer der Deutschen (Hughes 157). Er verkannte zeitgleich die Stärke seiner späteren Bundesgenossen im Kampf gegen die Deutschen, also der Franzosen und der Polen. 1919/20 hatte er die Polen zu einem Angriff auf die Sowjetrepublik animiert, 1939 mutete er ihnen ein Bündnis mit der Union zu und wollte im März 1940 ein Expeditionskorps gegen diese nach Finnland schicken. Dies wurde England erspart, weil Schweden und Norwegen den Durchzug verweigerten.

Churchill war ein bemerkenswert vielseitiger Politiker. Right or wrong, my country. Über alles aber liebte er den Krieg.

Er litt darunter, daß sich – 20 Jahre lang – außer in Indien – nichts rührte, und schöpfte mit dem Abessinien-Feldzug des früheren Partners Italien Hoffnung, daß er zu den Obliegenheiten seiner Vorfahren zurückkehren würde. Die bis zum offenen Krieg eskalierenden Spannungen zwischen Deutschland und

Polen brachten die Sache voran. Sein Vorschlag, Norwegen anzugreifen, vom Kriegsrat am 6.2.1940, also weit vor irgendeinem Plan des Deutschen Reiches für diesen Bereich, gebilligt, gedieh nicht zeitgerecht, aber am 4.5.1940 wurde der bisherige Lord der Admiralität Premierminister und konnte den Krieg nach seinen Vorstellungen führen. Der laut dem Geschäftsführer der Tories, Hacking, »bulldoggenhafte Führer« (Zit. Hughes 180) begann sofort im amerikanischen Geheimcode seinen Briefwechsel mit Roosevelt, der etwa 2000 Einzelschreiben umfaßt. Die mentalen Gefährten aus dem Ersten Weltkrieg hatten sich wieder gefunden, nun aufgerückt in einer Weltregierung, in der man sich die Macht in einigen Bereichen freilich mit anderen teilen mußte. Er selbst hoffte aber, daß Englands Stellung gesichert sei: »Ich wage zu prophezeien, daß nach dem Kriege England die stärkste Militärmacht Europas sein wird, und ich bin sicher, daß sein Einfluß in Europa dann stärker sein wird als je zuvor seit den Tagen Napoleons« (Zit. Hughes 187). Mit diesen Worten glaubte er am 25.2.1943 Franco beruhigen zu können, der ihn bei einem Sieg über Deutschland wegen der dann akuten russischen Gefahr angesprochen hatte. Das freilich war eine harte Frage gegenüber einem Premier, der nach über 20 Jahren Kreuzzug gegen Bolschewismus und Kommunismus innerhalb kürzester Frist, darin Hitler vergleichbar und ihm folgend, am 17.7.1941 einen Pakt schloß, mit dem man sich im Krieg gegen Hitlerdeutschland jeden nur möglichen Beistand zu leisten versprach.

Dieser Beistand war nötig geworden, da nach dem Bauernopfer Polen, das kaltblütig gebracht wurde, auf dem festländischen Spielfeld auch Figuren geworfen worden waren, die das Vereinigte Königreich für seine von Churchill prognostizierte Stellung gebraucht hätte.

Im »Economist« war hingegen zu lesen, daß – entgegen Churchills Prophezeiung – Großbritannien den Krieg auf jeden Fall verlieren würde. Von dem durch die USA mit Waffen und Know-how bedienten Aufmarschgebiet der Kriegsgegner Deutschlands würde das sich stetig vergrößernde Rüstungsarsenal in der Sowjetunion verbleiben, so wie ihm die industrielle Ausrüstung nicht nur im asiatischen Teil verblieben war, die Roosevelt seit 1933 zur Verfügung stellte. Frankreich konnte 1942 bei der Verteilung der Welt außer Betracht bleiben.

Frankreichs *gloire*: François-Poncet und de Gaulle

Frankreichs *gloire* war nach den Debakeln der zerbrechenden Kleinen Entente und der Ersatzfront Polen im Jahre 1940 in sechs Wochen zerstoben. Die Hoffnung auf einen späteren Mitsieg beließ immerhin den Traum, Deutschland in jenen Zustand zu bringen, der Frankreichs geheimes oder heimliches Innenleben wohl auch heute noch birgt: Sand im Machtsturm des Sonnenkönigs und seiner Nachfolger. Die Bedingungen für den zweiten Versuch im 20. Jahrhundert, Deutschland aufzusprengen, waren für Frankreich ungleich schlechter als bei den Alliierten. Clemenceau und Poincaré konnten die Sache nicht mehr zu Ende bringen, so günstig sich diese mit der Revolutionierung in Deutschland bis 1923 auch anließ. Jüngere übernahmen sie. Sie stehen für die Machtelite des Nachbarvolkes, lange Zeit zuwenig beachtet der eine, de Gaulle, sehr bald mit dem wesentlichen Posten zur Kontrolle und späteren Auflösung Deutschlands betraut der andere, François-Poncet.

Dessen Vater bedachte bei der Entscheidung, in welchem Bereich Europas der Sohn einmal tätig werden sollte, die wirtschaftlich-organisatorische Entwicklung in den Nachbarländern und entschied sich für, das heißt hier: gegen Deutschland. Der Sohn lernte Deutsch, studierte in Berlin und München und schloß seine Ausbildung in Germanistik Jahre vor dem Krieg ab. Auf dem üblichen Weg über eine Grand École trat er in die Mitgestaltung Frankreichs ein. Er setzte sich für die Verlängerung des Wehrdienstes ein und fand nach dem Krieg Verbindung zur Schwerindustrie (Comité des Forges), die er bis in seine diplomatische Karriere aufrechterhielt. Seit 1919 wurde er als Fachmann für wirtschaftliche Fragen bei internationalen Gesprächen herangezogen, während der Ruhrbesetzung 1923 war er Wirtschaftsberater des Kommandierenden Generals und damit die Schlüsselfigur in diesem Revolutions- und Abspaltungsversuch. Mit seiner Bestellung als Unterstaatssekretär für Auswärtiges (1930), für Volkswirtschaft und beim Amt des Ministerpräsidenten näherte er sich dem Machtzentrum, das er 1931 erreichte. Die sich zuspitzende parlamentarische Krise im Nachbarland erforderte einen intimen Kenner Deutschlands. Im September 1931 wurde er Botschafter in Berlin und blieb es bis Oktober 1938. François-Poncet war gegen die Weimarer Republik in ihrer Revisionsforderung unnachgiebig; er blockierte die Abrüstungsverhandlungen.

Der Botschafterposten in Berlin eröffnete eine mittelbare Einflußnahme auf die Bestellung der Regierung, die nach der Grundsatzentscheidung gegen die parlamentarische Mitherrschaft den präsidentiell-autokratischen Rahmen ausfüllen konnte. Die Regierung Brüning stürzte u. a. über die deutsch-österreichische Zollunion, über die lange verhandelt wurde. François-Poncet kritisierte diese heftig, er war für eine weitere Einengung des Deutschen Reiches und dessen innere Schwächung (Lutz 1959; 155). Da Brüning als Garant gegen die extremen Sozialisten nationaler wie internationaler Richtung galt, sprach aus der Sicht Frankreichs alles dafür, dessen Sturz mitzubetreiben. Die Beziehung zu Präsident von Hindenburg und General von Schleicher war gut, die weitere Entwicklung des Nationalsozialismus wartete der Botschafter ab.

Die NSDAP hatte 1932 im zweiten Wahlgang zur Präsidentenbestellung einen deutlichen Knick in der bisherigen Wählerentwicklung hinnehmen müssen. Die Partei aber mußte als Unruhe- und Revolutionspotential erhalten werden, wie auch die Kommunistische Internationale die Hoffnung auf Berlin noch nicht aufgegeben hatte. Es galt, das Halbjahr bis zur Reichstagswahl zu überbrücken. Von den Bürgerkriegsarmeen in

Deutschland war die SA die größte und teuerste geworden, da der Anteil der Arbeitslosen hier hoch war; Schwarz-Rot-Gold und Rotfront hatten Rückhalt in den Gewerkschaften und Verbänden. Bei der »Säuberung« der NSDAP bis zum Röhm-Putsch spielte die Auslandsfinanzierung eine erhebliche Rolle. Neben Röhm waren die Gebrüder Strasser für die Profilierung der NSDAP als *die* nationale Partei wegen des internen Wissens eine große Gefahr. Die Anklage aus den Frühjahren der Partei bis zum Verbot 1923 über die Hilfe sowohl aus italienischen wie französischen Quellen (Lutz 1959; 140) – laut Brüning (in: »Deutsche Rundschau« Stuttgart, Juli 1947) – wurde nach dem verlorenen Machtkampf durch den Strasser-Flügel neu belebt und mit dem Hinweis auf die 1932 erheblich höheren notwendigen Mittel verknüpft (Lutz 1959; 142).

Die Quellenlage wird dadurch bestimmt, daß außer dem zerrissenen Strasser-Flügel alle Beteiligten nicht nur allen Grund, sondern jeweils auch Gelegenheit hatten, Dokumente abzudecken oder zu vernichten. Als eine Archivalien-Fahndungsgruppe im Mai 1940 in Paris den Aktenbestand über die Tätigkeit des Berliner Botschafters François-Poncet registrieren wollte, war jener nicht greifbar und blieb als durch eine Aktenbereinigung vernichtet verschwunden (Messemer 517 Anm. 53). Es gab in den fünfziger Jahren keinen irgendwie gearteten Hinweis in den Kilometern von Aktenbeständen aus den Parteiunterlagen der NSDAP, die nach Übersee verbracht worden waren, die zu der Anfang der dreißiger Jahre intensiven Diskussion Belege hätten bieten können.

François-Poncet bedeutete am 11.1.1954 Hermann Lutz, der bisher als einer der ganz wenigen der Auslandsfinanzierung der NSDAP nachgehen wollte und in diesem Zusammenhang den damaligen Hohen Kommissar auf den Verdacht hin ansprach, er sei unter Umständen darin, besonders aber auch beim Sturz Brünings berührt, er, François-Poncet, könne sich nicht vorstellen, die französische Regierung hätte ihm, wenn es so wäre,

»1949 von neuem (!) das Amt des Hohen Kommissars für Deutschland bei Kanzler Adenauer anvertraut ...« (Lutz 1959; 162).

Daraus läßt sich nur folgern, daß zum Zeitpunkt der Anfrage keine Nachweise für einen solchen Verdacht von irgend jemandem, der Interesse hätte, vorgelegt werden konnten. François-Poncet, der die Anfangsjahre des Kanzlers Hitler aus diplomatischer Nähe und mit einem großen konspirativen Apparat beobachten konnte, überstand den Krieg gut, wiewohl er, wohl wegen geheimdienstlicher Tätigkeit, 1943 verhaftet worden war (Messemer 519 Anm. 66). Er durfte 1949 das Stück aus Deutschlands Reich inspizieren, das dank des etwas gefährlicheren Einsatzes seines Mitstreiters Frankreich für künftige Gestaltung überlassen worden war.

Der spätere Präsident de Gaulle gehörte in der Zwischenkriegszeit zu den zornigen jungen Obristen in der weltgrößten Armee. Er galt als Spezialist für eine moderne Panzertruppe. Er war ein Angreifer, 1937 Stabsoffizier, aber ohne Verbindung zum inneren Kern des Generalstabes. Dieser war defensiv. Zu viel galt es zu verteidigen: die politisch-kulturelle Zivilisation im Machtfeld der Bündnisse gegen die geschlagenen früheren Kaiserreiche, den Artikel 231-Einfluß im mehr als dezimierten Deutschen Reich, den Hort der Weltzivilisation im Land selbst. Für letzteres sollte Maginots Name bürgen, für Deutschland die untereinander verflochtenen Abwehr- und Angriffsbündnisse mit den Juniorpartnern, für diese selbst der liebe Gott. Dieser entzog sich der Weisheit des Berliner Botschafters und den Berechnungen des Generalstabes. Die von der Großen Nation nationalistisch aufgeheizten Nachbarn Deutschlands grenzten sich voneinander ab oder fielen übereinander her. Der französische Ministerpräsident inspizierte vor dem Krieg wohl seine Entente in Ostmittel- und Südostmitteleuropa, der Machtverfall des französischen Systems wurde jedoch bald deutlich, die innere Lähmung der waffenstarrenden Kontinentalmacht nur wenigen; de Gaulle gehörte dazu.

Er, der in der Militärakademie Saint-Cyr einmal sein Knie zur Weihe an die Armee und die Größe Frankreichs gebeugt hatte und für sie 1916 in deutsche Gefangenschaft geraten war, durfte einige Tage vor der endgültigen Offenbarung ihres Endes 1940 Unterstaatssekretär für Nationale Verteidigung werden. Zehn Jahre nach François-Poncet setzte er seinen Fuß in die Tür zur Staatsmacht. Zwei Wochen später sah er sich in seiner Londoner Rundfunkrede als legitimer Repräsentant Frankreichs. Darin hatte er recht; Frankreich wird von seinen Ministerialbeamten repräsentiert.

Daß er am 7.7.1940 in Abwesenheit wegen Fahnenflucht zum Tode verurteilt worden war, dürfte sein Sendungsbewußtsein in der unmittelbaren Nachfolge Jeanne d'Arcs erheblich gestärkt haben, die von der Staatsmacht auch so schändlich verraten worden war, bevor sie ihr Rettungswerk vollendete. Sie freilich setzte sich an die Spitze eines zu nationalem Bewußtsein gekommenen Volkes, er setzte im Troß der atlantischen Brüder als Träger des Lothringer Kreuzes seinen Fuß im Kolonialgebiet auf »französischen« Boden.

Im Londoner Exil konnte mit den ausgewichenen Repräsentanten des französischen europäischen Systems enger Kontakt gehalten werden: Sikorski, Beneš, das großserbische Königshaus und all die anderen erwarteten ihren Tag, einige vergebens. Die USA hatten in London mit dem Vereinigten Königreich das gemeinsame Planungs- und Leitzentrum eingerichtet. Damit war man auch der östlichen Flügelmacht näher, die ihrerseits die kontinentalen Satrapen auf ihre künftige Aufgabe in Deutschland vorbereitete.

Stalin und Deutschland:
Das heimliche Zentrum des Weltsozialismus

Das Verhältnis der Führer des Weltsozialismus gegenüber Deutschland war schon vor 1917 ambivalent; so blieb es. Es ging nicht wie bei François-Poncet und de Gaulle um Grandeur, nicht wie bei Churchill um den Sieg der Bulldogge, auch nicht wie bei Roosevelt um ein Strafgericht. Dessen »Vetter« Stalin stand in der Tradition Lenins. Der Sozialismus sollte aus dem einen Lande, wo er die eher atypischen Bedingungen zu seinem Aufbau vorgefunden hat, über Berlin als das Gelenk zum europäischen Industriegürtel ausgeformt werden. Es kann davon ausgegangen werden, daß Stalins Kenntnisse über Deutschland über die des Briefmarkensammlers und Weltbeglückers Roosevelt hinausgingen. Für den Priesterkandidaten in Tiflis war Europa präsent, Deutschland war das Land, durch das die Zaren gezogen waren zu den Schlachtorten, Konferenzen und Bädern; die Mitte öffnete den Westen. Kirchen mit dem dreifachen Kreuzesquerbalken standen in den europäischen Hauptstädten. Den russischen Emigranten und den russischen Herren über Tausende Seelen – personengleich viele – war Deutschland sehr nahe. Stalin konnte den Weg des frühen Lenin ins deutschsprachige Gebiet in seinen jungen Jahren nicht gehen. Um ihn kümmerten sich auch nicht Großfürstinnen mit sozialem Timbre besonderer Art. Seine Verbannungen diente er ganz in Sibirien ab, er besorgte die organisatorische Kärrnerarbeit für die Sozialdemokratische Partei Rußlands und gründete die »Prawda«. Zum Studium der nationalen Fragen schickte ihn die Partei 1911 kurz nach Wien. Der relegierte Priesterstudent aus Tiflis, Volkskommissar für Nationalitätenfragen (1917–1923) und Chef der Arbeiter- und Baueninspektion (1919–1922) begründete den Sowjetpatriotismus.

Das zaristische Rußland wurde zu einem erheblichen Teil von zwei nichtrussischen Nationalitäten geprägt. Die Deutschen aus dem baltischen Gebiet und den Ausländervorstädten in St. Petersburg und Moskau stellten – verkürzt ausgedrückt – die beratenden Männer für den Hof und die Hochadelssippen, die Georgier aus dem transkaukasischen Saum des Schwarzen Meeres die liebenden Frauen.

Der Georgier aus dem neurussischen Gebiet nahm das altrussische Machtzentrum in Besitz und verlegte es zurück nach

Moskau. Er traf auf die Spätphase »deutscher« Prägung in der Partei. Für den Russen Stalin – und dies wollte er sein – war die jüdische Führungsschicht um Trotzki, überwiegend aus dem baltischen und grenznahen Gebiet stammend, »deutsch«. Der Neurusse entwickelte also auch in der Partei patriotische Energie. Stalin konnte der Ernte Lenins schon 1939 als leichte Beute das überwiegend weißrussisch und ukrainisch bewohnte Ostpolen anfügen, 1940 die baltischen Staaten. Vom zaristischen Erbe fehlten nur noch Finnland, Kernpolen und Bessarabien. Finnland griff er im Winter 1940 an, über das im Herbst 1940 von Molotow in Berlin in aller Klarheit geforderte Bessarabien brach die erste Stalin-Koalition, die mit Hitler, auseinander. Sie hatte kampflos einen Landgürtel von 1200 Kilometern Länge und 300 Kilometern Tiefe gebracht. Das sowjetpatriotische Rußland stattete bis Juni 1941 seine neue Westgrenze mit einer Heeresmacht in einer Größe aus, wie sie nur für einen Angriff erforderlich war. Der von den Versailler Siegermächten geschaffene *cordon sanitaire* war zu diesem Zeitpunkt also im Norden ganz, in der Mitte zu einem Drittel von der russischen Revisionsmacht besetzt gehalten. Mit dieser verständigte man sich seit spätestens Frühjahr 1941 über ein Zusammengehen gegen den anderen Revisionsstaat und garantierte ihr den zaristischen Besitzstand. An der Ostflanke Mitteleuropas wiederholte sich, was im Ersten Weltkrieg an der Südflanke, mit Italien, abgelaufen war. Der Nutznießer eines Bündnisses wechselte mit Aussicht auf noch größeren Gewinn die Seiten.

Treibender und Getriebener: Hitler

Hitler, einer der unerbittlichen Eiferer um die Revision der von allen Parteien verurteilten, von einer Mehrheit zur Abwendung noch größerer Eingriffe in Deutschland unter Protest angenommenen Bestimmungen des nicht ausgehandelten Pariser »Friedens«, hatte, wie viele in Deutschland, aus dem Kriegsende als wesentliches Ergebnis ernüchtert abgeleitet, daß sich die Macht im Umgang der Völker nicht aus verkündeten Grundsätzen, sondern aus dem erhofften Vorteil nährt. Er bewunderte Mussolini, der das Ergebnis des *sacro egoismo* rückhaltlos wahrnahm, er nahm sich ihn zum Vorbild in dessen Konzept, das im europäischen Zusammenbruch zerschlissene parlamentarisch getragene oder überwachte Staatssystem durch eine Erneuerung aus Vorformen zu regenerieren. Der Anklang eines solchen dumpf gefühlten oder auch klar gesehenen Aufbruchs hatte sich im Jahrzehnt vor dem Krieg gezeigt und noch mehr in der Begeisterung, mit der junge mobilisierte Jahrgänge 1914 »ins Feld« gezogen waren. Die Langemarck-Generation eignet sich nicht für einen Hinweis auf verführte Jugend; sie sah sich auch mental an vorderster Front, sie wollte eine neue Welt.

Die imperialen Mächte mit dem Anspruch auf Teilung und Beherrschung der Welt hatten die Basis des deutschen Volkes 1919 so weit eingeengt, daß nach der Meinung der Staaten, die den Balkan- und Kontinentalkrieg zum Weltkrieg gemacht hatten, ein auch nur ansatzweises Ausgreifen des Rumpfstaates Deutsches Reich unmöglich schien.

Was Hitler an geopolitischen Folgerungen in sein Programm aufnahm, lag auf der Straße, es wurde an den Setztischen geformt und von den Enttäuschten in den Versammlungen eingesogen. Am Welthandel teilzunehmen, konnte mit maritimen Machtmitteln künftig nicht mehr erleichtert oder gefördert werden. Das auf dem Kontinent eingeschnürte Deutsche Reich hatte im Westen in Frankreich eine hochgerüstete Macht mit weitgehenden Eingriffsmöglichkeiten – die 1923 auch wahrgenommen wurden. Die östliche Flanke war gekennzeichnet durch weit über ihre Möglichkeiten vergrößerte oder neu geschaffene Juniorpartner Frankreichs. Das vor dem Krieg in heftiger Industrialisierung begriffene Rußland war durch die Kämpfe um dessen Form und Inhalt nachhaltig geschwächt und durch alliierte Eingriffe der Begehrlichkeit der Nachbarn geöffnet: Polen, die Tschechische Republik und Rumänien bedienten sich.

Die allenthalben bei den Siegern beschworene »Volkskraft« war als Grundgedanke im Krieg mächtig geworden. Staaten mit ständestaatlicher oder Volksverfassung legten sich wie ein Ring um das Deutsche Reich. Dieses aber war nach dem Verständnis eines Wählerdrittels von den Siegermächten zur Demokratie und damit zur Schwäche »verurteilt« und damit »geschwächt«.

Hitler ist der Nachkömmling in einer europaweiten Heilslehre – wie das Deutsche Reich der letzte der großen Nationalstaaten. Die sozialistische Partei nationalen Typs entstand in Deutschland spät und entwickelte sich erst, als nach dem Kassensturz in Deutschland 1923 und der Anspannung der Wirtschaftskräfte zur Erfüllung der Reparationsverpflichtungen die Weimarer Parteien europaweit nicht nur ohne Unterstützung blieben, sondern deutlich behindert und geschwächt wurden.

Locarno war keineswegs ein Erfolg. Die Grenzfestlegung im Westen wurde in einer Art Nachverhandlung akzeptiert, der übergroße Mehrheitswille bestand auf der Nichtanerkennung der Ostgrenzen. Die wesentlichen Einengungen neben der Reparationsverpflichtung blieben: Kriegsschuldartikel und Erpreßbarkeit durch hochgerüstete Nachbarn. In dem Maße, in dem sich Frankreich weigerte, davon abzurücken, floß dem Trommler der NSDAP der Wählerwille zu.

Der staatenlose Hitler steht zu Beginn des Jahres der Wahlen 1932 an der Spitze der stärksten deutschen Partei. Er erwirbt die Staatsangehörigkeit in seinem Bemühen um das Präsidentenamt und wird Kanzler. Churchill, auch einer der größten Feldherrn aller Zeiten, zollt 1935 seinen Tribut:»Während in Europa dieser gewaltige Umwandlungsprozeß ablief, kämpfte der Gefreite Hitler seinen langen und mühevollen Kampf um die Herzen der Deutschen. Die Geschichte dieses Kampfes kann man nicht ohne Bewunderung für den Mut, die Ausdauer und die Vitalität lesen, die diesen Mann befähigten, die Gewalten

41

und Widerstände, die ihm in den Weg traten, herauszufordern und zu bewältigen. Er und die immer weiter wachsenden Legionen seiner Mitarbeiter bewiesen mit ihrem glühenden Patriotismus, daß es nichts gab, was sie nicht tun oder wagen wollten, daß es kein Opfer an Leben, gesunden Gliedern oder Freiheit gab, das sie nicht auf sich nehmen oder ihren Gegnern abverlangen wollten. Die wichtigsten Fakten sind wohlbekannt. Die lärmenden Versammlungen, der Münchner Putsch, Hitlers Einkerkerung, seine Verhaftungen und Verurteilungen, sein Konflikt mit Hindenburg, seine Wahlfeldzüge, von Papens Wankelmut, die Eroberung Hindenburgs und dessen Abfall von Brüning – dies waren die Meilensteine dieses durch nichts aufzuhaltenden Vormarsches, der den in Österreich geborenen Gefreiten zur Diktatur über die gesamte deutsche Nation mit ihren nahezu siebzig Millionen Menschen führte, dieser (d.i.: dem) fleißigsten, fügsamsten, ungestümsten und kriegerischsten Volke unserer Erde« (Zit. Hughes 137).

1937 (!) ergänzte er: »Sollte unser Land einmal besiegt werden, so hoffe ich, daß wir einen Vorkämpfer des gleichen Schlages finden, der imstande ist, unseren Mut neu zu beleben und uns auf den Platz zurückzuführen, der uns unter den Nationen gebührt« (Zit. Hughes 138).

Mit einigen Abstrichen läßt sich feststellen, daß er sich diesem Heldenbild seit 1940 immer mehr anglich: England, auf dem Kontinent geschlagen und von Hitler mit der Landungsarmee auf die Insel zurückgeschickt, versprach er Blut und Tränen, er bereitete den Platz, wobei offenbleiben mag, ob es »gebührende« Plätze gibt.

Den Zenit seiner außenpolitischen Erfolge hatte Hitler im Sommer 1938 erreicht. Keine der Revisionsaktionen – wie gern hätte »Weimar« auch nur eine davon realisiert – war nachhaltig gestört oder beeinträchtigt worden. Das gemeinhin als Synonym für das Einknicken oder Nachgeben weltweit stilisierte und kanonisierte »München« hingegen markiert die Wende. Über das von England und Frankreich Zugestandene hinaus hat er in München nichts erreicht. Die beiden Garantiemächte hatten schon acht Tage vorher gegenüber der ČSR die Abtretung der deutsch besiedelten Gebiete durchgedrückt (21.9.). Er war gescheitert mit seiner Forderung nach Volksabstimmung für die Tschechoslowakei und dem Einmarsch mit fliegenden Fahnen. Die Garantiemächte von 1919 garantierten die ordnungsgemäße territoriale Übertragung der deutsch besiedelten Gebiete; er durfte in Zehn-Kilometer-Tagesetappen einrücken. Ein Sieg? Er machte ihn propagandistisch dazu, und die Gegner folgten ihm – propagandistisch – nach. Nur ein Bruchteil derer, die »München« aussprechen, wissen heute, worum es ging.

Daß Hitler 1938 für einen europaweiten Krieg so wenig wie dann 1939 gerüstet war, hatten ihm die Auseinandersetzungen mit der Reichswehr-Wehrmacht seit 1937 deutlich gemacht. Er war im Oktober 1938 so wenig der strahlende Sieger wie im September 1939 der souveräne, nur seinem Willen verantwortliche Angreifer, der einen europäischen Krieg, der dann kam, riskieren konnte. Das Überraschungsmoment war genau an dem Punkt aufgebraucht, den England für sein Revisionszugeständnis gewählt hatte, und ebenso die Manövriermasse. Das seiner propagandistischen Deutung entkleidete »München« und der Korridor, für den die Franzosen nicht kämpfen mochten, waren für England in einem letzten Aufbäumen seines jahrhundertealten Kontinentalverständnisses die Ansatzpunkte. Polen wurde seit dem 31.3.1939 durch das englische Garantieversprechen in seinem chauvinistischen Größenwahn noch mehr aufgeputscht, Bauernopfer in einem Spiel, in dem Hitler noch einige Züge tun konnte. Er wurde mit Herbst 1939 vom Treibenden zum Getriebenen. Sogar den ominösen Zeitpunkt für den Angriff bestimmte nicht Hitler. Dieser war zwischen England, das den Krieg zu einem, wie es glaubte, für ihn günstigen Zeitpunkt führen ließ, und Polen festgelegt, nachdem in der Sache längst die Entscheidung gefallen war.

Am Tage der britisch-französischen Kriegserklärung, am

3.9.1939, stellte der britische Außenminister Lord Halifax fest, man habe Hitler zum Krieg gezwungen, so daß er nicht mehr auf friedlichem Wege ein Stück des Versailler Vertrages nach dem anderen aufheben könne, wobei der polnische Kriegsminister schon im August die Aussicht als sicher notierte, daß Hitler Krieg führen müsse, auch wenn er nicht wolle.

Was durch die Deutschen und mit den Deutschen in dem damit folgenden europäischen Krieg geschah, war für ihren »Führer« und Feldherrn, zu dem er sich dann machte, mit dem Wort »alles oder nichts« formuliert. Er stellte fest, daß die Deutschen, sollten sie darin versagen, nicht wert seien, weiterzuleben.

Er sah das wohl als eine Art Weltenbrand, in dem sie untergehen sollten. Zwischenzeitlich hatten die Kriegsalliierten ihr Konzept entwickelt, wie mit den Deutschen umzugehen sei. Daß eine der Lösungen, die von Morgenthau, ein langsames Absterben auf eine zuträgliche Anzahl von Deutschen vorsah – in diesem Ziel Clemenceau vergleichbar –, beweist unter anderem, wie sich die Extreme im Handlungskreis berühren.

Schwäche Deutschlands und Europas: Anreiz für Heilsbringer

Die im Ersten Weltkrieg offenbar gewordene Zerrüttung des europäischen Systems und die Schwächung Deutschlands waren Anreiz für die Heilsbringer. Weltweite Ausdehnung reklamierten seit 1917 die neuen Doktrinen in den Flügelmächten, für den alten Kontinent revolutionierend beide. Die innereuropäischen Machtziele behinderten sich in einem Maße, daß dies im Kriegseintritt der USA und der Ideologisierung Rußlands offenbar wurde. Diese Disposition blieb 20 Jahre erhalten.

»Weltkrieg« ist durch »Weltmacht« definiert. Sie gibt durch ihren Eintritt einem Krieg nicht nur die territoriale, sondern seit den Revolutionen und Volkskriegen auch die ideologische Dimension.

Die Besonderheit im Zweiten Weltkrieg war, daß sich die gegenläufigen Ziele der Staaten, die nach Absicht und Mitteln Weltmächte waren, über vier Jahre im Bemühen trafen, für ihr weiteres Ausgreifen Machtbasen zu schaffen, wobei sie die Räume in Aussicht nahmen, die von den Japanern und den Deutschen bewohnt oder – knappe Zeit – beherrscht wurden. Es mag dahingestellt bleiben, ob Japan 1937 bei seinem Angriff in der Mandschurei Weltmachtambitionen hatte. Die Machtmittel dazu hatte es sicherlich nicht. Das Ergebnis des Ersten Weltkrieges im pazifischen Raum war paradox gewesen. Es gab nur Sieger; die Beute – deutsche Mandatsgebiete – war nicht der Rede wert. Die nachwirkende Kriegshysterie trieb deshalb neben Frankreich und England auch China, Japan und die USA gegeneinander.

Die im Krieg zur ersten Industriemacht aufgestiegenen USA kontrollierten die Rohstoffe und damit die japanische Entwicklung.

Die hart geführte Auseinandersetzung glitt 1937 mit ihrem ökonomischen Schwerpunkt in die rohstoffreiche Mandschurei. Die USA als der faktische Garant Chinas fühlten sich im japanischen Protektorat Mandschukuo unmittelbar in ihrem Einflußbereich beeinträchtigt. Ein Weltkrieg begann 1937 mit einem Stellvertreterkrieg, den China auch mit Rüstungshilfen nicht gewinnen konnte.

Die Bedingungen für den (Wieder-)Eingriff der Weltmächte in den europäischen Bereich waren vielschichtig. Im pazifischen und randpazifischen Raum konnten es die europäischen Kolonialmächte nicht verhindern, die Macht an die USA zu übergeben. In Europa wurden sie unmittelbar herausgefordert,
– durch den Revisionsanspruch des Deutschen Reiches und durch die von Hitler damit verbundene Forderung nach einer kontinentalen Neuverteilung, welche auch durch die polnische Ost- und Westexpansion bedingt war;
– durch den Revisionsanspruch des Sowjetreiches auf Wiederherstellung des kontinentalen Systems aus dem 19. Jahrhun-

dert, verbunden mit einer Weltherrschaftsideologie, die mit ihrer Internationale nicht nur Churchill schreckte;
– durch die Wiederaufnahme des amerikanischen Interventionismus, der 1919 in den Vorort-Verträgen erlahmte und nach dem Zurückschwingen des Pendels in den Isolationismus nun mit der Kraft eines Wirtschaftsgiganten den Eintritt in die Flanke der atlantischen Gegenküste betrieb.

Den Propagandakonzepten der beiden Flügelmächte USA und SU ist es gelungen, mit der Vorbereitung ihres Eingreifens in die randeuropäischen und deutschen Verhältnisse die Auseinandersetzungen als nur durch den deutschen Aspekt bedingt darzustellen und allein den Deutschen anzulasten. Die äußerste Vereinfachung des Geflechts von Zielen und Machtfakten wird in dem den Deutschen von den Siegermächten angemuteten, wahrhaft schlichten Modell erreicht, sie hätten unter Hitlers Führung eine Verschwörung gegen die Zivilisation (West) bzw. den Humanismus (Ost) angezettelt und einen »Weltkrieg entfesselt«.

Entfesseln kann einen Weltkrieg nur, wer Kräfte freisetzen kann, die Welt mitzubeherrschen. Der Erste Weltkrieg war die Auseinandersetzung der europäischen Mächte um den dominierenden Einfluß. Deutschland wurde dabei ausgeschaltet, der zum Verlierer gewordene Alliierte Rußland in Europa auf seine Kerngebiete zurückgeworfen. Der auswärtige Sieger USA ließ seine Beute liegen. Die Zeit war für ihn noch nicht reif.

Die 1937 im Pazifik und 1939 in Europa mit Stellvertreterkriegen beginnende Auseinandersetzung legte gleich zu Beginn bloß, daß die nominellen Sieger des Ersten Weltkriegs nicht imstande gewesen waren, den pazifischen Raum und das von ihnen gegen Deutschland und Rußland für Europa entworfene Konzept auch nur ansatzweise zu halten. Mit Oktober 1940 bestimmten die USA wie die SU – diese durch Molotow in Berlin – ihre politischen Kriegsziele und stellten im Frühjahr 1941 ihren strategischen Kriegsentwurf dar. Die USA führten seit dieser Zeit einen nichterklärten Krieg gegen das Deutsche Reich, die SU zog Truppen an der neuen Westgrenze zusammen und gruppierte sie für den Angriff um. Beide hatten das Machtzentrum Europas im Blick. Es lag in Deutschland, in Berlin. Damit war ein Weltkrieg »entfesselt« – im Wortsinn ein Kampf um die Welt. Der nun folgende Krieg, der »Zweite Weltkrieg«, als die Vorbereitung der eigentlichen Auseinandersetzung, führte nahtlos in den »kalten Krieg«, der als Rüstungs-Wettlauf ausklingt. Vietnam und Afghanistan sind Zeichen dafür, daß die Weltmächte in dem Maß verfielen, in dem sie sich ausbreiteten. Bei der SU ist dies offenbar, in den USA noch verdeckt. Verhärtung und Lösung zeigten sich auch an Deutschlands Status.

Ausverkauf Deutschlands

Die Begehrlichkeit nach dem von Deutschen bewohnten Gebiet hatte schon einmal, in der vornationalen Zeit, die näheren und weiteren Nachbarn nach Deutschland blicken lassen. Die Schatzkammern in Madrid, Rom, Paris und Upsala sind gefüllt mit den Beute- und Widmungsstücken aus dem Dreißigjährigen Krieg und den Folgekriegen. Das Ergebnis des Gewerbefleißes und Kunstinteresses einiger Jahrhunderte stand zur Disposition. Die Sachwerte des 20. Jahrhunderts sind andere, aber vergleichbar, Patentüberschüsse, Bildungskapazität, logistische Vorteile. Der organisatorisch-wirtschaftliche Aufschwung hatte die Bewohner Deutschlands mit den Bewohnern der USA an die innovative Spitze geführt. Ausbildung und Lizenzen flossen bis in die dreißiger Jahre über die deutschen Grenzen ins Ausland. Frankreich konnte die Lähmung des Deutschen Reiches gegen den Widerspruch Englands nicht völlig durchsetzen. Immerhin aber verließ ein Strom von Fachleuten das Land, andererseits setzten sich die amerikanischen Investoren in das wieder interessant gewordene Deutschland und mit Ford und Opel in die Wachstumsbranche Automobilindustrie und zielten auf den Chemie- und Elektrikbereich. Die für das amerikanische Mutterland praktizierte Autarkie durfte deshalb im Investitionsland Deutsches Reich nicht zum durchgängigen Prinzip werden.

Durch die ganz Europa prägenden Zoll- und Handelskriege war besonders das Deutsche Reich wegen des bisher hohen Außenhandelsanteils beeinträchtigt. Der Versuch, sich in einer Zollunion mit dem bis 1918 wirtschaftlich eng verbundenen Österreich etwas Freiraum zu verschaffen, scheiterte an Frankreichs Widerstand. Die »Weimarer« Regierungen konnten die Wirtschaftsschranken nicht beiseite schieben. Die deshalb nötigen autarken Bestrebungen entsprangen also nicht vorrangig ideologischen Sehnsüchten, sondern der politischen Einengung und ökonomischen Zwängen. Die Hitlerregierung setzte dieses wirtschaftspolitische Konzept fort und stand zudem wie »Weimar« vor der für sich reklamierten Aufgabe, Arbeitsplätze für sechs Millionen bereitzustellen. Sie hatte nicht mehr Spielraum als die Koalition zu Beginn der Wirtschaftskrise. Die interventionistische Wirtschaftspolitik der USA kollidierte mit dem System der von außen erzwungenen und dann ideologisch gewollten Autarkie. Die Mittel zur Bekämpfung der Arbeitslosigkeit wurden – vergleichsweise – vorab schon in den Vereinigten Staaten eingesetzt, was nicht weiter verwundern darf. Schließlich war die Roosevelt-Administration etwas älter. Und auch der noch heute gepflegte Propaganda-Kinderschreck für Deutsche, das Kabinett all jener Maßnahmen, mit denen ein Staat in die Wirtschaft eingreifen konnte, aber auch in Freizeitverhalten und Volksmeinung, war in den Vereinigten Staaten bereits gefüllt, bevor sie in Deutschland zur Anwendung kamen.

Quarantäne für totalitäre Staaten?

Die neue Administration in den USA nahm sich vor, das in Aufschwung, Überhitzung und Fall ramponierte Wirtschaftsgefüge durch neu gemischte Karten (»New Deal«) zu stabilisieren. Die Karten wurden vom Staat gemischt und gegeben. Im Prinzip ist zwischen den Arbeitsbeschaffungs-, Um- und Entschuldungs-

sowie den Marktleitmaßnahmen der Roosevelt-Administration und der Hitlerregierung kein Unterschied festzustellen, von dem einen abgesehen, daß sie in den Staaten früher eingesetzt wurden. Die Idee des Marktliberalismus, im gebeutelten Europa schon in den zwanziger Jahren von Land zu Land verabschiedet, weicht dem staatlichen Eingriff, und dieser erfaßt die größte Wirtschaftsmacht der Welt und führt zu eben jenen Äußerungen, die in den Geschichtsbüchern für Klein-Michel nur für Deutschland vorbehalten sind: Planungssystem, Staatsaufträge, Rohstoff- und Agrarbevorratung, Ausfuhr von Kriegsmaterial, strategische Aufrüstung, Stellvertreterkrieg, Krieg.

Nach der Wiederwahl Roosevelts 1936 nahm das außenpolitische Konzept des präsidentialen Beraterteams Gestalt an. Wesentlich war, daß machtpolitische Ziele nicht nur ideologisch hinterfüttert, sondern unmittelbare Äußerungen einer Idee, jene der *einen* Welt, waren. Während die technologische Ausrüstung der totalitären Stalinschen Sowjetunion nach der raschen Anerkennung durch die USA (1933) zügig voranschritt, wurde jenen Staaten Quarantäne angedroht, welche die Welt anstecken könnten: Italien, Japan, Deutschland. In der Sowjetunion liefen zu eben dieser Zeit die Prozesse gegen die jüdische Elite in Partei, Wissenschaft und Wirtschaft an. Die Endabrechnung mit Trotzki stand noch aus (Mexiko 1940), die Millionen Opfer der Kollektivierung und Industrialisierung waren den Mächtigen der Welt bekannt. Da nicht davon auszugehen ist, daß die Berater Roosevelts diese barbarischen Zeichen des Totalitarismus nicht erkannt haben sollten, könnte u. a. gefolgert werden, die russischen Glaubensgenossen der deutschen Juden seien den *egg heads* am Potomac gleichgültig gewesen und auch die Millionen Kulaken gleichgültiger als die bis 1937 geringe Zahl der Opfer der Hitlerischen »Säuberungen«. Oder waren Millionen im Stalinschen Bereich einer größeren Sache willen zu opfern?

Die Neusortierung der Führer und Mächtigen in gute und schlechte hatte begonnen. Stalin und Mao durften neben

Tschiang, Franco und Salazar stehen. Die schlechten wurden dort geortet, wo unmittelbare Machtinteressen bestanden.

Die Pazifik-Karte und die Atlantik-Charta

Der asiatische Krieg trieb der unmittelbaren Teilnahme der USA zu. Die Propaganda gegen den tief eingewurzelten Isolationismus, besonders den Wirtschaftsliberalismus, der in einem Kriegseintritt einen noch stärkeren Eingriff des Staates in das Sozialprodukt drohen sah, wurde schließlich mit dem – im Ausmaß – provozierten Schlag von Pearl Harbor erfolgreich an das Ziel gebracht: Der Krieg wurde zur nationalen Sache erklärt, alles andere war »unamerican«.

Auch der kontinentaleuropäische Krieg hatte den Punkt erreicht, an dem der schon in London tätige Planungsstab sich nicht mehr durch die formelle Neutralität der USA behindert fühlen sollte. Zu dieser Zeit war Hitler schon nicht mehr Herr seiner Entscheidungen. Er hatte sich an Japan gebunden und damit die kriegsvertragliche Verknüpfung der Flügelmächte ermöglicht, die über die Rüstungslieferung via Großbritannien anlief.

Churchill hatte Stalin in gleicher Weise wie Hitler vor ihm als Koalitionspartner angenommen. Er würde in gleicher Weise seinen Preis zu bezahlen haben; er führte als dessen Prokurist schon jetzt dessen Geschäfte bei der Konferenz vor der Küste Neufundlands über die Planung der Kriegsschauplätze und Nachschublinien. Es ging um die Möglichkeiten, für den Atlantik Gibraltar zum Nachschubpunkt auszubauen – die USA entschieden sich jedoch für die Azoren, d. h. gegen die Neutralität Portugals –, weiters am Pazifik für Singapur. Da die USA wohl faktisch, aber nicht nominell im Krieg standen, mußte man den begierig auf Nachrichten wartenden Medien einen Friedenshappen zuwerfen, als Konferenzergebnis. Die Zeitungen und Rundfunksender griffen die »Joint Declaration« begierig auf:

Die »Atlantik-Charta« war geboren – nicht auf die erste Wehe hin. Da sie nicht Gegenstand der Tagesordnung gewesen war, wurden die Sätze der »Declaration« für die Presse hastig am Ende der Besprechungen festgelegt (14.8.1941). Mit einer Ausnahme wurde jeder der Grundsätze in den nächsten Jahren vielfach gebrochen:
- Es sollte keine territoriale oder sonstwie geartete Vergrößerung der Länder erfolgen, insbesondere keine Veränderung, welche nicht mit dem frei ausgesprochenen Wunsch der Betroffenen übereinstimmte.
- Jedes Volk sollte das Recht haben, seine Regierungsform zu bestimmen. Damit sollte auch die Souveränität jener Staaten wiederhergestellt werden, die in andere eingegliedert worden waren.
- Es sollte freier Zugang zu den Rohstoffen der Welt bestehen, was die Freiheit der Meere voraussetzt.
- Es sollte das Ziel der Staatsmänner sein, »einen Frieden errichtet zu sehen, der allen Menschen überall in der ganzen Welt Sicherheit gibt, so daß sie ihr Leben in Freiheit von Furcht und Mangel führen können« (übersetzt, Zit. Flynn 299).

Die Sowjetunion übernahm die Grundsätze am 1.1.1942, nachdem die übrigen Verbündeten sich ihnen schon vorher angeschlossen hatten. Entscheidend für die Beurteilung der »Atlantik-Charta« ist nicht, daß bis heute kein verifizierter unterzeichneter Originaltext aufgetaucht ist. Was einige Zeit im Nationalmuseum in Washington hinter Glas in reliquienartiger Darstellung gezeigt wurde, war eine Montage, bei der durch das Kriegsinformationsamt auch die Unterschriften Roosevelts und Churchills »affixed« wurden (Flynn 355 f). Es gibt weder einen unterzeichneten Text noch einen paraphierten.

Entscheidend ist, daß über die amerikanische die Öffentlichkeit der Welt sowohl über die Ausformung der logistischen Eckwerte des Krieges hinweggetäuscht als auch ein Friedensbild entworfen wurde, das besser der gemeinsamen Anstrengung aller Völker würdig gewesen wäre.

Ganz zu Beginn gab es eine bemerkenswerte Äußerung. Die »New York Times« bezeichnete die Deklaration am 15.8. als »America's Mein Kampf« (Flynn 302). Daraufhin wurde der Zeitung wohl begreiflich gemacht – nicht nur bei Goebbels gab es Ausrutscher –, worum es ging. Nach einigen Tagen titelte sie: »Atlantic Charter«. Der Medien-Schirm deckte das Konferenzergebnis ab.

Dies war höchst notwendig. Am 12.7. hatten sich in den USA noch 75 Prozent gegen eine Kriegsteilnahme erklärt (Flynn 303), besorgniserregend, da schon im April mit der Besetzung Grönlands begonnen worden war und am 7. Juli Hvalfordur auf Island in die US-Kriegsmaßnahmen einbezogen war. Island lag innerhalb des erklärten deutschen Seeoperationsgebietes. Es gelang, den hohen Prozentsatz innerhalb von Monaten durch den konzentrierten Einsatz der Medien für das Kriegsinformationsamt herabzudrücken.

Die Grundsätze wurden laut Erklärung Churchills als nicht auf Deutschland anwendbar erklärt. Dies wurde in den Kriegskonferenzen in Teheran und Jalta beachtet und galt auch für Potsdam. Die Forderung nach bedingungsloser Kapitulation ist schon 1941 vorgeprägt, kurz nach dem Zeitpunkt, an dem die USA mit der Besetzung Islands auch territorial und nicht nur über die Leih- und Pachtgesetze über die westliche Hemisphäre hinausgegriffen hatten, deren Grenze am 14.6.1941 östlich des Meridians gelegt wurde, der die Azoren einschloß. Die Weltmacht hatte in den europäischen Krieg eingegriffen.

Die Unschärfe der Deklaration für die Presse läßt sich einerseits aus Zeitknappheit erklären, ist aber auch als Grobkonzept zu verstehen, das ausgeformt werden konnte – wie dies auch geschah. Die Unschärfe erlaubte aber auch, die Völker von den herrschenden Systemen abzuheben, sie im Vollzug bei Gelegenheit jedoch als eines zu nehmen, und also eine Weltplanung ohne und gegen die Deutschen voranzubringen. Das wurde auch bei den Wilsonschen Punkten schon so gehandhabt, mit denen die atlantischen Erklärungen nun billigerweise von Gegnern und freudig von Bewunderern verglichen wurden. Die Quarantänerede hatte freilich schon 1937 die Gründe dafür geliefert, warum vor allem Deutschland nicht der Segnungen der Charta teilhaftig werden konnte.

Noch gab es keine Gelegenheit zur Behandlung des Aussätzigen. Die Diagnostiker stellten eine schon 1600 Jahre lang währende Entwicklung der Seuche fest, die nun – 1941 – nicht mehr länger mit untauglichen Maßnahmen am Symptom, wie 1914/18, sondern aus dem Kern heraus bekämpft werden sollte. Die Stellvertreterkriege der Polen, der Franzosen und anderer hatten eben Deutschland als europäische Macht letztlich anerkannt. Jetzt wurde das Konzept einer durchschlagenden Therapie entwickelt. Die Staatsmacht mußte aufgelöst werden. Die aus dieser Verfaßtheit gefallenen Deutschen, die Millionen einzelner, waren in Behandlung zu nehmen.

Dessen mindestens glaubte man sicher zu sein, daß eine Staatsnation per Definition für eine Behandlung nicht geeignet ist. Das sollte sich bei Japan bestätigen. Dieses behielt über den Kaiser, der das Land darstellt, seine Identität (Wetzler 634 ff) und das Volk seine Würde.

Das Kriegsziel 1943: Korrektur von Versailles

So wie die US-Administration schon am Abschlußtag 23.8.1939 genaue Kenntnis des Teilungsplanes Molotow-Ribbentrop hatte und nicht nachließ, Polen zum Kriege anzuspornen, behielt die Regierung über die Debakel des französischen und des englischen Bundesgenossen hinaus über die Pacht- und Leihverträge mit dem Inselstaat den Fuß auf dem europäischen Kontinent. Während Roosevelt den Wählern zurief:»Your boys will not be sent into foreign wars« (Zit. Flynn 296), lief die strategische Planung an und fand am 14.8.1941 ihre wesentliche Ausformung.

Schon vorher war die ökonomische Kriegsführung eingerichtet worden, die den gesamten Markt bis in die Konsumware hinein der Kriegswirtschaft unterwarf. Die wesentliche Entscheidung war jedoch, ein Office of War Information aufzubauen. Betraut wurde damit Archibald MacLeish, Librarian of Congress, also denkbar hochrangig und sachnah. Der Chef war Elmer Davis (Flynn 322). Dieser war der Gewährsmann für die schöne neue Welt, war er doch auch schon für Roosevelts dritten New Deal verantwortlich gewesen; er garantierte professionelles »psychological warfare«. Der Stab war gemischt, hatte jedoch einen großen und harten kommunistischen Kern. Dies lief in die gemeinsame strategische Kriegsplanung ein. Roosevelt kannte Stalins Absichten mit Polen, Rumänien und ging auf dessen Forderung nur zu gerne ein, eine zweite Front in Europa aufzubauen. Dies nahm zwei Jahre in Anspruch. Die SU bekam währenddessen Kriegshilfe ohne Bedingungen, Stalin die schmeichelhafte Charaktermarke, er sei Russe, nicht Kommunist. Letzteres war angesichts der Zusammensetzung des Propaganda-Teilbereichs des US-Kriegsapparates keine verwunderliche Äußerung. Die mentalen Voraussetzungen waren damit geschaffen, das Kriegsziel von seiten der bisher nur im Pazifik kämpfenden Weltmacht zu formulieren.

Das Kriegsziel war die bedingungslose Kapitulation als Korrektur von Versailles und auch die Korrektur der Korrektur, wie sie von der Garantiemacht England 20 Jahre behindert und dann hingenommen worden war. Eine Korrektur auf unbedingte Härte hin, wie Roosevelt als Unterstaatssekretär sie schon 1919 gefordert hatte. Denn Versailles sei von den Deutschen nicht in der rechten Weise verstanden worden, wie der Präsident nun feststellte.

Das langfristige Ziel war damals die physische Unterwerfung, welche durch den Schuldspruch, den Artikel 231 des Versailler Zwangsvertrages, abgesichert war.

Da der Angeklagte den Schuldspruch nicht verinnerlichte, mußte nun an die Wurzel gegriffen werden.

Die Forderung nach bedingungsloser Kapitulation zielte deshalb auf die psychische Unterwerfung, welche durch bleibendes Schuldbewußtsein abgestützt sein mußte.

Da der Schuldspruch 1919 doch als eine Angelegenheit zwischen formal Gleichen erschienen und von den Deutschen als ungerechtfertigte Gewalthandlung verstanden worden war, sollte nun ein über den Auseinandersetzungen der Nationen stehendes Weltgericht den Schuldspruch fällen und die Entmündigung feststellen.

Das ist die Wurzel für die Feindstaatenartikel in der UNO-Charta und für den weltersten Versuch eines Verfahrens, das wohl die Sieger als Richter sah, aber eben nur formal: Die Anklägerstaaten in Nürnberg, blutbefleckt alle in abgestuftem Rang und eben in gleichem Bereich mit gleichen Dingen wie der Angeklagte befaßt (Kriegsplanung, Kriegsverbrechen, Verbrechen gegen die Menschheit), setzten sich als Beauftragte der besseren Menschheit, abgehoben, durch eine Art Weihe aus den Verstrickungen der Welt gelöst und erlöst: Priesterkämpfer, die am Ende des Kreuzzuges am Ort angekommen sind, jeder »a modern St. Michael brandishing his sword against Hitler and all the forces of evil throughout the world« (Flynn 182).

Sie zückten freilich das Schwert nicht gegen Hitler, sondern gegen die Deutschen, Schuldige und Unschuldige, und darin unterschied sich die große Weltgeste fundamental von dem, was im Text anklingt, anklingen soll: Beschwörung einer göttlichen Macht. Was die Geste verdeckte, war ein über eine Generation bewahrter Haß, Überhebung, bestenfalls Dummheit.

Von den Aspekten der Forderung nach bedingungsloser Kapitulation ist über den militärischen und politischen hinaus der ideologische der bedeutendste. Die Niederkämpfung der militärischen Machtmittel des Deutschen Reiches ermöglichte die Auflösung des Staates und der Nation, dies aber war Voraussetzung für die Entmündigung und Umerziehung der einzelnen. Der Kern der Umerziehung und weiterer Betreuung war, ein

Bewußtsein der Weltgesamtschuld zu erzeugen, zu formen und zu bewahren. Dies ließ die Planer seit Januar 1943 zu Worten und Bildern greifen, die im religiös-kirchlichen Bereich dem Menschen in seiner Beziehung zu Gott vorbehalten sind: der sündige, Gott nicht gefällige Mensch. Dies wird auf ein Volk übertragen; es wird vor den Richterstuhl gerufen. Es hatte Gewissen zu erforschen, zu bekennen, den Spruch anzunehmen, Schuld zu büßen, vielleicht Gnade zu erfahren.

Hier sind die Keimworte für die seelische Verfaßtheit der Menschen, soweit sie sich dem deutschen Volk zugehörig fühlen oder ihm zugerechnet werden: Kollektivschuld, Schuldbekenntnis, Vergangenheitsbewältigung, Gnade der Stunde Null, Kollektivscham, Gnade der späten Geburt ...

Für dieses Heilswerk, eine moderne Art Autodafé, in dem ein Volk ausgebrannt und seiner Identität beraubt wird, bedurfte es außer den von außen kommenden Schwertträgern einer im Volk beheimateten Autorität.

Es mag dahingestellt bleiben, ob der Anteil religiös bestimmter Menschen bei den Siegern von Torgau nennenswert gewesen ist, ob daraus eine subjektiv ehrliche Überzeugung abgeleitet werden könnte, daß ein Heilswerk durchgeführt werden müsse. Fraglos aber hatten auch die nicht davon berührten Verantwortlichen erkannt, daß für die Erreichung des eigentlichen Kriegszieles die Kirchen in Deutschland gebraucht wurden.

Die katholische Kirche versagte sich darin wegen der nicht korrumpierbaren, vor allem der nicht abhängigen Spitze. Hier wurzeln die späteren Angriffe auf Pius XII.

Die evangelische Kirche mit dem wenig respektablen Hintergrund der – großen – Deutschen Kirche neben der – kleinen – Bekennenden Kirche war erpreßbar und abhängig. Dies wurde Ansatzpunkt für die Arbeit in den deutschen Ländern.

Die Forderung nach bedingungsloser Kapitulation war schon verschiedenster Kritik ausgesetzt gewesen. Aus der Geschichte waren Beispiele bekannt, daß sie den Widerstand verlängerte, daß ehrenrührige Forderungen einen künftigen Friedensschluß erschwerten, daß die mit dem Beginn der Volkskriege im Gefolge der Französischen Revolution geübte Unbedingtheit den Bürgerkrieg provozierte, weshalb man im 19. Jahrhundert Voraussetzungen für solche Volkskriege auf dem europäischen Kontinent erst nicht entstehen ließ. Dies hielt, mit geringen Abstrichen, über 1918 hinaus. Der amerikanische Bürgerkrieg, die Auseinandersetzung um die politische und wirtschaftliche Verfaßtheit der US-Nation, bot ein abschreckendes Beispiel für *unconditional surrender.*

Dem Präsidenten Roosevelt hatte man in Zusammenhang mit der Begründung für diese Forderung eine Notiz zugesteckt, und so sonderte er sie ab. Er sprach von Unconditional-Surrender-Grant, dem General Lee unterlegen war. Was den Franzosen 1940 erspart geblieben und wohl auch England von Hitler nicht zugedacht war, schob sich im Kriegspräsidenten zu einem manischen Bild zusammen. Die einmal – zu Unrecht – pardonierten Deutschen sollten ihre Lektion lernen (Vogt 293 f). Das US-Komitee für Sicherheitsfragen plädierte schon 1942 für *unconditional surrender* und bestärkte Roosevelt. Churchill war dafür, Stalin hatte wegen des zu erwartenden härteren Widerstands Bedenken, stimmte aber schließlich wegen der dann größeren Beute zu. In den USA wagten wenige Politiker zu widersprechen, sie wurden abgewählt oder kaltgestellt; von den größeren Zeitungen verweigerte sich die »Chicago Tribune«. Aus dem Vereinigten Königreich kam breiterer Widerstand; der »Economist«, klug und mit historischem Augenmaß, und der »Spectator« lehnten die Forderung auch wegen der damit sichtbaren Abhängigkeit von den USA ab.

Da die Propagandakriegsführung als Marschlinie friedliche Töne zur Aufweichung gesetzt hatte, kam ihr die Roosevelt-Forderung höchst ungelegen, sie neutralisierte einen Teil des geschickt bearbeiteten Feldes. Die Folgen waren bis zum Ende der offiziellen Reeducation-Phase zu spüren, da Kriegspropagandaleute und Lizenzüberwacher häufig personengleich waren.

Die Einsprüche von Siegerseite hatten den militärischen und

politischen Aspekt im Blick, der Präsident aber den entscheidenden ideologischen. Daß dieser in einem Krieg, der zu einem hohen Teil als Meinungskrieg geführt und gewonnen wurde, insbesondere aber für den aufzurichtenden Frieden der erhebliche war, war für die Berater und ihn selbst keine Frage.

Dies setzte sich bei den Alliierten bald um:

Churchill faßte 1945 zusammen, »unconditional surrender gave us the right to determine the future of Germany ... We reserve under these terms all rights over the lives, property und activities of the Germans« (Zit. Vogt. 301 Anm. 100).

Um das ging es: Leben, Eigentum, Tätigkeit, also die Zukunft der Deutschen.

Bedingungslose Kapitulation:
Die Aufspaltung Deutschlands und der Friede der Welt

Der Kreis um die Deutschen im Bemühen, für die Auseinandersetzung um die Weltherrschaft deren Land als Ausgangsposition zu nutzen, hatte sich geschlossen. Churchill war darin bestenfalls Juniorpartner. Das wurde ihm sehr bald bewußt. Die Kriegsalliierten – soweit sie nicht ideologisch eingenebelt waren – belauerten sich mit dem Augenblick, in dem sie die Pakte schlossen. Dem Premier des Vereinigten Königreichs wurde schon vor Frühjahr 1945 klar, daß sein Land nicht die stärkste Macht auf dem Kontinent sein würde. Deshalb versuchte er, die Begehrlichkeit der Sowjetunion im Zaum zu halten; er mißtraute dem unverständlichen Entgegenkommen Roosevelts gegenüber Stalin. Diesem konnte der gesundheitliche Verfall seines Gevatters zwischen Teheran und Jalta nicht verborgen geblieben sein. Deshalb drängte er auf grundsätzliche Übereinkünfte und überließ die Ausformung späteren Absprachen. Das prägte Potsdam. Roosevelt begab sich mit seinem fast manischen Wunsch, Stalin von Angesicht kennenzulernen und ein weiteres Mal zu sehen, zuerst in dessen Obhut – in der sowjetischen Botschaft in Teheran – und endlich in dessen Charme. Diesen hatten schon hochrangige Abgesandte kennengelernt (übersetzt): »Mit dem Wodka-Sturzbach in ihren Köpfen und der Hand des Diktators auf ihrer Schulter, mußte jeder einzelne und mußten alle zusammen bekennen, daß ›uncle Joe‹ ein prima Kerl war« (Flynn 348). Roosevelt durfte Stalin begegnen, wobei dahingestellt sein mag, ob er in Jalta überwiegend verhandlungsfähig war. Der große Kriegspakt war zu dieser Zeit von verschieden definierten Voraussetzungen her ohne tragendes Fundament.

Deshalb ist auch zu verstehen, daß *unconditional surrender* für die Alliierten *auch* eine sich selbst angepaßte Fessel für das Kriegsbündnis war. Sie vertröstete 1943 Stalin in seinem Ruf nach der zweiten Front, zwang Churchill an die Seite der stärkeren Partner, die ihn bald beerben würden, und ließ Roosevelt in einer Sache freie Hand. Er nutzte sie für die neue freie friedliche Welt. Er erlebte sie nicht, seine Nachfolger ebensowenig. Die UNO ist eine Absichtserklärung. Die Kriegspartner jedoch konnten sich in Deutschland bedienen: Leben, Eigentum, Tätigkeit, ein Land mit seinen Menschen stand zur Disposition.

Morgenthaus Plan?

In Roosevelts Kabinett hatte sich der Finanzminister Morgenthau mit Deutschland und den Deutschen nicht beschäftigt. Da aber der vollkommene Friede geschaffen werden sollte, galt es die Störer genau zu kennen. Morgenthau glaubte sie zu kennen: In ihnen lebe »der mittelalterliche Glaube, daß der Krieg ... die beste Beschäftigung (auch) für den gemeinen Mann wäre, noch lange weiter ... Er lebt heute noch.« Im übrigen Europa sei er »aus der Mode gekommen« (Zit. Moltmann, 17, Anm. 31). Bestärkt wurde der Finanzminister und Amateur-Volkspsychologe in seiner Einschätzung besonders von Sumner Welles, Unterstaatssekretär im State Department, der tatsächlich der Meinung war, der deutsche Militarismus »sei durch Clausewitz und seine Schule begründet worden« (Moltmann 17), eine bemerkenswerte Deutung für einen Mann des Stabes. Deshalb nimmt es nicht wunder, daß er seine Clausewitz-Linie bis nach Weimar hineinzieht, wo sie sich nun auch bei der Masse des deutschen Volkes finde, die der »zerstörerische Faktor der modernen Zivilisation« (Zit. Holtmann 18 Anm. 37) sei, deutscher Volkscharakter eben. Daraus versteht sich die Gleichsetzung der Nationalsozialisten mit den Deutschen und umgekehrt.

In dem engen Beraterkreis, in dem sich Deutschlandkenner der Art Morgenthaus und Welles' aufschaukelten, gab es im September 1943 eine Panne. Der Unterstaatssekretär Welles, sichtlich mit dem Wohlwollen Roosevelts begabt, das freundschaftliches Verstehen und Einverständnis signalisierte, machte Außenpolitik an seinem Minister Hull vorbei und mußte auf dessen und des Senats scharfen Protest hin gehen. Der Präsident war aber von ihm doch so gefestigt worden, daß er das eine Jahr überstehen konnte, bis Morgenthau an dessen Vertrautenstelle rückte. Er übernahm die Rolle als *hardliner* und schließlich wohl auch ein Konzept, wie mit Deutschland umzugehen sei.

Welles hatte nach dem Polendebakel die Hauptstädte der nun vier europäischen Mächte bereist und dabei den Besuch in Paris (7.–11.3.1940) zu eindringlichen Gesprächen genutzt. Im Einvernehmen, die deutsche Macht für immer zu brechen, war natürlich der Geist Clemenceaus gegenwärtig, der schon 1919 dies vergeblich gefordert hatte. Ein Foto vom Gespräch mit den französischen Politikern zeigte im Hintergrund eine Karte, auf der Deutschland nicht mehr zu finden war: Hamburg und Lübeck waren Dänemark eingegliedert, das gesamte linksrheinische Gebiet Frankreich, das Gebiet bis zur Oder Polen; als Staat gab es Bayern und einiges Ungewohnte in Europa. Washington dementierte jegliche Verbindung mit dem Gesprächsinhalt, Paris schob einen ungeschickten Retuschierer als Auslöser dieses völligen Mißverständnisses vor, aber Welles konnte auch schon 1944 immerhin – inzwischen Pensionist – so viel sagen, daß Clemenceau mit seinem Teilungsplan 1919 nur zu recht gehabt hatte.

Die französische Kriegszieldiskussion des im März 1940 als sicher geglaubten Sieges wurde von Welles mit größter Wahrscheinlichkeit nach Washington transportiert und beflügelte dort die Überlegungen ungemein (Moltmann 100). Schließlich stimmte Roosevelt den alten Teilungsplänen Clemenceaus zu. Welles war der Bote gewesen, Morgenthau gab den Namen für den späteren Plan, der auch anderes für die Deutschen bedachte, ihren künftigen Lebensstandard, ihre Volkszahl, alles eben, was den künftigen Weltfrieden ermöglichen und garantieren sollte.

Auslösend war folgendes gewesen:

Im August 1944 reiste Morgenthau nach Frankreich. Er sollte klären, wie und mit welchem Aufwand dem Land zu helfen sei. Dabei wurde er auch über die Nachkriegsplanung des State Department für Deutschland in Kenntnis gesetzt, ein anderes Dokument zeigte ihm die Vorstellung des War Department. Beide urteilten und planten nüchtern und maßvoll. Er aber äußerte der militärischen Führung und auch der britischen Regierung gegenüber, die deutsche Industrie sei zu zerstören, das Land sei in einen Agrarzustand zurückzuführen. Dafür gewann er Roosevelt, der auch gegenüber den harten Vorstellungen Hulls von Morgenthaus Plänen nicht abrückte. Was Welles, dem Insider aus dem State Department, mißlungen war, den Plan zur Aufspaltung und endgültigen Schwächung Deutschlands festzuschreiben, brachte der Amateur Morgenthau innerhalb eines Monats zustande. Roosevelt vertraute seinem Gefährten der Herrenrunde aus der Zeit vor der Präsidentschaft. Er setzte den Plan in gemeinsamen Besprechungen mit dem atlantischen Partner um und hielt bis zu seinem Tode an ihm fest, wenn er sich auch gegenüber der Presse äußerlich lossagte.

Die Kritik war so stark, daß der Kriegsminister erläuternd äußerte, Roosevelt hätte offensichtlich unterzeichnet, »ohne sich viel dabei zu denken« (Moltmann 132 Zit. Anm. 40). Immerhin ging es neben den militärischen Bestimmungen, die insgesamt Eingang in die Abmachungen von Potsdam gefunden haben, den politischen, die – außer der Aufteilung – zu einem erheblichen Teil in die Nachkriegsplanung eingebracht wurden, den Bestimmungen über Wirtschaft und Verkehr sowie das Bildungswesen auch um so delikate Dinge wie die Behandlung einer sehr großen Gruppe von Menschen, die »nach der Festsetzung und Identifizierung sofort erschossen werden sollten« (Moltmann 125). Man hatte aus Katyn gelernt und näherte sich dem Standard des Bundesgenossen SU an.

Der gewiefte Taktiker Roosevelt hielt es jedoch für nicht günstig, vor dem zu erwartenden Sieg sich an zu enge Festlegungen zu binden. Außerdem stand die Wahl an. So wie er sich für seine Reden mehrere Konzepte vorlegen ließ, um eines hervorzuziehen oder auch zwei zu verbinden, wollte er sich freihalten für seinen großen Auftritt bei der Verkündigung des Weltfriedens. Dazu kam es nicht mehr. Das 14-Punkte-Programm, das verhüten sollte, daß Deutschland einen dritten Weltkrieg entfesselt, dieses Beispiel doktrinärer Verhärtung und Ideologisierung, mußte nach dem Februar 1945 in verschiedenen Einzelaspekten von fanatisierten Friedenskämpfern ohne die große Sinnfigur Roosevelt weitergebracht werden. Noch vor dem formellen Kriegseintritt der USA hatte ein Theodore N. Kaufmann die Sterilisierung aller Deutschen im zeugungsfähigen Alter und die Verteilung auf andere Völker gefordert (Schrenck-N. 62 Anm. 30), eine Harvard-Studie hingegen wollte die kriegerischen Eigenschaften der Deutschen durch den Einsatz deutscher Zuchtmänner bei anderen Völkern heimisch machen. Es bleibt zu fragen: Wofür dies? Im ganzen aber war das Schicksal der Deutschen im Motto William S. Shirers zusammengefaßt: »They are all guilty – punish them« (Zit. Schrenck-N. 66).

Diagnose und Therapie

Das 1930 von M. Horkheimer übernommene Institut für Sozialforschung wirkte von Frankfurt/Main aus erheblich auf die Psychologieschulen in den USA ein. Die Psychologie wurde zur exemplarischen Wissenschaft, die Mental Health verbreiten sollte. Die 1938 gegründete »Sullivan Washington School of Psychiatry« nahm sich die Staaten, schließlich die ganze Welt vor und war damit auch für die psychologische Kriegsführung prädestiniert, galt es doch, die Heimat der verehrten Pollock, Adorno, Marcuse, Fromm, Löwenthal in einer Art Rückmission für Mental Health zu bereiten. Die in Frankfurt gegründete »Zeitschrift für Sozialforschung« und das entsprechende Institut mußten nach Paris ausweichen, fanden dann an der Columbia University in New York Bleibe und Wirkungszentrum. Die Neufreudianer wurden ergänzt durch die Erkenntnis Reichs aus Wien, daß die Familie die entscheidende reaktionäre Keimzelle sei, was man in den Staaten bisher auch noch nicht gewußt hatte.

Man mußte noch lernen, damit man in Deutschland lehren konnte. Ebenso war die autoritäre Persönlichkeit zu beschreiben, die man in Deutschland entdeckt hatte. Damit waren die Zielmarken für generationenlange Arbeit gesetzt.

Die Sozialpsychologen hielten es für das Günstigste, nach Disposition autokratische Führer zu demokratischen umzuerziehen und dann selbst zu Erziehern zu machen. Die Umerziehung sollte den einzelnen als Mitglied einer Gruppe ansprechen und formen: den guten Bildungsbürger, den demokratischen Gewerkschaftler, den wahren Pastor, den verständigen Amtsträger, den bildsamen Lehrer, den weltoffenen Professor ... Da Deutschland an einer Krankheit leide, aber heilbar sei, gelte es abzuwarten, bis der Kranke der psychiatrischen Behandlung zugänglich sei. Dies sei unmittelbar nach dem Zusammenbruch zu erwarten. Die positiven Elemente in Deutschland, die nicht-paranoiden, aber darin bedrohten, waren zu stützen und zu hegen. Die reinen, sauberen Deutschen müssen besonders betreut werden, damit sie die Aufgabe bald selbst übernehmen können.

Hinterfüttert wurden diagnostisches Bild und Therapieplan durch das Ergebnis von Untersuchungen und Experimenten an einem in völliger Abgeschiedenheit lebenden Eingeborenenstamm (Bungenstab 23 Anm. 27). Da Deutschland in – abgemilderter – Quarantäne belassen werden sollte, ließen sich nach Meinung der Volksheiler und -erzieher die gewonnenen Erkenntnisse umsetzen.

In Moskau brauchte man keine auf Deutschland zugeschnittenen Erkenntnisse. Der Histomat bot den Rahmen auch für die Lenkungs- und Erziehungsaufgaben in Deutschland. Die meist über skandinavische Länder oder die Tschechoslowakei ausgewichenen Parteiführer der KPD hatten die Stalinschen Säuberungen über sich ergehen lassen müssen. Dezimiert stand die Truppe bereit für den besonderen Auftrag, die in den zwanziger Jahren nicht geleistete Arbeit aufzugreifen und sie ohne die Internationale zu Ende zu führen, die für den Seelenhaushalt Roosevelts begraben worden war. Die Raster für die Kaderarbeit wie für die anfangs nötige Zusammenarbeit mit anderen Gruppen waren – wenn auch für eine andere Farbe – noch zu Beginn der dreißiger Jahre gelegt worden. Wie sich Ulbricht in Sachsen mit Goebbels zusammengetan hatte, um das angeschlagene parlamentarische System zu zerstören, würde man unter günstigeren Rahmenbedingungen mit dem Klassenfeind Sozialdemokratie versuchen, auf den Trümmern jenes Systems das Gegenbild zu Roosevelts schöner neuer Welt zu bauen: auferstanden aus Ruinen.

Finis Germaniae?

Der lange Weg der Flügelmächte war an den gegenseitigen Grenzen angelangt. Von der Monroe-Doktrin 1823 führte er über die Wilson-Punkte an das westliche Ufer der Elbe, von der Abschottung Rußlands nach dem Dekabristen-Aufstand (1825) über die Lenin-Thesen an das östliche. Der Händedruck bei Torgau schaut nicht von ungefähr in der nachträglichen Deutung eher wie der Beginn einer handgreiflichen Auseinandersetzung, ein Abtasten vor dem Messen der Kräfte aus. Europa war aufgespalten, Deutschland aufgelöst. Die Juniorpartner spielten Mitsieger, in ebendem Ring, wo sie 1918/19 ein erstes Mal ihre Vorstellungen von nationaler Würde auf Kosten Deutschlands umgesetzt hatten.

Diesmal konnten sie ihre Maximalforderungen durchdrükken: Zergliederung Deutschlands als Bedingung Frankreichs, Vertreibung der Deutschen als Reinigung der Tschechoslowakei, Vertreibung der Deutschen als Mittel, die schon 1918 angesetzte und sechs Jahre unterbrochene Westbewegung Polens demographisch unumkehrbar zu machen, Fortsetzung der Versklavung der Südtiroler durch die Italiener als den schon 1919 eingeforderten und von Hitler bestätigten Siegespreis, Aufweichung der deutschen Westflanke durch jene Staaten, die sich bald unter Benelux für eine deutliche Mitsprache in den Dingen der Deutschen bereitmachten.

Überraschend ist, daß nur wenige der Staaten, die sich an der Mitte Europas bedienten, spürten, daß die Garanten ihres sowohl mutwilligen wie sorglosen Tuns bald auch von ihnen den Preis einfordern würden.

Die Wachen unter den Engländern hatten dies schon während des Krieges gespürt, Churchill gab 1946 Laut gegen einen der Garanten des – verlorenen – Friedens. Die Franzosen waren damit beschäftigt, die *résistance* zu jener Größe zu erheben, die den Mitsieg begründen sollte. Er war so unbedeutend wie die *résistance*, die Rache an den Vichy-Leuten so gewaltig, wie die *résistance* hätte sein sollen. Die Juniorpartner in Ostmitteleuropa hatten damit zu tun, Leben und Eigentum von 15 Millionen Deutschen in die ihnen zustehende Form zu bringen. Ein im Kriege gewachsenes Volk wie die Tschechen hatte sich bis Mai 1945 einen Krieg versagt, es fand ab Mai 1945 Gelegenheit dazu gegen Frauen, Kinder und alte Leute. Ein gewisses Erwachen begann auch hier 1948. Zu diesem Zeitpunkt hatten die westliche wie die östliche Macht in der Folge der bedingungslosen Übergabe die Aufmarschgebiete für die Fortsetzung des Kampfes um die Welt längst abgesteckt, bis zu den Endpunkten Europas und mit Brückenköpfen und Bastionen in anderen Weltgegenden. Der vielbeschworene Friede bestand auch nicht ein Jahr nach dem Ende des Verbrecherstaates Deutschland.

Daß man sich nicht die Augen reiben mußte ob dem Weiterlaufen gewalttätiger und kriegerischer Auseinandersetzung, war *dem* Aspekt der bedingungslosen Kapitulation zu verdanken, der natürlich Roosevelt nicht in den Sinn gekommen sein konnte. Er ging ja vom großen Frieden aus, nicht von künftigen Kriegen.

Die bedingungslose Kapitulation also eröffnete auch die Möglichkeit, den Popanz des allzeit, auch in Niederlage und Zersplitterung gefährlichen Deutschlands aufzubauen und damit abzulenken von dem, was während der Kriminalisierung der Deutschen weitergelaufen war: von eigener Unzulänglichkeit, Begehrlichkeit und Schuld.

In Deutschland mußte man dieses Spektakel mitspielen. Es fanden sich aber bald genug Menschen, die sich nicht zu schade waren, darin selbst einen tragenden Part zu übernehmen. Nach 50 Jahren hat *unconditional surrender* nichts von seinem ideologischen Antrieb verloren. Es ist Selbstläufer geworden, die Meinungslehrlinge wurden zu Meistern. Manche möchten ihre Künste auch nach außen wenden, überheblich wie Deutsche nun auch sind. Sie, die gewendeten Autokraten des Jahres 1945 und deren Zöglinge, prägen das Bild. Einiges an Schaum, wie er bei heftiger Bewegung zu entstehen pflegt, schwimmt immer nach oben.

Mittel und Wege:
Das müssen die Deutschen selbst machen

Die Sieger schreiben die Geschichte; sie haben es bisher immer versucht. Bis 1945 ist nicht bekanntgeworden, daß die Verlierer darin mit Eifer mitgetan hätten. Es wiederholen sich nicht nur Grundmuster politischen Handelns, es wird hin und wieder auch Neues gesetzt. Die Begeisterung, mit der nach anfänglicher Unsicherheit Deutsche den von den Siegern eingesetzten Meinungsführern folgten und deren Sache besorgten, wäre vielleicht noch zu erklären, wenn geschichtliche Ergebnisse Schuld zumessen und Unschuld feststellen würden, ein Volk mit Niederlage oder Sieg verurteilt oder freigesprochen wäre.

Der Versuch, 1919 mit einem bisher nicht bekannten Schuldartikel die Welt in einen Gerichtssaal zu verwandeln und den Deutschen als uneinsichtigen Angeklagten vorzuführen, fand nicht die Billigung nüchtern argumentierender Geschichtsforscher, er wurde als machtpolitisches und propagandistisches Spiel aber auch noch dann fortgesetzt, als vor dem Völkerbundgerichtshof gegen ein halbes Dutzend Staaten Rechtsbrüche gegen die eigenen Satzungen festzustellen gewesen wären oder – wie im Fall Italiens – festgestellt worden sind.

Wenn es vergleichsweise im Interessenkampf wirtschaftlicher Partner gelingt, einen Konkurrenten in eine anrüchige Verbindung zu bringen, ergeben sich beim Geschäft in der Regel Vorteile. Dies in das Feld der Machtpolitik von Staaten und Staatengruppen zu übertragen, war schon einige Male versucht worden, auch in der Zeit konfessioneller Auseinandersetzungen, wo man sich zum Beweis gottgefälliger Staatsführung die Sündenregister der beiderseitigen Untertanen vorrechnete, als wäre der höhere Anteil etwa an abgeurteilten Dieben oder Ehebrechern ein überzeugender Beweis für oder gegen die Inanspruchnahme der Hoheit in einem Gebiet.

Auch bei der Landnahme gegen die Indianer argumentierte man ähnlich; sie seien rechtsunmündige Alkoholsüchtige – man hatte sie dazu gemacht. Auch die Revolutionskriege in Europa wie anderswo waren geprägt von der Vorstellung, die wahren menschlichen Tugenden hätten sich sichtbarlich im eigenen Volk oder einer bestimmten Gruppe niedergelassen, während das Böse Wohnung beim Gegner genommen habe. Es bedurfte schon der Zusammenarbeit einer nach den Greuelkriegen nüchtern gewordenen europäischen Politikerschicht, für einige Generationen in diesem Erdteil derlei Gewalttätigkeiten gegen die Vernunft nicht an Boden gewinnen zu lassen, was im aufsteigenden Nationalismus immer schwieriger wurde. Dies besonders, wenn – je nach Verfassung – Gott oder der Weltgeist ein Volk besonders liebte, indem er ihm entweder die größte Fläche auf der Erde oder die geschliffenste Sprache, die beste Verfassung, die meisten Dichter, die schönsten Lieder, die strahlendsten Tenöre, die lautesten Sommernächte, den kargsten Boden, die herrlichsten Weiber oder was sonst noch gegeben hatte.

Die Aufzählung all dieser Vollkommenheiten belegt nur, daß es unmöglich ist, einem Land oder Volk unbestritten den Lorbeer zu reichen. Es ist aber sehr wohl erfolgversprechend, ein Volk als das schlechteste und verachtenswerteste zu bezeichnen, weil alle anderen gerne dabei einstimmen werden. Dazu bedarf es keiner wissenschaftlichen Darlegung, aber natürlich läßt sich eine solche Erkenntnis in die entsprechenden Wortgebäude umsetzen, die eine Besoldung für einen Trupp *Warfare*-Psychologieprofessoren oder den Etat eines entsprechenden Instituts rechtfertigen.

Dies geschah in den in Explosion befindlichen Psycholabors jenseits des Atlantiks, wo man in den dreißiger Jahren die ganze Welt seelisch zu heilen sich vorgenommen hatte. Es geschah aber auch in den Kaderschmieden der anderen Art von Weltrevolutionierung, wo man, tief enttäuscht vom Scheitern des Kommunismus im Mitteleuropa der Zwischenkriegszeit, auch hier den Deutschen als den Hort der Reaktion ortete. Die *fellow travellers* an den englischen und US-amerikanischen Universitäten – und Regierungsstellen – waren eben dieser Meinung auch.

Auch die klügsten und überzeugendsten Entwürfe vom Aufstieg und Fall der Völker, Reiche und Kulturen tun sich dort schwer, wo sie die »Volkspsyche« in ihre Modelle einführen möchten; günstigerweise unterließen sie es meist. – Die aus Europa, aus Ungarn, Österreich, Deutschland, einigen der Kernländer der Psychiatrieschulen, in der Hoffnung nach Brot und Arbeit oder auch wegen Trendänderungen seit Ende der zwanziger Jahre in die Vereinigten Staaten ausgewanderten oder ausgewichenen Gelehrten und deren transatlantische Schüler hatten in der Vorbereitung ihres Modells der reaktionären Deutschen wohl genug an Geschichtskenntnissen, aber wenig Hemmungen, sich ihrer nicht zu bedienen.

Als sich Roosevelt mit der zweiten Präsidentschaft (1936) ins interventionistische Feld begab, sahen besonders jene US-Bürger ihren Weizen blühen, deren schlichtes Weltbild mangels Kenntnis von den Verwerfungen und Besonderheiten Europas nicht gestört werden konnte. Es mußten aber schon noch einige Jahre vergehen, bis in einer Ferndiagnose »Is German Incurable?« (Bungenstab 23 Anm. 27) ein Richard M. Brickner das deutsche Volk wie eine Person mit einem gefährlichen »mental trend« sieht. In seiner »Untersuchung« geht er von der Voraussetzung aus, daß die nationalsozialistische Bewegung und ihre Führer Zeichen und Ursachen von »Germany's trouble« sind, das sich als der »father – emperor – school-master – slavedriver – general – drillmaster – boss – hero« der Welt verstehe. Deshalb müsse dieses Volk, diese All-Person, so lange behandelt werden, bis es geheilt sei. Dann könne man daran denken, Deutschen wieder einige Macht zu geben (Bungenstab 23 Anm. 30).

Die Heil- und Erziehungspackungen, wie sie dann von der Frankfurter Auslieferungsstelle an die deutschen Hochschulen und Redaktionen und bis in die letzte Schulklasse und den ob-

skursten Volkshochschulkurs ausgegeben wurden, lassen sich aus dem genannten Charakterbild des Deutschen ableiten:
– Die Väter sind zu entmachten: Frau gegen Mann, Kind gegen Eltern, die Familie ist aufzubrechen;
– der Staatsführer kraft Amt und Kompetenz ist zu stürzen: steuerbare Volksbefragungsherrschaft ist einzurichten;
– der Lehrer ist an den Zügel der Meinungssetzer zu nehmen: Abweichler sind Faschisten;
– das Sklavenhafte am Volk ist formal abzustreifen, damit es im Wahn, es bestimme sich selbst, um so leichter der Fremdbestimmung nacheifere;
– der Typ des Antreibers und Leuteschinders mag in anderen Völkern überleben, der Deutsche hat am Leitstab zu gehen;
– der deutsche Soldat ist der Unmensch; die Hatz auf die »Mörder« ist angeblasen;
– der Zuchtmeister – im amerikanischen Befreiungskrieg hoch gelobt – soll weichen: die sogenannten Sekundärtugenden sind als faschistisch oder faschistoid zu verabschieden;
– das deutsche Großmaul ist zu stopfen: die Welt ist begierig, andere Töne zu hören;
– Helden sind außerhalb Deutschlands zu orten; die Steinmetzen der früheren Gegner sind auch heute noch beschäftigt, Standbilder zu meißeln.

Die in den Dienststellen der psychologischen Kriegsführung konzipierten Merksätze für die Behandlung Deutschlands sind seit der Besetzung Grundlage für das öffentliche Leben und den Seelenhaushalt des einzelnen. Den Deutschen ist klarzumachen, daß sie nun – anders als nach 1919 – den Schuldspruch anzunehmen haben, daß er zu verinnerlichen ist, daß sie – im Bewußtsein ihrer Alleinschuld – alle die Welt gefährdenden Äußerungen abzulegen haben und sich dann wieder ihr eingliedern dürfen nach dem Maßstab, der an sie gelegt wird.

Die Verbote und Gebote der Militärregierung setzen den Rahmen für die Erziehungsarbeit, deutsche Schuldäußerungen und die Mithilfe überzeugter, argloser oder auch unredlich spielender Amtswalter füllen ihn aus. Hohe Erwartungen setzen die in die Militärverwaltungen übernommenen Mitarbeiter der psychologischen Kriegsführung in die Lizenzierung einer Presse, die mit weißen und schwarzen Listen gesteuert wird. Bei der Gründung der Institute für Bildungsarbeit hält man sich merklich zurück, gesteht im besten Fall »Beratung« zu: Hier nämlich könnten die Deutschen (finanzielle) Hilfe einfordern. Die Quellen, mit denen die Geschichtsforschung in und über Deutschland gespeist werden kann, sind außer Landes gebracht worden. Während sich deutsche Forscher (im westlichen Landesteil) mit Zweit- und Drittverweisen behelfen müssen, werden unter günstigsten Umständen erarbeitete Untersuchungen nach Deutschland importiert. In Mitteldeutschland verfahren die Besetzer in den Fällen anders, wo die Parteilichkeit eben über die Partei garantiert ist. Die Forschungsgrundlagen sind für sowjetrussische Wissenschaftler nicht sehr viel besser als für ihre deutschen Adepten.

Eine Sprachregelung wesentlicher Begriffe und die Umdeutung der deutschen Geschichte großen Stils beginnt. Deutsche Historiker, die sich daran beteiligen, werden an einflußreiche Lehrstühle gelobt oder in Wartestellung gebracht. Freilich ist es nicht einfach, den Grundsatz freier wissenschaftlicher Betätigung von ausgewiesenen und hochanerkannten Forschern dort zu beugen, wo eine Emeritierung noch nicht ansteht.

Im Koalitionskrieg hatten die beiden Flügelmächte die logistischen Zentren für die – wie man meinte: endgültige – Auseinandersetzung um die Welt besetzt, die man als »kalter Krieg« zu benennen gewohnt ist. Der schlüssige Beweis dafür, daß der »deutsche Krieg« eine Art Störfall, zugleich aber eine hervorragende Gelegenheit darstellte, mit Deutschland eine wesentliche Machtbasis zu erlangen, aber eben je nur zur Hälfte, ist die konsequente Ausweitung der zwei Weltideologien seit 1917. Nun wurden die Deutschen munitioniert, Marshall-Plan-Gelder flossen hier, hehre Spruchbänder flatterten dort, aber auch umgekehrt: Zeitungsseiten hier, Zuwendungen an markige Genossen dort. Das Ergebnis war unterschiedlich:

Im westlichen Deutschland wuchs die Hoffnung, nach 35 Jahren Mangel die Grundbedürfnisse decken zu können und die zugemuteten Einengungen abstreifen zu können. Es wurden Jahre hindurch höhere Beträge investiert als für entbehrliche Güter ausgegeben. Die Festlegung der Währungsparitäten von Bretton Woods 1944 ermöglichte einen überraschend hohen Exportschub. Das »Wirtschaftswunder« war die normale Entwicklung einer Volkswirtschaft, die gewohnt gewesen war, mit dem Mangel zu arbeiten, und sich dann nach hauswirtschaftlichen Grundsätzen auch von der Fülle nicht verderben ließ. Bald freilich erlagen die Markt-Deutschen der Verführung. Das vorgebliche Wunder wurde zur Droge, eher: zum Placebo. Der rasche Umlauf der Mark spielte Reichtum vor. Damit gängelte die hellwach gewordene Nachbarschaft das deutsche Volk und begann es unvermerkt auszunehmen. Über »Freizeit-Gestaltung« verdrängte die Mehrheit der Wahlbürger die existentielle deutsche Frage.

Dem deutschen Satelliten des Weltkommunismus – oder auch des russischen Imperialismus – wurden die bescheidenen Gewinne der in den fünfziger Jahren fleißigen Bevölkerung Mitteldeutschlands aus dem Aufschwung entnommen. Man mußte aus der Substanz leben und konnte in weiten Bereichen nicht reinvestieren. Der atlantische Juniorpartner »Western Germany« aber wurde nach dem Grundsatz gehalten, daß man die Kuh nicht schlachtet, die gemolken werden soll.

Die Mittel für die deutsche Selbstheilung waren also vielfältig, die Wege lang und nicht überall – auch im Wortsinn – einzusehen.

Reeducation und Erziehung zum Marxismus-Leninismus

Einige Selbstdeuter der Reeducation boten den Deutschen folgendes an: Sie bezeichne nach Wort und Sinn in der anglo-amerikanischen Sprache Wieder-Erziehung, Rückgriff auf einen Stand, den die Deutschen vor Hitler erreicht gehabt hätten, aber nicht halten konnten (Bungenstab 21). Dieser Deutungsansatz ist offen und könnte an eine Tradition anknüpfen, die Deutschland wie andere Länder geprägt hat: nicht endendes Bemühen um kulturelle Höhe auch bei widrigen Umständen.

Dem widersprach aber die Mehrheit der mit der Vorbereitung der Reeducation befaßten Mitarbeiter des »Psychological Warfare«. Das deutsche Volk müßte erst demokratisiert werden, es habe zu keiner Zeit jene Stufe erreicht gehabt, von der aus es als gleichberechtigtes Mitglied der Völkergemeinschaft hätte aufgenommen werden können. Es gelte also nicht, sich Vergessenes wieder anzueignen, der falsche Weg sei vom Anfang her zu korrigieren.

Der seelisch kranke Volkskörper sei an den Punkt zu führen, von dem aus eine gesunde Entwicklung möglich sei. Deutlich macht es Archibald MacLeish, Assistant Secretary of State, der folgendes Bild für Außenminister Byrnes für die Beratungen von Potsdam notierte: Das kriminelle Deutschland sei wie in einer Strafanstalt zu heilen.

Der Begriff *education* ist im Amerikanischen umfassend, er beinhaltet Erziehung und Bildung, das Formale und das Inhaltliche, alle prägenden Faktoren im Privaten und Öffentlichen einschließlich jener, die im Deutschen dem Feld der Bildung und Erziehung nicht zugezählt werden oder wurden: Kirchen, Gemeinden, Verbände, Medien. Demnach war das als Strafanstalt vorgesehene Deutschland anfangs tatsächlich auch so zu organisieren, daß nur – um im Bild zu bleiben – Wachpersonal, Pfleger, Ärzte und Seelsorger es betreten und von den Insassen es niemand verlassen durfte.

Der Deutsche kam also in die geschlossene Abteilung des Welt-Krankenhauses oder auch in das zum Krankenhaus gemachte Gefängnis. Seine Heilung aber war davon abhängig, daß er einsah, daß er dorthin gehöre. Das Joint Committee on Postwar Planning, in dem die US-amerikanischen Berufsverbände der Psychiater und Psychologen Gesicht und Ergebnis bestimmten, hielt im Frühjahr 1945 dafür, daß das deutsche Volk heilbar sei, daß also »die gefährlichen Charaktereigenschaften des deutschen Volkes geändert werden könnten« (Bungenstab 24). Es gilt also, das Volk umzuwandeln. Geändert werden sollen die tradierte Kultur, die gesellschaftlichen Handlungsbedingungen und vor allem das Erziehungswesen. Dies besagt: Die »undemokratischen« Handlungslinien sind zu kappen, Grundmuster für ein neues deutsches Geschichtstableau zu entwerfen, das Volk in seinen prägenden Gruppen ist neu zu organisieren. Bewirkt soll dies durch den Umsturz des Erziehungswesens werden.

Die Psychologencrew, in einer Art Haßliebe Deutschland verbunden, da zu einem hohen Anteil nach Herkunft und Ausbildung dorther stammend, hielt einen völligen Umbau des Schulwesens für nötig, in dem die Gesamterziehung die Ständegliederung überwinden und das Volk der 1917 von Wilson geforderten Entwicklung für die Heilsidee öffnen sollte. Was für Stalin der Sozialismus in einem Lande wurde, von dem aus in einem zweiten Schub die Idee weltweit erfolgreich sein sollte, hatte vergleichsweise für Roosevelt in den Vereinigten Staaten für die Welt ihre Verkörperung.

Der Weg in und mit dem Krieg war damit vorgezeichnet. Die Psychologencrew trat zu dessen Rechtfertigung an, bemühte mit Erfolg das nationale Interesse dafür und brachte das Propagandarad in Schwung.

Die »unterhalb« der ideologischen Erklärungs- und Rechtfertigungsmuster weiter wirksamen realpolitischen Faktoren waren im Bereich der Streitkräfte und der außenpolitischen Administration der USA vertreten. Die Sowjetunion als die andere Flügelmacht hatte mit August/September 1939 unmittelbar mit der Eroberung Mitteleuropas begonnen. Die realpolitische Führungselite der USA sah sich darin in der Zeit, in der Roosevelt der Chimäre einer zu befriedenden Welt nachjagte, herausgefordert, aber handlungsunfähig.

Noch während des letzten Kriegsjahres wurde ihr deutlich, daß die zu erwartende Auseinandersetzung mit der Sowjetunion mit Hilfe der deutschen Machtreste zu führen sein würde. Das politische Gestaltungsfeld wurde im September 1944 festgelegt. Stalin suchte mit dem Ansatz »Deutschland als ganzes« das Übergewicht in diesem Raum herzustellen. Die amerikanische Außen- und Sicherheitspolitik mußte demnach versuchen, endgültige Festlegungen in Deutschland zu vermeiden. Roosevelts Tod verschaffte der Korrektur halbherziger Zusagen Handlungsspielraum.

Das grundsätzlich als richtig anerkannte Konzept der ideologischen Reeducation wurde nun ergänzt durch die Überlegung, für den einsitzenden seelisch kranken Deutschen raschestmögliche Bewährung vorzusehen.

Während in Stalins Machtbereich der Sieger seine »Rechte« ungehindert in Anspruch nahm und in allen eroberten Gebieten seine Ideologie über den Lauf der Gewehre installierte, war es Truman möglich geworden, gegen die verbiesterten Racheengel des Roosevelt-Clans in eine nötige gemäßigte Reeducation einzuschwenken. Morgenthau ging noch davon aus, daß die Umerziehung der Deutschen durch ehemalige Offiziere der Alliierten erfolgen solle, welche als Schulleiter eingesetzt werden müßten. Dies wurde nun für wenig sinnvoll gehalten. Wenn man von der Mithilfe des mental Kranken auszugehen hatte, konnten die Morgenthau-Pläne in ihrer extremen Form nicht mehr weiterverfolgt werden.

In folgender Grundvoraussetzung waren sich jedoch die Reformkräfte mit den Entwerfern der Reeducation einig:
– Reeducation sollte das gesamte kulturelle Leben Deutschlands erfassen und umgestalten;

- die Deutschen sind davon zu überzeugen, daß sie die alleinige Schuld und Verantwortung für den Krieg und seine Ergebnisse tragen;
- damit kann und soll eine Charakteränderung der Deutschen bewirkt werden.

Auf der anderen Machtseite lagen die Dinge von Anfang an klar zutage: Wie man in der Sowjetunion als kurzfristige taktische Maßnahme die Gläubigen im Volk und die Kirche für den »Großen Vaterländischen Krieg« in Anspruch genommen hatte, wandte man sich in Deutschland an die »fortschrittlichen gesellschaftlichen Kräfte« und konnte weitgehend ungestört die Erziehung zum Marxismus-Leninismus festlegen:
- Sie konnte nach dem Weltanschauungsverständnis keinen Aspekt des kulturellen Lebens außer acht lassen;
- die historisch-materialistische Geschichtsdeutung durfte von der verfehlten Entwicklung der Deutschen ausgehen – als einer »notwendigen Voraussetzung für den Sieg des Sozialismus«;
- die Umformung der Deutschen zu Marxisten-Leninisten gliedert (auch) dieses Volk der ruhmreichen Sowjetunion und den fortschrittlichen Friedenskräften ein.

Auch die schärfste Strafaktion der östlichen Flügelmacht löste beim begeisterungsfähigen Teil der deutschen Bevölkerung positive Reaktionen aus und zog überdies jenen Teil der in den Westen emigrierten »Linken« an, welche mit dem Tod Roosevelts ihr Ziel einer lichten Weltordnung nicht mehr jenseits des Atlantiks gewährleistet sahen. Ein großer Pulk der Wanderer zwischen den Welten verschaffte dem Stalinschen Zwangsgebiet einen – wenn auch nur kurzfristigen – kulturellen Glanz: Brecht, Mayer und Bloch etwa gingen in das »bessere« Deutschland (zurück).

Ein etwas abseitiger Kampf um die deutsche Seele hatte begonnen. Während Millionen Flüchtlinge und Vertriebene in existentielle Not und ein hoher Anteil davon in den Tod geschickt wurden, machten sich die Designer des deutschen Demokraten daran, ihre Vorstellung vom wahren Menschen umzusetzen. Eine wesentliche Voraussetzung dafür war freilich schon Jahre früher, vor und im Krieg, gelegt worden.

Das eine Volk:
Der Widerstand – Hohn für deutsche Patrioten

Das US-amerikanische und das bald von ihm dominierte englische Konzept der Reeducation gingen von der Schuld der Deutschen, des ganzen Volkes, aus. Dieses habe den Nationalsozialismus gewollt und installiert, den Krieg über die Welt gebracht, allein die Leiden zu verantworten. So erklärten sich auch die Eideshelfer unter den Emigranten, allen voran Thomas Mann.

Verdeckt wurden dabei nicht nur die verfehlten Festlegungen des Pariser Diktatfriedens und ihre verheerenden Folgen in ganz Europa, sorgfältig ausgeblendet wurden u. a. alle Äußerungen des Widerstands im deutschen staatlichen Machtkomplex wie die zersplitterten außerhalb dessen, welche angesichts des durch den Krieg verstärkten totalitären Anspruchs des Staates einen schweren Stand hatten.

Noch 1932 hatte der nationalsozialistische Machtanspruch für Frankreich wegen der Aussicht auf einen Bürgerkrieg in Deutschland die Hoffnung auf dessen Auseinanderbrechen nicht aussichtslos erscheinen lassen. Sofort nach der Machtübernahme 1933 arrangierte man sich – François-Poncet war der Garant der einen wie der anderen Festlegung – mit der deutschen nationalen Spielart des Sozialismus. Seit 1937 waren meinungssetzende Kräfte in Kirche und Wehrmacht gegenüber Hitler nicht nur auf deutliche Distanz gegangen, sie versuchten 1938 einen Absprung, soweit sie im Generalstab ein Zeichen gegen den ihnen nun mehr als nur verdächtigen Hitler setzen zu können glaubten. Keiner der Krisenpunkte im Marsch Hitlers aus Versailles wurde von den Garantiemächten des neuen europäischen Staatensystems genutzt, dem deutschen Widerstand Hilfe zur Bändigung oder Ausschaltung Hitlers anzubieten. Die Hoffnung der oppositionellen Kräfte in der Wehrmacht auf die Kampfbereitschaft der doch herausgeforderten europäischen Machtgegner wurde enttäuscht. England und Frankreich waren nicht bereit, zur Zeit der tschechoslowakischen und der tschechisch-deutschen Krise der Militäropposition einen Hinweis für ein gemeinsames Vorgehen gegen Hitler zu geben, das – so nur stellte es sich den Generalen dar – nur dadurch erfolgreich sein konnte. Da die Garantiemächte ihres in Mitteleuropa installierten Staates ČSR zwei wesentliche Forderungen Hitlers erfolgreich abgewehrt hatten, die nach Volksabstimmung und die nach einem Einmarsch mit fliegenden Fahnen in die von Deutschen bewohnten Gebiete, fühlten sie sich in der Vorhand. Sie setzten im Frühjahr 1939 mit der Garantieerklärung für Polen, das ebenfalls eine starke deutsche Minderheit umfaßte, ihre Marke, wo die Revision von Versailles ihr Ende haben sollte, die ja nach der Forderung aller Weimarer Parteien ohne Revision der Ostgrenze keineswegs abgeschlossen gewesen wäre.

Zu diesem Zeitpunkt hatte die propagandistische Umsetzung von »München« als einen Sieg den Oppositionellen in der Wehrmacht die Argumente aus der Hand geschlagen. Sie hatten vor einer militärischen Auseinandersetzung und dem dann zu erwartenden Zweifrontenkrieg gewarnt und den Bestand des Reiches gefährdet gesehen. Warum setzten die Alliierten (des als eine Einheit zu sehenden ersten und zweiten Krieges) mehr auf Hitler als auf die Weimarer Koalition, später mehr auf ihn als auf die Opposition, welche unterhalb der noch nicht gefestigten Parteistruktur entscheidende Machtmittel hätte bewegen können?

Was 1933 Hitler nicht so sehr zur Macht verholfen, aber sie in den Monaten bis zum Völkerbundsaustritt in Besitz nehmen ließ, war das Zusammenwirken der Standesgliederungen in den Kirchen, in hohem Maße auch in Wirtschaft und Wissenschaft.

Hitler hatte sich erboten, die ungeheure Belastung einer fast hoffnungslosen wirtschaftlichen Lage zu wenden und die demütigende politische Einfriedung zu beenden. In politischen Systemen, die auf Machtablösung hin angelegt sind, gibt es in Kriegskoalitionen Stillhalteabkommen. Die Situation in Deutschland zwischen 1932 und 1936 erschien nicht den Schlechtesten im Land als vergleichbar. Der größte Teil der späteren Opposition und des Widerstands gehörte dazu. 44 Prozent, weniger als die Hälfte also, hatte die Parlamentswahl im Frühjahr 1933 trotz Pressionen und Eingriffen den nationalen Sozialisten nur gebracht. Ein großer Teil der anderen Wahlbürger dürfte in der genannten Krisenzeit der Regierung, die als eine des nationalen Notstands angetreten war – wie vor ihr die Brünings –, Loyalität oder aktive Unterstützung gegeben haben. Diese war in dem noch bestehenden Beziehungsgeflecht der (parteipolitischen) Gegner des Nationalsozialismus 1937 aufgekündigt worden.

Es fällt schwer, eine andere Erklärung für die freundliche Haltung der Garantiemächte gegenüber Hitler und den Abstand zu dessen Gegnern – dies schon zu Zeiten vor der Übernahme der Macht – zu finden, als die Aussicht, gegenüber Deutschland in allen denkbaren Situationen mit Hitler eher zurechtzukommen.

Ein Sturz Hitlers wurde nach 1938 immer schwieriger. Wenn es jedoch bis 1940, der *äußeren* Machthöhe, zu einem Sturz gekommen wäre, hätte der Widerstand einen großen Teil der im Krieg erreichten Positionen des Deutschen Reiches als Verhandlungsmasse und Faustpfand in der Hand gehabt. Das war die Situation, in der C. Goerdeler sich bei seinem vergeblichen Bemühen um Unterstützung der deutschen Opposition befand: »Das neue Beweismaterial enthüllt die dem Foreign Office völlig fehlende Erkenntnis, daß nichts Geringeres als das Überleben einer revolutionären Opposition auf dem Spiel stand« (Young 245).

Zu dieser Zeit aber war die Kriegsplanung der westlichen Flügelmacht und Englands auf die Zerschlagung Deutschlands und vor allem die Behandlung des deutschen Volkes, des ganzen deutschen Volkes, gerichtet. Der deutsche Widerstand war dazu kontrapunktiv, er wurde zu keiner Zeit vom Interventionsclan um Roosevelt in die Überlegungen einbezogen. Genutzt wurde er, soweit er marxistisch-leninistisch war, von Stalin in seinem Vorhaben, Deutschland seiner Weltrevolution zuzuführen. Das im September 1939 besetzte Gebiet östlich der Curzon-Linie wurde im Frühjahr 1941 mit einer gewaltigen Angriffsarmee aufgefüllt.

Es ist einsichtig, daß mit dem Zeitpunkt, in dem Hitler nicht mehr freier Herr seiner Entscheidungen war, der deutsche Widerstand für die westliche Allianz ungelegen und dann unerheblich wurde. Sollten – rückblickend gesehen – Goerdeler, Rommel, Stauffenberg und Leber den Alliierten den Siegespreis aus der Hand schlagen dürfen, Deutschland oder die Hälften Deutschlands?

Nichts sprach im politischen Kalkül der Außengegner Hitlers für einen Putschversuch 1937, noch weniger 1938 oder 1940; 1944 aber hatte man für die Verschwörer nur Hohn. Der letzte Versuch war nicht nur unter ungünstigen inneren Bedingungen konzipiert und durchzuführen – die tragende Schicht war personell ausgedünnt –, es war ein Aufbäumen gegen den Richterspruch, der schon längst nicht so sehr Hitler als Deutschland getroffen hatte und nun ehestens vollstreckt werden sollte. So ist auch der Satz Churchills zu verstehen, daß man mit Verrätern nicht verhandle, einer der ungeheuerlichsten Sätze von den vielen des späteren Karlspreisträgers.

Ihm und seinen Seniorpartnern war bekannt, daß die Männer des Widerstands ihr Bild von Deutschland nicht zu Markte tragen würden.

In der Befürchtung, was mit dem Land und seinen Menschen geschehen würde, und dem Wunsch, das Schicksal doch noch wenden zu können, notierte Pater Alfred Delp vor seiner Hinrichtung (2.2.1945) in seiner Haft in Berlin sein Gegenbild zu dem Hitlers, sein Vermächtnis an alle Deutschen, besonders an

jene, welche die Grundsätze des Katholischen Jugendbundes »Neudeutschland« mit ihm teilten:
»Deutschland darf sich durch nichts den Glauben an sich nehmen oder schwächen lassen ...
So wird des Deutschen kommende Aufgabe sein müssen: Unter allen Umständen eine Leidenschaft zu sich selbst. Wehe, wenn das schöpferische deutsche Volk auch nur eine geschichtliche Stunde schwiege aus Resignation und Ermüdung.
Eine Leidenschaft zu den geistigen Dingen und Ordnungen. Wir sind so, daß wir aus dem Letzten leben oder nur vegetieren. Eine ungeheure Leidenschaft zur Sicherung und Erbauung der sozialen Wohnräume der Menschen.
Die Leidenschaft, die sich aus der Anerkennung sämtlicher Primate in der Dienstfunktion des Politischen ergibt. Wobei es niemals Wege nach rückwärts gibt.
Eine Leidenschaft um die Substanz, also um das Entscheidende, sagt Aristoteles, um Gott – sagen wir konkreter und wirklicher. So werden wir leben und wirken und segnen« (Zit. DOD 1 f).
Mit diesem Vermächtnis taten und tun sich die windschlüpfrigen Vergangenheitsüberwältiger genau so schwer wie mit den Zeugnissen von Bonhoeffer, Goerdeler und Stauffenberg. Man gestand ihnen vielleicht noch zu, daß sie in der äußersten Vereinsamung, der Machtlosigkeit Dinge sagten, die unter diesen Voraussetzungen als persönlich überspitzt gelten mochten, aber bitte nicht als Auftrag für die Deutschen. »Die Stauffenbergs wiesen von vornherein die moralische Arroganz der fremden Eroberer zurück. Sie wollten ›Recht und Gerechtigkeit‹, ... sie vertraten das ›andere Deutschland‹ ... sie erwarteten ... von den Feinden Verständnis und Anerkennung für den Kampf von innen gegen die Tyrannen ...« (Hoffmann 452).
Der deutsche Widerstand, sofern er sich in jenen Menschen zeigte, die – wenn auch nur begrenzt – Handlungs- und Gestaltungsräume hatten, war sehr bald suspekt gemacht worden, waren es doch Soldaten, Beamte, Männer der Kirchen und der

Standesverbände, Männer also, die sicher zu den eineinhalb bis zwei Millionen gehören sollten, die nach Meinung eines nicht ganz unwichtigen Reeducators ohne weitere Verhandlung erschossen werden sollten.

Die Männer des Widerstands entsprachen nicht dem Deutschlandbild, das zur Retusche anstand, und sie störten es. Bevor die Reeducation und die Erziehung zum Marxismus-Leninismus einsetzten, wurden von der westlichen Flügelmacht und ihren Partnern jene im deutschen Volk von der Reinigung ausgenommen, die sich vom Nationalen der nicht genehmen Art abgesetzt hatten. Das Stalinsche Deutschlandbild ermöglichte eine glatte Abgrenzung. Der gute Kommunist war ein guter Deutscher. Die beiderseitige Behandlung durfte beginnen.

Das viergeteilte Volk: Demokraten(-West) / Nazis, Demokraten(-Ost) / Faschisten

Roosevelt ging davon aus, daß neun Zehntel der Weltbevölkerung gut seien – also alle Kriegsalliierten und die abhängigen Neutralen –, Stalin, realistischer in seiner (Ein-)Schätzung, meinte, ein Zehntel, also die seiner Heilslehre Teilhaftigen.

In den von ihnen vertretenen Erziehungslehren bewiesen beide einen bemerkenswerten Gleichklang, noch bevor sich Stalin der Hilfe seines Konkurrenten in der Befriedung und Beglückung der Welt erfreuen durfte. Die Völker bedürfen der Zuchtrute, wenn sie abgefallen sind in Verderbnis, dies die Überzeugung des Präsidenten. Dies war auch Stalins Ansicht, und er ließ Abermillionen der gerechten Strafe zuführen, zurückgekehrte Kriegsgefangene und Hilfswillige, Kosaken, Ukrainer, Georgier, Juden, Litauer, Rußlanddeutsche und viele andere.

Mit den Deutschen verfolgte er verschiedene Absichten: Er brauchte Arbeitskräfte zum Aufbau, er deportierte sie; er brauchte Manövriermasse und Spielmaterial für die Völker, die er sich unterworfen und zugleich verpflichtet hatte, er schenkte ihnen die Deutschen zur Austreibung; er brauchte Unruhepotential für den Umsturz in dem Teil Deutschlands, den er nicht besetzt hielt, er ließ sie hauptsächlich ins westliche Deutschland austreiben. Einen Teil aus den Industriegebieten des Sudetenlands holte er in seine Zone, sie würden den sozialistischen Aufbau vorantreiben helfen. Er sortierte schon vor bei seinem dann in Potsdam abgesegneten Anspruch an Menschenmaterial. Der Erfolg schien ihm anfangs recht zu geben.

Die westlichen Alliierten sahen sich in »ihren« deutschen Gebieten mit den Millionen konfrontiert, die zu den Kriegsopfern stießen. Da inzwischen der Machtkrieg mit der Sowjetunion immer deutlicher wurde, war mögliche Unruhe schon in der Entstehung zu dämpfen, die Arbeitswelt zu organisieren und eine deutsche Verwaltung zuzulassen, die das früher zur Agrarisierung und Dezimierung bestimmte Volk an einer wichtigen Machtflanke zu einem loyalen Hilfsvolk machen sollte. Zu alledem galt es noch die auslaufende Verpflichtung aus dem Erbe Roosevelts zu erfüllen, wie sie in Potsdam noch einmal bekräftigt und in Handlungsanleitung für die künftigen deutschen Verwaltungen umgesetzt wurde: psychologischer Umbau des Volkes.

Dieses sollte zuerst zur Eigenbehandlung fähig gemacht werden. Bewirken sollten dies die bekanntgemachten Verbrechen des besiegten Staates. Kolonnen von Schulklassen, Fabrikbelegschaften, Amtsangehörigen wurden zur Einsicht in ihre Schuld gebracht, indem sie an Schautafeln entlanggeführt wurden, Filme über die befreiten Konzentrationslager anzusehen hatten und betreffende Seiten in besatzungseigenen und dann lizenzierten Zeitungen.

Zur gleichen Zeit wurden – viele Monate nach dem Krieg und erst 1947 endend – Deutsche in ihren Siedlungsgebieten zu Tausenden zu Tode gebracht, ermordet, in Schlesien, Böhmen, in der Batschka. Es traf sich nicht selten, daß die gerade der Hölle Entronnenen von einem nach Deutschland zurückgekommenen

Psychokämpfer oder Politruk darüber belehrt worden sind, worin ihre Schuld bestünde. Tatsächlich aber war es die, Deutsche zu sein. All jene nicht in Deutschland zur Hitlerzeit Lebenden hatten deswegen auch in ihrer Heimat schon gelitten.

Sie sahen weder ein objektiv feststellbares persönliches Vergehen noch ein pauschal ihrem Volk angelastetes. Wer dies freilich ausdrückte, mußte auf rasche Heilung verzichten. Er war uneinsichtig und gehörte jenen zu, für die verschärfte Seelenreinigung per Gericht vorgesehen war.

Der immer größer werdenden Schar von Demokraten-West, den insofern gereinigten, standen jene gegenüber, die auch gerne Demokraten hätten sein wollen, aber gefährliche Male an sich trugen. Sie sagten etwa von sich, sie seien vertrieben worden, andere verwiesen darauf, daß in den vergangenen Jahren der Krieg in allen darin verstrickten Nationen ungeheuerliche Verformungen auch in fiedlichsten Gemütern hervorgebracht hatte, von den zur Brutalität neigenden ganz zu schweigen, wieder andere waren nicht unbelehrbar, aber doch ohne die rechte Begeisterung, mit der sie die ihnen vermittelte Schuldeinsicht annehmen sollten.

Sie waren die für die Heilung der anderen nötige Restmenge, der Gegenpol, von dem es sich abzusetzen galt. Es dauerte freilich einige Zeit, bis sich für all diese pauschal ein Begriff ein»bürgerte«, der unmißverständlich war: Sie waren »Nazis«.

In Mitteldeutschland hatte man als Popanz für die Einsicht, daß der Aufbau des Sozialismus von starken Kräften gestört wurde, eine etwas breiter anwendbare Vokabel vorgesehen. Den Demokraten-Ost standen die »Faschisten« gegenüber. Aus einem Faschisten konnte kraft Votum des dafür bestellten Antifaschisten ein Antifaschist werden. Aber es konnte auch sehr schnell aus einem gegen den Nationalsozialismus Kämpfenden ein Faschist werden, das Schickal Zehntausender von Sozialdemokraten, christlichen Demokraten, Liberalen, ja sogar von Kommunisten falscher Provenienz. Faschisten konnten dann auch bald zu Millionen im westlichen Deutschland geortet werden, jede Wahl brachte sie hervor und bestätigte sie. Deshalb wurden die Demokraten-Ost zu Volksdemokraten erhoben: Das viergeteilte Volk der Deutschen in Deutschland war geschaffen.

Es gehörte zu den Grundsätzen der Besatzungsmächte, dann der in ihrem Auftrag und später unter ihrer Aufsicht handelnden deutschen Verwaltungen und schließlich der deutschen Regierungen selbst, daß – in den westlichen Gebieten – die in Parteien verfaßten parlamentarischen Mehrheiten hin und wieder mit der oft nur angedeuteten Markierung »Nazi« – in Mitteldeutschland konsequent: »Faschist« – Macht entzogen und damit neu verteilten. Davon konnten die WAV, der BHE, die DP schon in frühen Jahren melden, während in der volksdemokratischen deutschen Republik die Aufnahme in die Blockparteien die Teilhabe an der Macht regelte.

In kritischen Zeitmarken steuerten Veröffentlichungsschübe die Machtverteilung. Auch mißliebige Flügel von Koalitionsparteien wurden in dieser Art domestiziert. Das Beispiel der FDP nach der Volte 1969 steht dafür.

Zu rechtfertigen hatte sich der je Verdächtigte, wiewohl doch vergleichsweise in allen Dingen, bei denen im staatlichen Bereich Anklage erhoben wird, der Schuldbeweis vom Hoheitsträger zu erbringen ist. Dies konnte deshalb so gehandhabt werden, weil noch vor der ersten Wahl der Vorwurf der Schuld gegen alle Deutschen erhoben und diese Schuld von Deutschen in aller Namen ausgesprochen, also »bekannt« wurde: die Stunde der Kirchen.

Ein Beitrag aus der evangelischen Kirche: Schuld und Scham

Die Divisionen des Papstes standen im Krieg nicht auf der richtigen, der alliierten Seite, sie standen auch nicht auf der falschen; sie hielten sich, wie es manchmal die Art von geistigen Kräften ist, in einem Raum auf, der – auch durch Propagandabataillone – nicht einzunehmen war. Der General der Divisionen hatte genug Erfahrungshintergrund, um weder von Sefton Delmer noch von Fritzsche in seiner sicheren Lagebeurteilung in Frage gestellt zu werden. Er kannte Europa, besonders Deutschland. Die Jahre in München und Berlin hatten ihn die durch den Krieg zerrüttete Mitte Europas erfahren lassen. Er konnte wohl Pater Delp in seiner Einschätzung bestätigen, daß in Deutschland die Verantwortung für die Menschen und die Natur schon in einer Zeit erkannt und umgesetzt worden war, als man allenthalben beide ausbeutete. Er schätzte den Drang der Deutschen nach grundsätzlichen Klärungen. Er erhoffte sich von Deutschland vieles, umgab sich mit deutschen Beratern, er litt mit dem von inneren und äußeren Feinden bedrohten Land. Er erhoffte sich wenig von einem Umbau der deutschen Seele auf der Grundlage zu bekennender Alleinschuld. Er entzog sich der Zumutung, das Lehr- und Kirchenamt für einen Neid- und Rachefeldzug einsetzen zu lassen, wie er sich auch den Zumutungen des nationalsozialistischen Staates widersetzt hatte.

Die Roosevelt-Administration hatte 1943 mehr als deutlich vorgefühlt und war abschlägig beschieden worden. Damit war Pius XII. aber auch als eine der letzten Hoffnungen des deutschen Widerstandes ausgeschieden, einen ausgehandelten Frieden ohne Hitler auf den Weg zu bringen. Die deutschen Bischöfe hatten bei aller Spannweite der Anschauungen, inwieweit das Nationale gegenüber der nationalsozialistischen Politik einzubringen sei, schon 1934 eine würdevolle Haltung gefunden und sie in Rom bestätigt gesehen. Die wenigen öffentlichen Äußerungen 1945 nach der Katastrophe deuteten nicht darauf hin, daß auch nur ein Bischof innerlich bereit gewesen wäre, das zu tun, was die Kirchenspitze ablehnte (Bodenstein 50 Anm. 50). Die Divisionen des Papstes waren so wenig gegen das geschlagene Deutschland einsetzbar wie vorher für das siegende.

Die bedingungslose Kapitulation sollte das deutsche Schuldbewußtsein offenbaren. Es sollte in ihrer pseudoreligiösen Di-

mension von einer Instanz den Deutschen erklärt und verbindlich auferlegt werden, der sie ein Urteil zubilligen sollten und würden.
Die Evangelische Kirche in Deutschland wurde für diese Verkündigung – sie sollte auf den Kanzeln verlesen werden – ausersehen. Die Bedingungen hierfür waren sehr günstig:
- Die (Landes-)Kirchen in Deutschland waren seit Sommer 1945 dabei, sich ein gemeinsames Dach zu geben, die EKD. Die Organisation sollte durch die brüderlichen Kirchen der Welt, die im Ökumenischen Rat zusammengeschlossen waren, abgesegnet und aufgenommen werden.
- Die evangelischen Kirchen in Deutschland waren durch die Deutsche Kirche kompromittiert; die Bekennende Kirche (BK) aber, die nun von den Siegern angenommen wurde, hatte Dank zu sagen.
- Die Kirchenführerkonferenz (27.–31.8.1945) in Treysa stand in einer sehr schwierigen Besinnung und Klärung: Auch für die Zeit nach dem 19.10.1945 muß ein späterer Apologet feststellen: »Man wird also festhalten müssen, daß die Frontenbildung im Kampf um das Stuttgarter Schuldbekenntnis zum Teil quer durch die alten Konfessionsbereiche hindurchläuft« (Boyens 396). Der zahlenmäßig schwächste Teil, die BK, suchte seine Position zu stärken.

Noch vor dieser Gründungsversammlung wurde den deutschen Kirchenführern ein »brüderliches Gespräch« angetragen, »nicht nur über die Missetat der Nazis, sondern auch besonders über die Unterlassungssünden des deutschen Volkes, einschließlich der Kirche« (Bodenstein 16 Anm. 8). In Treysa wurden dann auch zwei Entwürfe eindringlich besprochen, ein »Wort an die Pfarrer«, ein »Wort an die Gemeinden«. Dieser von Niemöller vorgelegte Entwurf wurde nicht gebilligt, auch wenn in ihm nicht von Schuld, sondern – nur – von »Versäumnissen der Kirche und des Volkes« gesprochen wurde. Die neugegründete EKD hatte sich unter den strengen Augen Karl Barths nicht dazu verstanden, ein Schuldbekenntnis abzugeben.

Da die EKD in die Ökumene aufgenommen werden wollte, setzte Barth hier an und verband sein Hilfsangebot dafür mit der Forderung, die schon der frei gewählten Versammlung vorgelegen hatte. Er wünschte am 14.10. eine »offene(n) Erklärung der deutschen Schuld und Verantwortung« (Zit. Bodenstein 17 Anm. 11) vor Gott und den Menschen und bereitete so den Boden für die Aufnahmegespräche, welche die Delegation der Ökumene am 18. und 19.10. mit der EKD führen wollte. Von den acht Delegationsmitgliedern gehörten sieben den Siegerstaaten an. Willem A. Visser't Hooft, früher holländischer und britischer Geheimdienstler, hatte als Generalsekretär des Ökumenischen Rates die Schlüsselstellung. Er blickt in seiner Autobiographie zurück:»Wir wollten nicht noch einmal mit der unfruchtbaren Debatte über die Kriegsschuld beginnen, die die ökumenischen Beziehungen nach dem Ersten Weltkrieg überschattet hatte« (Zit. Bodenstein 13). Das spezifische Wort über Schuld und Buße sollte und würde also fruchtbar sein, besonders für die Reeducation, wie sich zeigte. Der Ratsvorsitzende der EKD, Bischof Wurm, hatte zum Tagesordnungspunkt »Aufnahme in den Ökumenischen Rat« *einen* Vertreter der brüderlichen Kirchen erwartet.

Die Sieger forderten unmißverständlich das Schuldbekenntnis. Im Dezember 1942 schrieb Hans Asmussen aus Berlin an W. A. »Visser't Hooft ... einen Brief ...« (Dieser ließ ihn) ... »in dem kleinen Kreis der Mitarbeiter seines Stabes und bei einigen Freunden zirkulieren. Zu den Freunden gehörte auch Karl Barth« (Boyens 375 f). Die außerdeutsche Diskussion über den Brief währte bis 1945.

Der in diesen Dingen erfahrene Visser't Hooft hatte eine Art Arbeitsanleitung mitgebracht, wie man anläßlich des Aufnahmeantrags die EKD dazu bringen sollte, ein Schuldbekenntnis abzugeben, ohne daß diese den eigentlichen Zweck herausfinden sollte.

Die Vertreter der BK, Niemöller und Asmussen, wurden von Visser't Hooft beiseite genommen und eingeweiht, Bischof

Wurm und die anderen Mitglieder der EKD insbesondere mit dem von Niemöller in den Text gedrückten Schlüsselsatz überspielt: »Durch uns ist unendliches Leid über viele Völker und Länder gebracht worden.«

Da nämlich alle anderen Kirchen der Ökumene es ablehnten, eine Erklärung abzugeben, daß auch in ihrem Namen Vergleichbares geschehen war, ergab sich aus der alleinigen Erklärung die Alleinschuld. Die Stuttgarter Erklärung heißt in den Eingangssätzen:

»Der Rat der EKD begrüßt bei seiner Sitzung am 18./19. Oktober 1945 in Stuttgart Vertreter des Ökumenischen Rates der Kirchen: Wir sind für diesen Besuch um so dankbarer, als wir uns mit unserem Volk nicht nur in einer großen Gemeinschaft der Leiden wissen, sondern auch in einer Solidarität der Schuld« (Zit. Bodenstein 22).

Zehn Vertreter der EKD unterschrieben die Erklärung. Asmussen, nicht etwa der Vorsitzende, Landesbischof Wurm, übergab sie nach der Verlesung der Delegation:

»Wir sagen es Ihnen, weil wir es Gott sagen. Tun Sie das Ihrige, daß diese Erklärung nicht politisch mißbraucht wird, sondern zu dem dient, was wir gemeinsam wollen« (Zit. Bodenstein 23).

Der politische Mißbrauch war nicht nur zu besorgen, er war das Ziel. Das spezifische Wort der Buße, das Hooft so dringend brauchte, war nicht nur die Eintrittskarte in den Ökumenischen Rat. Der mitunterzeichnende Landeskirchenrat Lilje, später Bischof, urteilte später: »Wir Deutschen haben einen Hang zur Naivität und freuen uns über alle Probleme hinweg über solche menschlichen Begegnungen; erst der weitere Verlauf des Gesprächs macht deutlich, daß hier noch mehr von uns erwartet wurde als Freude über das wiederhergestellte Verhältnis zwischen den anderen christlichen Kirchen und uns« (Zit. Bodenstein 21 Anm. 15).

Die unheilvolle Mischung von Naivität, Anmaßung und politischem Kalkül steht am Beginn einer Entwicklung, in der die Niemöller-Richtung in der Evangelischen Kirche in Deutschland das Schuldbekenntnis umsetzte. Karl Barth hatte am 14.10. 1945 nicht eben bescheiden geurteilt: »Die katholische Kirche hat aber weder die Erkenntnis noch die Sprache, die zu einem solchen Wort nötig ist« (Zit. Bodenstein 66 Anm. 20). Auch Anmaßung ist Maßlosigkeit.

In der evangelischen Kirche gab es scharfe Ablehnung. Fehlte auch den Mitbrüdern die Erkenntnis oder die Sprache? Es waren ordinierte Pfarrer, Bischöfe, die sich dagegen verwahrten, ein kollektives Schuldbekenntnis von der Kanzel zu verlesen.

Zu klären sind folgende Fragen:

Woraus ist zu begründen, daß ein Volk wie eine Einzelperson angeklagt wird?

Wie soll sich »das Volk« verteidigen, da es ja nicht deliktfähig wie eine Einzelperson ist?

Darf die evangelische Kirche Deutschlands für die Deutschen Schuld bekennen?

Die Einzelkirchen dürfen dies nach evangelischem Verständnis nicht einmal für ihre Glieder, wie sollen sie es für die Glieder der anderen Kirchen tun, wie für die bekenntnismäßig nicht Gebundenen?

Eingewendet mag werden, daß die außergewöhnliche Situation ein stellvertretendes Bekenntnis vonnöten gemacht hätte. Zu fragen ist jedoch auch, wer auf das Schuldbekenntnis Vergebung erlangt. Gibt es eine kollektive Vergebung, wer spricht sie aus? Kann das die Bekennende Kirche in ihrer Eigenschaft als Anklagende und Angeklagte zugleich?

Das durch einen Verhandlungstrick des Ökumenischen Rates und der beiden mitspielenden Vertreter der BK zustande gekommene Schuldbekenntnis machte die Gläubigen nicht frei für ein persönliches Bekenntnis. 1946 stellt der Rat der EKD Unbußfertigkeit fest, und Asmussen beklagt überraschenderweise: »Wir sehen mit Schrecken, daß starke Kräfte den Versuch machen, die deutsche Schuld zu verewigen« (Zit. Bodenstein 56). Dies kann wohl weniger als Einsicht gewertet werden denn als trotzige Rechtfertigung, da große Teile der evangelischen Kirche sich gegen den auferlegten Schuldkomplex zu erheben versuchten. Ihnen wurde durch pietistische Kreise in der EKD geantwortet, es gebe doch wohl weniger eine kollektive Schuld, eher eine (kollektive) Scham.

Noch hat niemand erklärt, wie es ohne Eingeständnis einer Schuld Scham geben könne. Wenn die Schuld einzelner Deutscher so erheblich sein sollte, daß sie auf das ganze Volk verteilt werden muß, weil sie sonst nicht zu büßen ist, bleibt es mitgetragene Schuld, eben Scham. Kollektivscham ist verinnerlichte Kollektivschuld und nicht etwa weniger als Schuld. Nur hat erstere für den, der sie erwartet und fordert, und dies geschieht bis heute, den großen Vorteil, daß gegen sie nicht protestiert werden kann. Schuld läßt sich zurückweisen, Scham ist von innen her angenommen. In der Auseinandersetzung in der evangelischen Kirche um das Schuldbekenntnis für alle Deutschen baute der pietistische Flügel die Position kollektiver Scham aus und versuchte damit das Volk zu beherrschen. In ihr wurden wesentliche Impulse für das Verhältnis zum Ausland gesetzt. Das für die Kirche aus dem Erbe Thron-Altar klärungsbedürftige Verhältnis zu Polen etwa forderte ein Zeichen: »Eine Evangelische Denkschrift. Die Lage der Vertriebenen und das Verhältnis des deutschen Volkes zu seinen östlichen Nachbarn« – im Verlag des Amtsblattes der Evangelischen Kirche in Deutschland wurde diese Schrift in Hunderttausenderauflage 1965 unter das deutsche Volk gestreut. Im Vorwort betont Präses Scharf, daß diese Denkschrift »die Wege zum politischen Handeln ... ebnen« (Denkschrift 5) wolle. Unterzogen hat sich dieser Aufgabe »die Kammer der EKD für öffentliche Verantwortung ... unter dem Vorsitz von Prof. D Dr. Ludwig Raiser, Tübingen«. Der Rat der EKD erteilte seine Zustimmung zur Veröffentlichung, betonte jedoch, daß nur die Mitglieder der Kammer für den Inhalt verantwortlich seien. Damit sollte die Diskussion eröffnet werden.

Die evangelische Kirche litt an der von Interessierten gezogenen Linie Luther – Wilhelm – Hitler. Die Kirche der ehemals Herrschenden wollte Vergebung erlangen. Der Ökumenische Rat hatte ihr 1945 den Weg gewiesen; sie ging ihn in der Auseinandersetzung im Innern, sie suchte ihn nach außen. Da nach den Erfahrungen 1945 Mehrheitsbeschlüsse in diesem Feld nicht zu haben waren, ergriff der sanftmütige harte Kern die Gelegenheit, mit der Äußerung des kirchlichen Informations- und Lenkungsausschusses die Gliedkirchen in die Pflicht zu nehmen.

Das Tabuthema der in Ostdeutschland in ihrer Heimat zur Entnationalisierung freigegebenen Deutschen und der geflohenen und vertriebenen Bewohner wurde in einem im allgemeinen Meinungsdruck unverfänglichen und, wie es schien, kirchlichen Auftrag aufgegriffen. Seelsorgliche Bemühungen um die Vertriebenen nahm die Kammer für öffentliche Verantwortung – eine Art Propagandastelle also – für sich in Anspruch, nicht etwa die für die Seelsorge zuständige Stelle der EKD.

Der Text beschäftigt sich auch damit, auf acht der 44 Seiten. Ausgangspunkt ist die verursachende (Allein-)Schuld des deutschen Volkes. Das Hauptgewicht der Darlegung ist dem Bemühen gewidmet, nicht nur Verständnis für die menschenrechtswidrigen Handlungen der polnischen Verwaltung zu wecken, sondern den Komplex von einer Seite her zu behandeln, die bisher nicht in der Agenda einer Kirche gelegen hatte:

Die Inbesitznahme der deutschen Gebiete und die Vertreibung der bisherigen Bewohner sei gerecht, da die nunmehrigen Bewohner entweder Anrecht kraft ihrer Herkunft als Autochthone hätten oder als Ausgleich für ihre verlorene Heimat. Polen habe die Verpflichtung gehabt, die aus den östlichen Gebieten ausgewiesenen Polen anzusiedeln.

Die kirchliche Dienststelle erlaubte sich wahrheitswidrige Argumentation an mehreren Kernaussagen:
– Sie übernahm präparierte Statistiken des nationalkommunistischen Staates, die als solche einem mit Sachkompetenz auf-

tretenden Gremium, das ja weltweit wirken wollte, erkennbar sein mußten;
- sie transportierte die Begriffs-/Wortfälschung »Autochthone« in den deutschen Meinungsraum;
- sie verkürzte das Beziehungsgeflecht auf die unmittelbare Zeitgeschichte und schnitt überdies die Verursachungskette polnischer Verantwortlichkeit säuberlich heraus.

Die polnische Staatspropaganda operierte mit dem Argument, für die ausgewiesenen Polen sei Platz benötigt worden. Der Anteil derer aber, die in den deutschen Ostgebieten als verdrängte Polen angesiedelt wurden, war der geringere. Der Großteil kam aus kernpolnischem Gebiet, ein weiterer Anteil aus dem sonstigen Mittel- und aus Westeuropa sowie aus Übersee. Ein nicht geringer Teil der Angesiedelten waren Ukrainer und Goralen, die im Verwaltungsgebiet so verteilt wurden, daß sie schnell polonisiert werden konnten.

Die Denkschrift verstärkte die Manipulation mit dem Begriff »Autochthone«. Die in Schlesien Lebenden wurden für die polnische Nation reklamiert, wo doch nicht erst seit der Volksabstimmung 1921 feststeht, daß die nationale Zugehörigkeit sich allein durch Willensentscheid feststellen läßt. Die in den deutschen Ostgebieten und in den gegen das Ergebnis der Volksabstimmung 1921 in den polnischen Staat einbezogenen Gebieten Lebenden hatten dazu keine Gelegenheit. Daß die Flucht ein Willensentscheid gewesen sei, war Stalinsche Deutung.

Es ist schwer nachzuvollziehen, daß dies kirchlichen Mitarbeitern, die für Deutschland und darüber hinaus Meinung setzen und damit politisch wirken wollten, nicht bekannt gewesen sein sollte.

Mit der Verkürzung und Mißdeutung geschichtlicher Zusammenhänge griff die Denkschrift in einen Bereich ein, für den sie entweder bar jeder Sachkompetenz oder ohne ehrlichen Willen war.

Die mit Kirchenautorität verstärkte Manipulation wurde von

der Gruppe der Medien in Deutschland potenziert, die der Kirche sonst wenig gewogen, aber hierin der Anpassergruppe verbunden war. Die Kräfte in der evangelischen Kirche, die trotz deutlicher Hilfe durch den Ökumenischen Rat immer noch nicht die Mehrheit gewonnen hatten, wurden damit aus kirchenfernen, ja religionsfeindlichen Reihen gestärkt. Die Kirche insgesamt zahlte dafür ihren Preis. –

Die Initiatoren der Evangelischen Denkschrift setzten sich zum Richter über die Position der aus den kirchlichen Kreisen von Vertriebenen stammenden Thesenreihe »Das Evangelium von Jesus Christus für die Heimatvertriebenen« ... des Ostkirchlichen Informationsdienstes Hannover (Januar 1965), »Lübecker Thesen« genannt, und die Position des Bielefelder Arbeitskreises. Die Denkschrift nimmt für sich das Argument »einer gewissen Dynamik« für »den Willen zur Neugestaltung der politischen Zukunft« (Denkschrift 35/36) in Anspruch.

Ein Einblick in den »kirchlichen« Beitrag zu dieser Öffnung wird in der Überschrift des letzten Absatzes gewährt: »Die deutsche Ostgrenze als politische Aufgabe« (Denkschrift 32). Zu gleicher Zeit war das Friedens-U-Boot innerhalb der neuen – noch im Gärungsstadium befindlichen – Ostpolitik schon über die ersten Kontakte KPI-KPČ abgetaucht und steuerte dem gleichen Ziel zu. Der Geist der aus der Beliebigkeit gespeisten »Versöhnung« wirkte also auch anderswo. Sie griff zu kurz.

Die Geschichte beginnt nicht 1939 oder 1933, die Verdrängung und Vertreibung Deutscher nicht 1944, sondern 1918. Die scheinpietistisch-sozialistische Aktionseinheit in Europa konnte seit 1969 auch deshalb so erfolgreich sein, weil die Kammer der EKD für öffentliche Verantwortung den »Handlungsspielraum der Politiker erweitert(e)« (Denkschrift 44). So läßt sich das auch sagen.

Der Schuldkomplex wird weitergepflegt. Zum 8.5.1985 wurde ein »Wort zum Frieden der evangelischen Kirche in den beiden deutschen Staaten« verkündet. Dieses Wort kann darauf setzen, daß diese Form kirchlicher Arbeit, die innerweltlich-politische Dienstleistung ist, breite Bevölkerungsteile in Pflicht genommen hat. Aus dieser Verpflichtung heraus dachte man in Teilen der evangelischen Kirche daran, quasi die Heiligenverehrung einzuführen; der erste zur Ehre eines Politaltars zu Erhebende sollte ein Kanzler sein.

In dem Maße, in dem der Lehr- und Heilsauftrag ausrinnt, strömt in die Kirchen Sozial- und Politpädagogik ein. Ein Volk steht zur Disposition.

Ein Volk hat keine Psyche: Meinungsführer und ihre Klientel

Die Beinamen der Völker sind häufig wenig schmeichelhaft. Einige wurden zu Ehrennamen. Konkretisiert sich in ihnen ein Volk? Es ist immerhin erstaunlich, wie sich Millionen verkörpern, zu einer Gestalt werden. Das macht geschichtliche Abläufe manchmal einsehbar und begreifbar. Das Millionenfache gleicher Sprache, gleicher Herkunft, gleichen Öffentlichkeitswillens, einem Raum zugeordnet, ist als Körperliches vorstellbar und in Katastrophen auch sichtbar: Ein Volk geht in die Verbannung, es nimmt ein neues Land in Besitz, es lebt zum Untergang hin.

Nur, die beschworene Volksseele gibt es nicht. Sie verkörpert sich nicht, weder in einer darstellbaren begrifflichen Form noch in einem Menschen. Die Robbespierres, Stalinskis oder Hitlers gibt es nicht.

Überraschend ist, daß gerade den Ideologien mit rationalem Anspruch die Zuordnung des Gegners zu einer Person oder Unperson deckungsgleich ist. Das Weltmodell liberalistisch-hedonistischer Prägung kam und kommt ohne den großen Popanz ebensowenig aus wie die Heilslehre materialistischer Deutung.

Die »deutsche Seele« stand 1945 zur Generalüberholung durch die zwei Weltideologien an. Das wenige Gute in ihr sollte gesucht und gehegt werden. Dazu wurden die wahren großen Deutschen aufgeboten. Sie hatten sich alle von den Hitler-Deutschen abgesetzt, die Reinheit ihrer Person bekräftigt oder die Reinheit ihrer Lehre: Schweitzer und Brecht, Thomas Mann und Heinrich Mann ... Sie verkörperten die Dichter und Denker, die den Deutschen im Land, wollte man der Mär trauen, in den zwölf Jahren gänzlich abhanden gekommen waren. Nun hatten sich einige – es ist wahrlich ein Wunder – in Deutschland gehalten, so wie man meinte: zweite Garnitur oder solche, von denen zu reden sich nicht lohnte. Immerhin, Kästner konnte sich (noch) sehen lassen und wurde auch hergezeigt, über das Feuilleton einer meinungsleitenden Zeitung. – Dann gab es auch Wissenschaftler, Forscher, soweit sie sich nach dem raschen Zugriff der Besatzungsmächte wieder in ihren Arbeitsgebieten umtun konnten. Der Raum der freien Künste hingegen war verdächtiger. Da gab es Wertungen, Kainsmale, Zeichen an den Türbalken der Dichtergehäuse, von göttlichen Boten gesetzt: Auch noch der intellektuell schwachbrüstige Deutschlehrer auf Reader's-Digest-Niveau durfte sich etwa von Ernst Jünger angewidert abwenden, weil jener für die Literatur-Gouvernanten nicht bestand. Man durfte sich über den verschrienen Autor der absichtlich mißverstandenen »Stahlgewitter« erhaben fühlen. Deshalb hielten sich der Deutschlehrer und der literarisch Ambitionierte lieber an die zweite und dritte Garnitur, soweit sie in den Literaturspalten neben den Eideshelfern aus der Zeit vor 1933 angeboten wurden.

Die literarische Emigration hatte daran gelitten, daß ihre Stimme keinen Sprachwiderhall hatte, die innere Emigration mußte ihn fürchten. Es soll nicht deren Verantwortungsethik, im Lande auszuharren und für manche ein Zeichen zu sein, ungebührlich gegen die Gesinnungsethik der Emigranten gesetzt werden. Es greift jedoch zu kurz, daß »die Besten« gegangen sind, wie dies – auch zur Hebung der Auflage – häufig behauptet wurde und wird.

Die Niederlage traf die Männer der inneren Emigration doppelt: Sie waren eingegrenzt gewesen, nun waren sie verurteilt schon vor der Anklage.

Die siegenden Emigranten hatten aus den zwölf Jahren weniger anzubieten, als sich viele in Deutschland erwartet und erhofft hatten. Die Überlieferung war bei beiden Gruppen beeinträchtigt, mühsam war der Rückgriff auf den Expressionismus, der die Weimarer Zeit mitgeprägt hatte. Borchert, bei seinem Erscheinen hoch geschätzt, wurde bald als Spätling, Nachkömmling qualifiziert. Die Jungen, ohne den Leidensdruck einer verdorbenen Biographie, suchten nach einem Beginn. Der im Jahre 1945 war keiner, der 1947 gesetzte geriet in die Mühle divergierender Erziehungsmaßnahmen der Besatzungsmächte.

Hans-Werner Richter als Leitfigur der Gruppe 47 sah sich ausgegrenzt, die Reeducation im westlichen Teil Deutschlands schränkte den Bestand dessen, worüber diskutiert werden sollte, merklich ein. Die Gruppe lebte aus dem Widerstand gegen die Einengung, sie wurde zum Bürgerschreck. Das füllte freilich die Literaturspalten und trug anfangs zur schöpferischen Unruhe bei. Als es aber bei den Betrachtern in Nadelstreifen bald als schick galt, die zu bezahlen, von denen man verhöhnt wurde, wich der Reiz. Sich einige »Narren« zu halten, gehörte schon immer zu den Vorrechten der Mächtigen.

Die kulturelle Szene, soweit sie sich im Parteienspektrum spiegelte, war nicht gerade umstürzend neu. Die nun systemerhaltenden, vor 1933 keineswegs so entschieden bewahrenden Blätter repräsentierten Tradition, die Herausgeberschaft arrondierte sich, jede der nun »staatstragenden« Parteien konnte auf eine Vorgängerin und auf das entsprechende Meinungsfeld bauen.

Diesem zugelaufen war ein im Schatten des Kölner Domes immer wieder gegen die »Restauration« anbellender Stadtschreiber, der in gleichem Maße wie seine Leser an Weltläufigkeit gewann, sich über die rheinischen Dörfer und Abteien bis tatsächlich auch ins Ausland und übers Meer wagte, aber nicht weiter als bis zu den Ursprüngen der Mission, als deren Ergebnis er sich sah: Böll war tatsächlich in Irland. Außerhalb des Weihrauchduftes, der ihn seit den Kindertagen hartnäckig begleitete, hat er wohl auch einiges geschrieben, es blieb aber konstruiert. Da er über nicht sonderlich große analytische Kraft verfügte, entzogen sich ihm die beschriebenen Systeme, sobald er nicht mehr den Körperdunst dieser spürte, an denen er sich reiben wollte. – Böll repräsentierte ihn mehr, als ihm bewußt war: den Aufsteiger der Nachkriegszeit, der mit den Pfunden wucherte, die er zu verachten glaubte.

Der Preis der Gruppe 47 ging 1958 an die Blechtrommel. Ein anderer großer Strom brachte also ebenso sein Lokalkolorit ein. Auch hier geht es um Körperlichkeit, daneben aber um fröhlich-freche Phantasie, die sich verkörpert. Matzerath und »... der jüdische Selbstmörder Markus, sein Lieferant für Blechtrommeln, was heißen soll: sein Helfer auf dem Wege zur Kunst, und der professionelle Künstler (und Liliputaner) Bebra, den Oskar seinen Freund nennt und seinen Meister« (Mayer 154), sind die Figuren. Die Aufstiegsbürger sind nicht zu beschreiben, sie sind zu Fall zu bringen. Grass will die Welt verändern. Deshalb brachte er es auch nach einiger Anlaufzeit zum Redenschreiber und Wahlkampfhelfer. Er arbeitete in trauter Rivalität mit Speichelleckern dem Kanzler Brandt zu. Schließlich beherrschte die Politfamilie den (bundes)deutschen Meinungspool eine kurze Zeit fast ganz, als ein Kanzlersohn in einem Grass-Film ein Ritterkreuz auf seinem Adamsapfel tanzen lassen und damit den Dichter-Vater in die Allgemeingültigkeit heben konnte.

Dieser bemerkenswerte Schritt auf einem Seitenweg der Reeducation brachte die Nation erheblich voran. Da die stärkste Kraft des multitalentierten Danzigers wohl doch in der darstellenden Kunst liegt, nahm er seine literarische Seite zurück und beschreibt seit dem Ende seiner (partei)politischen Karriere seine Zeichnungen. Da nur die wenigsten Betrachter seiner Bücher die Vorläufer der guten alten Tradition deutscher Tier- und Pflanzenzeichnungen kennen, wird Grassens Begabung viel zuwenig gewürdigt.

In der Bonner Baracke stritten noch nach Jahren die Parteistrategen der SPD, ob Grass ein Gewinn gewesen sei.

Mit den Gemütern der Deutschen hat er jedenfalls manches getan; er hat sie durchgewalkt, oft verhöhnt, dann wieder gestreichelt. Er hat seinen Meinungshaufen kreuz und quer durch die deutsche (Seelen-)Landschaft geführt, schließlich sind ihm die meisten abhanden gekommen, er selbst über die Deutschlandfrage seiner Partei. Seine Überzeugungskraft hat er ebenso überschätzt wie viele Autoren vor ihm. Vom Dichter-Schriftsteller wollen die Menschen keine Anleitung für politisches Handeln, auch die Deutschen nicht.

Der aus Nordamerika in das bessere Deutschland zuziehende Brecht konnte als Politstar unter den Dichtern in Berlin (Ost) schon einmal etwas fordern. Das Regime ließ sich diesen Exoten etwas kosten. Die aus der Schar seiner Schreibsklavinnen ergänzte Dichterwerkstatt zog an das Spreeufer und bosselte an den Stücken, die zu Zeiten schöpferischer Unruhe entstanden waren, damit das schon recht schlichte Weltmodell noch holzschnittartiger den zur Kultur bestimmten Vertretern des Arbeiter- und Bauernstaates nahegebracht werden konnte. Das waren schließlich alle. Die Politstücke aus den zwanziger bis vierziger Jahren, von einigem sozialen Impetus, hatten nun nicht Revolution zu predigen, sondern zu bestätigen. Die Richtung im besseren Deutschland stimmte, dies galt es klarzumachen. Brecht holte also die Aufbaubrigaden aus dem Märkischen Sand und der Schwarzen Pumpe in sein Theater am Schiffbauerdamm, wirbelte sie mit den Schauspielern einige Male um die eigene Achse und entließ sie, kaum daß sie sich dessen recht versahen, in der richtigen Richtung wieder aus dem Theater, nach hinten.

Das Handwerklich-Professionelle, das der gelernte Theatermann bei dieser Serienarbeit zu großer Reife entwickelt hatte, lockte nun auch die Einkäufer aus dem »imperialistischen« Westen. Die Einfuhr an Marx-Brecht-Verschnitt begann. Was die Klasse zwölf der Erweiterten Oberschule Rosa Luxemburg in Fortschrittshausen mit pflichtgemäßer sozialistischer Geduld drei Stunden hin betrachten und am Ende bestätigen durfte, daß – um in Brechts Worten zu bleiben – richtig richtig und falsch falsch ist, war für die bildungs- und demokratiehungrigen jungen und jung gewordenen Westler eine Offenbarung. Die Zitatenblase über Brecht schwoll an. Die weniger ambitionierten Volkserzieher hatten Mühe, den von den Literaturpäpsten aufgegeilten Schülern ein Stück voraus zu sein. Der gute Mensch aus Ost-Berlin besetzte die Spitze der kulturellen Hitliste und wich erst davon, als die sozialistische Nachlaßverwaltung ihn auch nicht mehr so gern im Westgeschäft haben wollte. Im Marx-Engels-Staat wurde nach Brechtens Tod in sozialistischer Pietät ein bereinigter Brecht für die Besuchswestler weitergeführt.

Er hatte Deutschland auch im Ausland vertreten. Dort schaute man freilich weniger auf die unsäglich beladenen »parteilichen« Stücke, sondern die offenen. Derentwegen aber war der Schriftsteller nicht in die Erziehung zum Marxismus-Leninismus eingespannt worden. Mit den im Antifa-Bereich losgetretenen Meinungslawinen im Bemühen um eine »Volksfront« über die Zonen- und Demarkationslinie hinweg war Brecht ein guter Deal gewesen, da er zudem Devisen brachte. Brecht merkte dies zu spät, wenn überhaupt.

Die anderen Vertreter des besseren Deutschland, wie sie nach 1945 nach Berlin und Leipzig gegangen waren, die H. Mann, H. Mayer, waren für den Parteizweck, der manchen lange verborgen blieb, weniger geeignet. Ein Teil der Lehrstuhlinhaber suchte bald westliches Brot. Hier konnten sie in jeder Hinsicht unbeschwerter wirken und sich ihren Idealismus bewahren. Diese Wanderer zwischen den Welten hegten das bessere Ich. Ihre Klientel sah nämlich wie sie im Westen so viel an Reaktion, aber auch so viel an Imperialismus, daß es auch noch für den letzten Kabarettisten reichte, den satten DM-Bürgern die heißersehnte Tracht Prügel zu verabreichen. Es ist eine Lust, sich sagen zu lassen, was man zu denken bezahlt hatte. Die Erziehung der Deutschen in den Landesteilen schritt voran.

Die lautlose Unterwerfung:
Der »senkrechte« Mensch und der Friedenskämpfer

Das deutsche Volk begann die Lehren zu verstehen: Man war *ein* Volk gewesen, das deshalb 1945 gerechterweise geteilt wurde zwischen den Siegern und dann in diesen Teilen nach ihrer Qualität. Von einer unstrittig für das Heil des Menschen zuständigen Institution war die (Allein-)Schuld für das geteilte Volk bestätigt worden. Sie machte sich auch verdient darum, den öffentlichen Raum für die Einsicht zu bereiten, die Sühne als gerecht zu sehen. Als Helfer traten dafür aus dem Volk »Dichter und Denker« hervor. Sie bewegten die einzelnen zu den Einsichten, die für die Heilung der Deutschen unerläßlich waren, so wie dies in der Columbia University in New York und an der Parteihochschule in Moskau einmal gedacht worden war.

Heilung kann nur durch Erziehung geschehen. Die Deutschen sollen durch politische Erziehungslehre gebessert werden.

Es war keine Zeit zu verlieren, sie für ihre künftige Aufgabe als Speerspitzen der Weltideologien zu schärfen.
 Dem Häftling in der Krankenstation sagte man es so:
 – Reinigung durch Strafe,
 – Reinigung durch Einsicht,
 – Reinigung durch »Gnade«.

Die Entnazifizierung für die Millionen ergänzte das Jahrtausendverfahren Nürnberg, für das eine Rechtsordnung entworfen wurde. Deren Grundprinzip ist ein dreifaches:
– So wie in der Rechtsprechung ein als solcher nicht bekannter Rechtsbrecher als Ankläger oder als Richter denkbar ist, läßt sich dies – hier als Regelfall – auf den internationalen Bereich übertragen.

– Da sowohl der Ankläger wie der Richter Rechtsbrecher sein kann, ist es wenn nicht schlüssig, so doch rationell, sie in ihrer Funktion personengleich zusammenzufassen.
– Es ist zu garantieren, daß Rechtsbrüche der Ankläger-Richter nicht zur Sprache kommen.

Dieses Gesamtprinzip gewährleistet, daß die Schuld des Angeklagten eine Alleinschuld ist. Die größten Anstrengungen bereitete den Ankläger-Richtern, daß ihre Verfehlungen im Verantwortlichkeitssyndrom des 30jährigen Krieges (1914–1945) abgedeckt oder unterdrückt wurden. So wurde etwa ein Verteidiger daran gehindert, die Kausalkette vom Ende des Ersten Weltkrieges 20 Jahre weiterzuverfolgen. Hans Habe stellt in seinem Rechtfertigungsbuch »Our Love Affairs with Germany« fest: »... Almost all the men who faced trial in Nuremberg were guilty ...« (Zit. Malz 58).

Die Reinigung durch Strafe konnte bei der Entnazifizierung in Anwendung der bekannten Kategorien bei großer Schuld greifen.

Der Reinigung durch Einsicht hatten für die unteren Schuldränge die Urteile einen Weg gewiesen, die milder gewesen waren, als dies erwartet worden war.

Von der Reinigung durch die »Gnade der Stunde Null«, wie ein offensichtlich religiös ambitionierter amerikanischer Psychokrieger es auszudrücken beliebte, leben jene, die sich etwas darauf zugute tun oder es schlicht feststellen, daß sie die »Gnade« der späten Geburt hätten. Wer nur hat diese Gnade gewährt?

Die Entnazifizierung tauchte aus den hehren, den einer kontinentalen und atlantischen Rechtsordnung verpflichteten Grundsätzen bald in den Bereich des Allzumenschlichen ein: Persönliche Rechnungen wurden beglichen, für die Sieger interessante Fachleute herausgeholt, Seilschaften für künftigen Aufstieg zusammengestellt.

Die US-amerikanische Planung hatte sich ausgiebig mit den Kategorien deutschen Verbrechens beschäftigt, zuwenig jedoch mit den Deutschen als Mitbewohnern ihres europäisch-atlantischen Machtfeldes. Die sowjetrussische Planung war hierin weiter. Die Überprüfung der Deutschen nach den Kriterien des Marxismus-Leninismus lieferte innerhalb kürzester Zeit ein Millionenheer von Friedenskämpfern. Die Unterworfenen konnten sich zu einem erheblichen Teil als Unterwerfer fühlen, ihre Klasse hatte gesiegt, die bürgerliche Klasse der Ausbeuter im imperialistischen Teil Deutschlands hatte verloren, die im Friedenslager bekam ihre Bewährungschance.

Die Unterwerfung der Deutschen im westlichen Teil war vielschichtiger. Ein großer Teil bot den Rücken, andere – auf dem Rücken liegend – boten die Flanken. Es gab auch viele, die Sinngebung erwarteten und den ihnen verbliebenen Rest idealistischer Haltung umzusetzen bereit waren. Die vielen Millionen aber waren existentiell bedroht, sie suchten ihr Leben durch die Zeit zu tragen. Sie waren als Flüchtlinge, Vertriebene, Bombenopfer schon unterworfen, bevor sich die Reeducation mit ihnen befaßte.

Die Haltungen, aber auch die Begriffe sind der Tradition verpflichtet. Was Hitler und der Nationalsozialismus davon aufgenommen hatten, galt als geschändet oder verbraucht: Fleiß, Pflichttreue ...

Wer etwa wollte oder konnte noch ein »aufrechter« Deutscher sein? Daß man aber für alle Bereiche des Weiterlebens auch Menschen brauchte, die nicht käuflich, nicht beliebig verfügbar sein durften, verstand sich.

In der Gründungsphase eines »Instituts zur Erforschung der Geschichte der Nationalsozialistischen Politik« beschäftigte man sich auch mit diesen Grundfragen. Man entwarf den neuen Deutschen – West. Ein Kulturpolitiker, Minister Pfeiffer, brachte es in einer Vorbesprechung des Wissenschaftlichen Rates am 16.10.1947 auf den Punkt: »Wir wollen senkrechte Menschen« (Akt Institut). Der aufrechte Deutsche war gestrauchelt, gescheitert, schließlich in Unehre von den aufrechten Engländern, Russen, Franzosen und US-Amerikanern auf den Abfallhaufen der Geschichte geworfen worden. Nicht nur im genannten Institut, überall würde man integere Menschen brauchen. Mußten sie »senkrecht« sein?

Der Hintersinn des Wortes mag dem deutschen Kulturpolitiker nicht bewußt gewesen sein. Es sollte eben nicht »aufrecht« sein. Er wies jedoch den Weg. Senkrecht bleibt – um ein gemäßes Bild zu nutzen – im Wellengang der Geschichte nicht einmal der Mast eines mächtigen Schiffskörpers. Aber die leicht beweglichen Bojenfähnchen in stürzender Wasserflut schaffen es: Scharen von senkrechten Menschen belebten bald den deutschen politischen Strom. Der zum Überleben bereite Deutsche hatte seine Möglichkeit gefunden; Schumacher etwa gehörte nicht dazu.

Jenseits der Werra durfte man auf die Fürsorge der russisch geleiteten internationalistischen Spielart des Sozialismus vertrauen, da man mit der nationalen sozialistischen gescheitert war. Nach einer kurzen Ruhe wurde der Kämpfer geweckt. Er griff zu seiner Waffe, der geistigen, es war eine vergleichbare, sie lag ebenso in der Hand; so schritt er weiter in die Zukunft. Diese war, die Gegenwart machte sie dazu, licht, lauter und hehr.

Die entsprechenden Institute in der SBZ/DDR hatten geringere Mühe mit der Wortwahl für die Qualifikation der Mitarbeiter als die westlich der Werra. Alle kämpften für den Frieden; man wendete einfach das Kampfkleid. Was sich in den Nähten an Ungeziefer angesammelt hatte, wurde wegzustreifen versucht. Man mußte, damit der Schneidertrick nicht auffiel, etwas enger nähen. Wenn freilich der »neue« Uniformrock geöffnet wurde, war das Wendemanöver zu sehen.

Die sowjetrussische Entnazifizierung war eine zielstrebige und von Verfahrensskrupeln nicht gestörte Sache. Sie kam mit geringerem Aufwand aus.

Nach der Säuberung stand das in Kategorien eingeteilte deutsche Volk zur Nachbehandlung an. Die Meinungspfleger der Sieger hatten sich im ganzen bewährt. Was die Fachleute der psychologischen Kriegsführung West und Ost, die nachmaligen Betreuer der veröffentlichten Meinung in Deutschland, geleistet hatten, erreichte freilich nicht überall die Zielmarken. Hoch war aber der Anteil der deutschen Mitarbeit.

Lizenzen, Schulen und Institute

Schon der erste Krieg war als Meinungskrieg geführt und mitentschieden worden. Die von deutschen Soldaten an Bajonetten gebratenen belgischen Kinder, die sich der britische Psychologische Dienst ausgedacht und der nicht mehr ganz junge Churchill an die Öffentlichkeit gebracht hatte, sind wohl eine extreme Verirrung darin, sie boten aber den atmosphärischen Hintergrund für jene Art Kriegsführung, die das Niederkämpfen eines Machtgegners auch mit den Mitteln der Hungerblockade über den Waffenstillstand hinaus 1919 als nur zu gerecht empfinden half. Die in Versailles festgeschriebene deutsche Kriegsschuld und die daraus begründeten Forderungen sind das verbindende Glied zur Wiederaufnahme des Krieges, jedenfalls wie ihn der Roosevelt-Clan verstand. Er mündete mit der Unterwerfung eines Großteils Europas durch das Deutsche Reich und der Forderung nach bedingungsloser Kapitulation Deutschlands in die Ausgangssituation insoferne ein, als der 1919 nur für die kaiserliche Spitze erhobene Verbrechensvorwurf nun das Volk insgesamt treffen und der festgestellten Schuld diesmal unnachsichtig Buße und Sühne folgen sollten.

Das wesentliche Ergebnis der bedingungslosen Kapitulation ist die völlige Verfügungsgewalt über das, was in Deutschland künftig geäußert werden sollte. Es ist schwerlich möglich, von vielen Millionen Menschen über die Zwangszeit unmittelbarer Herrschaft hinaus genehme Äußerungen zu haben, die nicht auch als übernommen gelten können. Dies war Voraussetzung für die zweite und dritte Phase alliierter Meinungspflege, über die Lizenzierung zum selbstverantworteten Medienbetrieb. Es konnte aber auch nicht der optimistischste Presseoffizier davon ausgehen, daß in allen Meinungsfeldern die Vorgabe der Alliierten insgesamt pflichtschuldig oder ergeben angenommen würde, als festgeschriebene Kompaktäußerung (etwa: Potsdam) wie als Einzelanweisung.

Es wurden deshalb jene Verbots- und Tabuzonen geschaffen, die beiden, den Ärzten/Aufsehern wie den Patienten/Häftlingen, ein Zusammenleben ermöglichten. Da der nach demokratisch-parlamentarischen Regeln zu organisierende Teil Deutschlands auf zunehmende Eigenverantwortung setzen durfte, mußten und konnten von den Verbotszonen und Tabufeldern einige Randbereiche geräumt, im marxistisch-leninistisch dominierten Teil unter der Voraussetzung richtiger Gesinnung weite Phasen bürgerlicher Entwicklung als Spielwiese freigegeben werden. Bleiben sollten jedoch die Dämme, die schon bei den Kriegsverbrecherprozessen zur Abwehr geschichtsbezogener Anträge der Verteidigung aufgeschüttet waren und dann verstärkt wurden.

Auszugehen war also von der menschenverachtenden Politik nur des Gegners, weiters von dessen Alleinschuld am Krieg, den Kriegsverbrechen nur in deutschem Namen, der gerechten Ordnung nach dem Krieg. Diese Themen wurden in weißen, grauen und schwarzen Listen aufgeschlüsselt und den Lizenznehmern auferlegt. Das gesamte Meinungsfeld wurde nach diesen Grundsätzen gestaltet: Zeitungen und Bildveröffentlichungen, Radioprogramme und Ausstellungen, Filmproduktionen und Theateraufführungen. Die Anordnung JCS 1067 vom 11.5.1945 garantierte die Kontrolle jeglicher Serien-Meinungsäußerung. Die Buchproduktion wurde über die Papierzuteilung mittelbar gesteuert. – Die Bevölkerung war überwiegend mit existentieller Not bedroht, sie nahm deshalb die im Hintergrund wirkenden Gestaltungskräfte kaum wahr. Aber schon hatten sich Bevölkerungsgruppen zu verantworten. Die Flüchtlinge und Vertriebenen etwa waren selbst schuldig daran, daß man mit ihnen nicht zimperlich verfahren war, wie man der SZ 1946 wegen eines nicht genehmen Berichts über die Vertreibung der Deutschen aus der Tschechoslowakei vorwarf und daraufhin für einen Monat nur eine Vier-Seiten-Ausgabe zuließ (Frei 1986; 89).

Aus dem allgemeinen Schuldvorwurf an das deutsche Volk suchten sich Standes- und Stammesgruppen herauszulösen und damit Vorteile zu erlangen. Die Alliierten nutzten diese Verwerfungen im Volk so weit aus, als damit Unsicherheit gewährleistet und nicht Unruhe zu befürchten war. Den Seelenärzten waren Menschen angenehm, die unter Bedrohungen lebten oder solche zu verantworten hatten.

Die Scharen für die Bestellung des Meinungsfeldes sammelten sich; Senkrechte, Minderschuldige, Mitläufer, Kriegsgewinnler und Idealisten.

Bei Weimar beginnen?

Beim Aufbau des deutschen Nachrichten- und Meinungswesens knüpfte man, wo Mißbrauch nicht zu besorgen war, personell möglichst bei der Weimarer Republik an. Da dabei – weit gefaßt – nur nationalsozialistische Meinungsträger durch Besatzungsrecht ausgeschlossen waren, geriet man zum Rückschluß, die Weimarer Republik sei allein an der Hitler-Bewegung gescheitert. Deshalb etwa übersah man die enge Nachbarschaft der totalitären internationalen und nationalen Sozialisten im politischen Regelkreis. Weiterhin wurde völlig verdunkelt, daß die Zerstörer der Weimarer Republik gerade auch bei jenen zu finden sind, die sich nach 1945 bei ihrer Rückkehr aus der Emigration oder in ihren Appellen über den Atlantik nun staatserhaltend äußerten. In den zwanziger Jahren aber zerrieben die Liberalisten von sicheren akademischen Lehrstühlen und glatten Redaktionstischen aus die staatsloyalen Kräfte. Der Kreis der engeren Weimarer Koalition (Sozialdemokraten – Zentrum – DDP) wurde auch von dieser Seite aufgesprengt, so daß im Sommer 1932 der parlamentarische Offenbarungseid nicht mehr zu vermeiden war.

Es gehört zu einem der vielen Tabus in Deutschland, Dinge deshalb nicht anzusprechen, weil sie in der Parteienauseinandersetzung einmal von den Nationalsozialisten genutzt worden sind. Der Negativismus, in den Zwanzigern weidlich und mit Genuß gepflegt, war ein Grundelement des libertinistischen Flügels des Großbürgertums, der, über die existentiellen Sorgen der einfachen Leute erhaben, sich diesen Luxus leistete, mit dem man sich zugleich von den Proleten, Pfaffen und Nationalen abheben konnte, also der Weimarer Koalition. Diese Gruppen waren schon durch den Kampf um Wähleranteile im eigenen Lager bedroht, die Sozialdemokraten durch die Kommunisten, die Nationalen durch die Nationalsozialisten und das Zentrum durch das Abdriften am föderalistischen Rand, etwa in Bayern. Daß die Meinungsseiten der Frankfurter Zeitung, des Berliner Tagblatts und der Vossischen Zeitung sich der Nationalsozialisten besonders annahmen, enthebt sie nicht von dem Vorwurf, daß die deutschen Republikaner im Stich gelassen wurden. Wer über Noske und Kaas die Nase rümpft, kann sich nicht aus der Verantwortung stehlen, nachdem die Dämme gegen den totalitären Ansturm gebrochen sind.

Die in die Sicherheit ausgewichenen oder abgetauchten Weltbürger traten nach 1945 mit dem Anspruch auf, sie hätten Weimar verteidigt. Zu dieser »Ehre« verhalf ihnen Verdrängung und Ausbürgerung durch den nationalsozialistischen Staat, nicht Gesinnung und Tat. – Mit diesen Vätern und Lehrern einer neuen Meinungselite begann 1945 ein großer Teil des deutschen Journalismus. Damit wurde auch die nötige Pressearbeit an der Geschichte versäumt, eine allseitige Ursachenforschung zum Fall der Weimarer Republik. Was blieb, war Verkürzung auf zwölf Jahre, Herauslösen *eines* Handlungsstranges, Abdecken eigener Verantwortung. Die in ihre Stadt einrückenden Meister der Frankfurter Schule bezogen ihre Schreibtische. Sie fühlten sich als die Herren ihrer nun wieder eingenommenen Festung. Der Re-Import mit den Weihen atlantischer Gesinnung fühlte sich bald auch jenen überlegen, die ihnen den Arbeitsplatz zur Verfügung gestellt hatten. Das doppeldeutige Verhältnis zur Besatzungsmacht löste sich, als nach dem Aufbau deutscher Staatlichkeit die »Restauration« ins Visier geriet. In Pauschal- und Ferndiagnosen bewegte man sich an eben den Punkt zurück, an dem man Weimar verlassen hatte: unerbittlich im verbalen Anspruch, aber eben verantwortungslos. So bereitete man die nächste Aufgabe vor: Die 68er sollten sie erfüllen. Die Frankfurter Schule hatte sich in die Kultur- und Nobelseiten der deutschen Presse und in die Rezensenten- und Lektorenposten geschoben.

Weichensteller und Trittbrettfahrer: Das Gefolge der Lippmans und Ehrenburgs

Die Phasen in der Bestellung des deutschen Medienfeldes waren folgende:
- Striktes Verbot aller bisherigen Äußerungen, das Unkraut wird in biblischer Art ausgerissen (da geht auch Weizen mit);
- Lizenzierung aller Meinungsmedien, der Boden wird umgebrochen, Arbeiter werden eingestellt;
- die neue Saat, in den Zuchtanstalten bestimmt und gekreuzt, in den Musterbetrieben gezogen und abgefüllt (Neue Zeitung, Die Welt), wird landesweit ausgebracht.

In der ersten Phase, mit der Übernahme der Verwaltung durch die besetzenden Armeen, mußte der Informationsbedarf durch die Zeitungen der Heeresgruppen gedeckt werden. Neben den Blättern für deutsche Soldaten innerhalb der psychologischen Kriegsführung wurden schon 1944 solche für die Zivilbevölkerung herausgebracht. Die lokalen Zeitungen wurden von einer Zentralredaktion betreut. Eine Untersuchung zu den Zeitungen der US-Armee nennt als inhaltliche Schwerpunkte die Entnazifizierung, die notwendig sei, weil »das deutsche Volk die nationalsozialistische Führung, deren Politik unabwendbar zur Katastrophe führen mußte, geduldet und unterstützt hatte. Um den Deutschen die Zwangsläufigkeit dieser Entwicklung bewußt zu machen, versuchten die Zeitungen, ihren Lesern ein anderes Bezugssystem zu den geschichtlichen Tatsachen zu geben« (Matz 49).

Die Daten eines innerhalb der amerikanischen Zentralredaktion erarbeiteten Artikels, beginnend »30. Januar 1933 ... Deutschland unterwarf sich der absoluten Herrschaft eines Mannes, dessen rücksichtslose Macht- und Eroberungsgelüste sicheren Untergang bedeuteten ...« (Zit. Matz 49), sind auch heute noch weithin in der unterstellten Bedeutung (»unterwarf sich«, »sicherer Untergang«) Schulbuchinhalt geschichtlich meist unbedarfter, stramm pauschalisierender Autoren.

Kollektivverantwortung, Mitschuld – Schuld, Nürnberger Prozeß, Selbsthilfe, politische Neugestaltung, Demokratisierung, Reeducation sind die weiteren Schwerpunkte der sogenannten »overt newspapers«. Ein Leitartikel vom 27.4.1945 bezeichnet die drei Arten von Menschen in Deutschland (Schuldige, Mitschuldige, Nichtwissende), wobei auch die letzte Art nicht ganz unschuldig ist, »denn einzudringen in das, was unter unseren Augen geschieht, ist eine sittliche Pflicht, der wir uns nicht entziehen können ... Nur aus dem bedrängten Gewissen des deutschen Volkes kann Hoffnung fließen für eine Genesung Deutschlands« (Zit. Matz 53).

Daß das Gewissen bedrängt bleibe, war der Grundgedanke für die Behandlung Deutschlands, wie er sich in einer weitergeführten Sonderform der Besatzungszeitungen feststellen läßt: »Die übergeordnete langfristige Aufgabe der ›Neuen Zeitung‹ wie schon der Heeresgruppenpresse war es, als Mittel der Reeducation auf ihre Leser Einfluß zu nehmen« (Matz 79).

Dafür wurde Martin Niemöller aufgeboten, der für ein öffentliches Schuldbekenntnis eintrat, wie es dann im Oktober 1945 abgelegt wurde. Der Widerstand gegen Hitler, wie er zum 20. Juli 1944 führte, wurde in der »Neuen Zeitung« als ein Versuch zur Errichtung eines Ständestaates diskreditiert, so daß man sich nicht mehr gestört zu fühlen brauchte in der Linie der Kollektivhaftung.

Die »Neue Zeitung« begleitete als Mentorin die zweite Phase, die der Lizenzierung. Die Anordnung JCS 1067, zum 11.5.1945 dem Oberkommandierenden der amerikanischen Besatzungstruppen übermittelt, betreffend die Militärregierung in Deutschland, bestimmt auch den Rahmen für den Aufbau des Nachrichten- und Meinungswesens. Dabei sollte nicht etwa die Zeitungslandschaft der Zeit vor 1933 insgesamt wiederhergestellt werden. In ihr wurden wesentliche Ursachen für den Befall mit dem Gift des Nationalsozialismus geortet, insbesondere die sogenannten »Generalanzeiger«. Das Feld sollte neu gestaltet werden. Die dafür nötigen Lizenzträger wurden in einem aufwendigen Verfahren mit Gruppentherapie und Einzelanhörung aus den im Lande verbliebenen und aus der Emigration zurückgeholten Gegner des NS-Regimes bestimmt. Die Herausgeberschaft der überregionalen und regionalen Zeitungen wurde – übergewichtig – aus der SPD, der KPD und demokratischen Liberalen unter Beteiligung von Parteiangehörigen des früheren Zentrums bestellt. Im Beispiel des »Südost-Kuriers« (SOK) in Bad Reichenhall vertrat in einem Tandem ein strammer Gewerkschaftsmann als SPD-Mitglied mehr gegen als mit einem CSU-Bürgermeister die redaktionelle Linie gegenüber der jeder grundstürzenden Neuordnung abgeneigten Bevölkerung. Der Leitartikel vom 5.10.1946 textete: »... Die Sieger haben gelernt. Diesmal nehmen sie das deutsche Volk bei der Hand« (Zit. Frei 1986; 56). Der Herausgeber bestimmt in der damals üblichen idealistisch verbrämten, anmaßenden Diktion, ganz in der Art des »Wörterbuchs des Unmenschen«, der SOK werde »alles und alle rücksichtslos bekämpfen, die auch nur um Haaresbreite den breiten Pfad der Demokratie verlassen« (Zit. Frei 1986; 57), und ergänzt: »Welch geistige General-Desinfektion dieser südöstlichen Grenzbezirke ist notwendig!« (Das ging gegen einen früheren Generalanzeiger!) Der SOK kämpfte gegen dumpfen Föderalismus, Agrarismus, Provinzlertum, Dummheit ... Das Aufsichtsgremium ICD bewertete den SOK als »reeducational force« (Zit. Frei 1986; 92) und zählt ihn zu den besseren der von ihm betreuten 19 Blätter. Er bekam nur vier Verweise, und diese eher beiläufig; auch ein guter Schüler muß seine Position gegenüber dem Lehrer kennen. Der Lehrer, hier Ern(e)st Langendorf, der Chef des ICD Press Branch Bayern, der schon mit der Auswahl der Lizenzträger betraut gewesen war, konnte freilich nicht verhindern, daß dieser Schüler mit dem Auslaufen der Lizenzperiode sein Herausgeber- und Chefredakteurzimmer für den Besitzer des Verlags räumen mußte, dessen Druckerei der SOK genutzt hatte.

Die mit der Begründung der Bundesrepublik Deutschland zusammentreffende Generallizenz, die nun auch die von der Herausgeberschaft bisher ausgeschlossenen Altverleger Weimarer Zuschnitts zum Zug kommen ließ, führte zum heutigen Stand im Printmedienwesen. Die Altverleger holten damit nicht nur die von der Besatzungsmacht, sondern vorher schon von den Nationalsozialisten besetzten Meinungsterritorien jedoch nur zu einem geringen Teil zurück. In dieser dritten Phase hatten die überregionalen Lizenzblätter einen solchen Vorsprung im logistischen Aufbau erreicht, daß es kaum einem der anfangs nicht lizenzierten Blätter gelang, die Leserverteilung nachhaltig in Frage zu stellen.

Die Lizenzblätter im ganzen hatten aufgemerkt, dem Lehrer in der Regel brav gefolgt, die Aufgaben erledigt. Sie konnten mit dem Zeugnis entlassen werden, daß sie in jeder Hinsicht reif seien. Die Meinungsspalten der Musterschüler blieben den Lehrern offen, W. Lippmann etwa meldete sich regelmäßig aus Übersee (hin und) zurück. Man machte Zeitung an langer Leine.

Innerhalb der sowjetischen Besatzungszone war der Bestallungs- und Betreuungsaufwand geringer. Die bald in der Nationalen Front unter der Dominanz der SED zusammengeschlossenen Parteien rückten in die nach Parteifarben aufgeteilten Herausgeberschaften ein und entwickelten ein so einheitliches Bild, daß sich bald auch nicht mehr in den in Totalitarismen sonst üblichen Halbtönen eine irgendwie geartete selbständige

Meinung ablesen ließ. Die Erziehung zum Marxismus-Leninismus regelte hier das Verhältnis zur Besatzungs- und späteren Brudermacht. Ilja Ehrenburg, der gnadenlose Hetzer gegen die Deutschen, hatte seinen Dienst getan, nun gestalteten die deutsch-sowjetischen Freundschafts-Gesellschaften das Verhältnis. Der Aufruf der KPD vom 11.6.1945 tönte – im zweiten Satzteil – etwas anders als der westliche Partner: »Keine Wiederholung der Fehler von 1918 ... Schluß mit der Spaltung des schaffenden Volkes!« (Zit. Greuner 18). Da dessen Einheit über die SED gesichert war, ließ sich darangehen, die kapitalistische Konkurrenz in ihrer Reeducation zu kritisieren, wobei man sich die Männer der ersten Stunde vornahm, wie Peter de Mendelssohn (»Tagesspiegel«, »Die Welt«) (Greuner 51), Hans Habe (»Neue Zeitung«) (Greuner 30), und sich über die nicht immer koordinierte Meinungsbildung mokierte. Die sowjetisch geführte Presse mußte andererseits feststellen, daß nach den drei Jahren Lizenzierung sich die »kapitalistischen« Medien in einer Art Freigehege bewegen konnten.

County-Schulen für deutsche Länder?

Zeitgleich mit der Lizenzierung der Medien lief in den Besatzungszonen die Reeducation auch über die Schulbildung an. Nach der Schließung der Schulen dauerte es wegen des durch das gegliederte Schulwesen verzweigten Bedarfes viele Monate, bis Schulräte und Direktoren mit der Wahrnehmung der Aufgaben betraut waren und man Lehrer überprüfen und (wieder) einstellen konnte. Die Besatzungsmächte regelten den Kulturbedarf innerhalb des in Potsdam bestätigten Rahmens durchaus unterschiedlich. Die Franzosen hatten nach Indochina und Westafrika, dem Ertrag des 19. Jahrhunderts, ein weiteres Feld gewonnen, Zivilisation zu verbreiten. Großbritannien war darin zurückhaltend; es hatte keine Niederlage zu kompensieren. Die Sowjetunion gestaltete das von ihr als hoch eingeschätzte deutsche Bildungssystem nur so weit um, als die Weltanschauungsinhalte transportiert werden sollten und der Satrap als Werkstätte (»Hammer und Zirkel«) des sozialistischen Europa zu sichern war. Die Polytechnische Oberschule mit ideologieträchtigen Junglehrern und durch die Kader überwachten Fachlehrern war gesichert. Spezialschulen garantierten den Bedarf im Bereich der Forschung und der »Weltkontakte«.

Die amerikanische Besatzung trat mit einem anspruchsvollen Programm an, nicht so sehr, weil auch sie einen neuen Schultyp installieren wollte, auch eine Gesamtschule, sondern wegen der doch sehr unsicheren Vorbildwirkung dieses Typs im Mutterland selbst. Schon in der Zwischenkriegszeit war im Gefolge des New Deal, des Umbaus der Produktivkräfte für eine interventionistische Politik, auch die Effizienz des Schulwesens in den Blick geraten. Außer einigen Reformversuchen, meist auf private Förderung hin, hatte sich wenig bewegt. Den nachhaltigsten Stoß erhielt die Institution Schule in den USA durch einen Anschub in der Alphabetisierung der gegenüber Europa immer noch nicht wettbewerbsfähigen breiten Bevölkerungsschichten. Dies geschah über die Einstellung neuer Lehrer seit 1945. Es erschien als günstiger, die wegen des Weltsieges nicht mehr gebrauchten Freiwilligen und Dienstverpflichteten in Schnellkursen für den Unterricht bei den *underdogs* auszubilden, als sie selbst – Ungelernte, die sie meist waren – auf das Niveau europäischer Fachkräfte mit Volksschul- und Berufsausbildung zu bringen. Nichts kennzeichnet besser den Anspruch der *education* und deren innere Schwäche. Sie wird durch das – im allgemeinen – auch heute noch äußerst geringe Ansehen der Lehrpersonen in den USA belegt.

Natürlich dachten die Bildungsplaner gerade an die soziale Bedeutung der Einheitsschule. Sie würde nicht nur aus den Deutschen anständige Menschen machen, sondern sie auch zur Demokratie befähigen, was nicht zusammenfallen muß.

Von der Fremdbestimmung sollten die Deutschen zur Selbstbestimmung finden, dies über die Mitbestimmung an den Hochschulen, vor allem über die Einführung der Politischen Wissenschaft. Da, laut dem Vorwort Fraenkels in einer Untersuchung zur Reeducations-Politik »den Deutschen ... ihre eigene Umerziehung zu überlassen« (Bungenstab 10) war, mußte die Besatzungsmacht die schon Gewehr bei Fuß stehenden eigenen Psychokrieger zuerst einmal vom Morgenthau-Plan entwöhnen und zu Reeducations-Multiplikatoren erziehen. Das kam vor allem jene hart an, die etwa vom Psychiater Richard M. Brickner (»Is Germany Incurable«, Philadelphia, New York, 1943) geschult waren, der dafür hielt, daß die Nazi-Führer die »collective voice of a developing paranoid culture« (Zit. Bungenstab 23) sind. Nachdem eine Konferenz amerikanischer Psychiater und Sozialpsychologen im Frühjahr 1945 zum Schluß gekommen war, »daß die gefährlichen Charaktereigenschaften des deutschen Volkes geändert werden könnten« (Bungenstab 24), ging man daran, nach dem Tod Roosevelts, die interventionistischen Linksliberalen zurückzudrängen und die Deutschen für die Auseinandersetzung mit dem überraschend virulenten Mitsieger SU einzusetzen. Die Umerzieher, etwa das private, aber amtlich geförderte »Institute on Reeducation of Axis Countries«, sprachen sich für eine »Erziehung des deutschen Volkes ... durch deutsche Demokraten« (Bungenstab 26) aus und verabschiedeten die Morgenthau-Vorstellung, die Siegeroffiziere könnten die künftigen Schulleiter sein. Innerhalb der Reeducation als der »Wiederherstellung und Beeinflussung des gesamten kulturellen und geistigen Lebens Deutschlands«, wie dies das US-Programm vom 5.6.1946 feststellte (Zit. Bungenstab 29), hatte das Erziehungswesen (formal education) den bedeutendsten Rang. Es gelte, »die die zukünftige Gesellschaft tragende Generation von der ›preußisch‹ und paternalistisch ausgerichteten Familie hinwegzuführen«. In Deutschland sollte also verändert werden, was im amerikanischen Mutterland nicht nur im Film galt, »to confine women to Küche, Kinder und Kirche« (Zit. Bungenstab 50).

Die sogenannte Zook-Kommission befürwortete nach einer Generalüberprüfung der Reeducations-Fortschritte an den Schulen 1946 die Gesamtschule, wogegen sich deutsche emigrierte Professoren für die Beibehaltung des humanistischen Gymnasiums aussprachen. Die Länder hatten Reformpläne vorzulegen. Der Hessens wurde als fortschrittlich, der Berlins als mustergültig eingestuft. Er sah ein Klassensystem 1 mit 6, 7 mit 12 vor. Die Anordnung JCS 1779 an den amerikanischen Militärbefehlshaber sollte nun die neue Schule den widerspenstigen Ländern, besonders Bayern, auferlegen. Dieses Land sperrte sich dagegen und erreichte ein gemeinsames Gespräch im Herbst 1948. Es ging schlecht an, den Aufbau eines neuen Staates auf der Grundlage eigenverantwortlicher Länder voranzutreiben und diesen in diktatorischer Art eine bestimmte Schulform aufzudrücken. Einen Monat vor der Billigung des Grundgesetzes wurde der Besatzungsstatus beendet und damit auch die direkte Einflußnahme.

Die Aufsichtsbehörde über das Erziehungswesen war personell dünn (und in der Spitze ab 1947 nicht sachkompetent) besetzt, zudem nicht eigenständig, sondern anfangs der Sozial- und Gesundheitsabteilung unterstellt. Erst mit Sommer 1946 gab es eine »Reorientierungs Branch« für den gesamten kulturellen Bereich innerhalb der Zivilabteilung des verantwortlichen Kriegsministeriums. Die Aufsicht über das Erziehungswesen war eine in der Regel äußere. Die Neueinstellung der Lehrer nach einer bei diesen besonders gründlichen Entnazifizierung stellte auf den Parteieintritt vor und nach dem 1. Mai 1937 ab. Dies brachte die jungen Lehrer prinzipiell in den Dienst und traf die älteren mit Familie, die etwa aus existentieller Not mit Aussicht auf Übernahme den Schritt in die Staatspartei NSDAP getan hatten.

Bei den zum Lehrerstudium Zugelassenen durfte nur ein Zehntel (einfache) Parteigenossen sein; NS-Amtsträger, auch HJ-Führer, waren vom Studium in den Anfangsjahren ausgeschlossen. Ein Schulbuch-Notprogramm nahm den Wiederdruck vor 1933 herausgegebener Bücher auf, kam aber mit der Durchsicht nur langsam voran. Besonders bei den Geschichtsbüchern war es nicht mit der Tilgung einiger Begriffe getan. Es war wohl Roosevelt zu folgen, der in seinem Urteil zum Morgenthau-Memorandum (»Program to Prevent Germany from Starting a World War III«) meinte: »Wir werden für die Deutschen völlig neue Schulbücher schreiben müssen« (Zit. Bungenstab 99).

Emigranten im Besatzungsdienst besorgten das für die Historie (F. Kassens »Weltgeschichte«), während nach amerikanischer Vorlage E. Ludwigs »The Germans« in deutscher Bearbeitung herauskam (Bungenstab 115).

Das Reeducations-Konzept stand oder fiel mit den Lehrern. Hier besann sich die Besatzungsmacht auf eine Grundvoraussetzung der psychiatrischen Behandlung, wonach die stärksten Impulse bei früheren Gegnern zu erwarten seien, die idealistisch gestimmt sind. Deshalb holte man die HJ-Führer und vergleichbare Ränge, die bisher als entlassene Lehrer für einen Wiedereintritt abgelehnt worden waren, in viermonatige *rehabilitation courses*. Was für die Lehrer der frühen dreißiger Jahre ein Entlassungsgrund gewesen war, – unterstellte! – weltanschauliche Anpassung, kam nun zu Ehren. Die Renegaten wurden in 17 Wochen durchwegs bildsame Demokraten und konnten bald Funktionsstellen besetzen. Dabei machten sich auch die kleinen Nannens und Höfers in den Schulstuben breit und prägten jene Haltung, die im Feld der Religion einen Saulus-Paulus ziert, für den innerweltlichen Bereich jedoch eine unduldsame Atmosphäre schafft, welche die eigene Vergangenheit vorrangig durch andere abarbeiten läßt und tatsächlichen oder vermuteten Auftraggebern gegenüber mit dem glatten Rücken des dienstfertigen Commis glänzt.

Die Ergebnisse von Untersuchungen und Meinungsbefragungen ließen die amerikanischen Mentoren Anfang der fünfziger Jahre sehr zurückhaltend über das Ergebnis der Reeducation urteilen (Bungenstab 145–160), während heute die Enkel der Umzieher und die Kinder der Umzogenen sich übergewichtig mit einer Teilfrage beschäftigen, ob nämlich die »Einheitsschule« Wirkung gehabt habe und wie der Widerstand einzelner Länder dagegen einzustufen sei. In einem Symposion »Erziehung in den USA und in der Bundesrepublik«, Tübingen, Sommer 1992 (SZ 13.7.1992) suchten die Ideologen nach ihren Wurzeln; es bleibt nur noch anzumerken, daß mit der »Bundesrepublik« Deutschland gemeint ist. Es handelt sich bei den Veranstaltern offensichtlich um Verfassungspatrioten, denen Deutschland unbekannt ist, auch dies ein Ergebnis der Reeducation.

Wohlverhalten gegen Akten: Ein Institut für Zeitgeschichte entsteht

Für den Umbau der »deutschen Seele« war so lange wenig bewirkt, als an den Schulen der Geschichtsunterricht bei 1914 zu enden hatte, die ideologiebeladenen oder -verdächtigen Bücher einzustampfen und Pensionisten, Fußkranke und Idealisten ohne Ausbildung als Lehrer in die Klaßzimmer zu stellen waren. Die Zeit bis zu den frischen Lehrerjahrgängen, die nach der Öffnung der Universitäten geworben wurden, lebte vom Bestand bei hoher Leistungszumutung. Die Reeducation mußte von einer Institution in Gang gebracht werden, die außerhalb der durch standes- und laufbahnrechtlichen Rahmen gebundenen Hochschulen genug Freiraum haben sollte.

In manchen Kultusverwaltungen dachte man an eine Art Geistesakademie, in der das Gute an der »deutschen Seele« herausdestilliert, gesammelt und neu geformt werden sollte. Andere Länderbeauftragte unter den Augen der Bildungsoffiziere hatten eher Schnellkurse im Blick, wie sie vergleichsweise im Medienbereich als Vorläufer der Journalistenschule in München eingerichtet worden waren. Hessen, mit der Frankfurter Schule im Nacken – historisch und ganz real – preschte (wieder) vor und machte sich, das amerikanische Hauptquartier in verpflichtender Nachbarschaft, anheischig, ein Institut zu begründen, das die NS-Vergangenheit aufarbeiten und die deutsche Historie auf sicheren Grund bringen würde. – Das Erstgeburtsrecht für ein solches Vorhaben wurde jedoch von Bayern für sich reklamiert. Hier hatten private Initiativen der Kultusverwaltung schon 1945 mit dem Gedanken zugesetzt, die Wurzeln des Nationalsozialismus offenzulegen und die politische Erziehung zu fördern. Am 7.10.1947 wurde eine Urkunde errichtet, mit der die Ministerpräsidenten Bayerns, Hessens und Württemberg-Badens dafür eine Stiftung gründeten, der Bremen beitrat. Hintergrund war, mit einem »Institut zur Erforschung der nationalsozialistischen Politik« an Quellenmaterial zu kommen, das die Sieger, hier: die Amerikaner, in Händen hatten. Im Document Center befanden sich die Akten des Auswärtigen Amtes. Sie standen der Forschung der Sieger zur Verfügung, die sich damit den entscheidenden Zeitvorsprung zur Geschichtsdeutung und -setzung sicherten. Der Geograph Schmitthenner äußerte, das Gesetz »Der Sieger schreibt die Geschichte« sei noch selten so planmäßig und umfassend in Wirksamkeit gesetzt worden wie durch die Ereignisse und Bestrebungen des abgelaufenen Krieges und dessen Folgeerscheinungen.

Die Kultusverwaltungen sahen sehr wohl ihre Verpflichtung gegenüber der Militärverwaltung, daß etwas getan werden müsse, um das Volk aufzuklären und die Menschen zu wahren Demokraten zu erziehen. Der Militärgouverneur Clark schloß eine eigene Finanzierung des Instituts – darum ging es vor allem auch – aus, um die Deutung zu verhindern, daß es sich dabei um amerikanische Propaganda handle. Fehlende Mittel und das noch unsichere Konzept eines deutschen Staates westlicher Prägung ließen erst vor den Abschlußberatungen des Parlamentarischen Rates das Institut in Umrissen entstehen. Am 27./28.2.1949 wurden Kuratorium und Wissenschaftlicher (Bei-)Rat eines (so vorgeschlagenen:) »Deutschen Instituts zur Erforschung des Nationalsozialismus« eingerichtet, in dem wissenschaftliches Arbeiten und politdidaktischer Veröffentlichungsauftrag gleichgewichtig sein sollten. Die Meinung des Geschäftsführers Dr. Kroll ging dahin, daß die Publikationen nicht ausschließlich als akademische Berichte, sondern auch als politische Lehr- und Bildungsschriften gelten sollten. Damit war der Streitpunkt in die Wiege des Instituts gelegt, mit dem der Vertreter der theoretischen Soziologie, des am weitesten von der Geschichtswissenschaft entferntesten Gebiets der Soziologie, an die Aufarbeitung der deutschen (nationalsozialistischen) Geschichte gehen wollte. Der Zwist war institutionell, aber auch personell angelegt, da sich Dr. Kroll auf den Politologen Buchheim und den damaligen Bundesinnenminister Heinemann stützen konnte, während die Historiker mit Ritter, dem Präsidenten des Deutschen Historiker-Verbandes, im Beirat ihren ersten Mann aufboten.

Der Bund beanspruchte nun gestaltende Mitsprache und störte damit auch das zwischen den Ländern und Fachdisziplinen kaum zustande gekommene labile Gleichgewicht. Die Differenz brach bei der Sitzung vom 1.3.1950 aus, zu der Heinemann eingeladen hatte, da das Institut, also Dr. Kroll, eine stärkere Beteiligung der nicht formalhistorischen Fachdisziplinen forderte und eine Erneuerung des deutschen Geschichtsbildes.

Die Lizenzpresse war gefüttert worden. Ein meinungssetzendes Blatt sprang dem Soziologen bei (SZ 24./25.6.1950), für den sich am 14.4. schon die »Times« im »Literary Supplement« ausgesprochen hatte. Bundespräsident Heuß aber stützte (noch einmal) Ritter; Kroll stellte seine Position zur Verfügung (er leitete bis Januar 1951 die Geschäfte), und der Politologe Buchheim wurde Abteilungsleiter. Am 9.11.1951 ging die konstituierende Sitzung des »Deutschen Instituts für Geschichte der nationalsozialistischen Zeit« über die Bühne, an einem historiebeladenen Tag. – Nun sorgten die Hintermänner Buchheims für eine grundsätzliche Klärung. An Ritter wurde Anstoß genommen, er sei kein Garant für eine gedeihliche Entwicklung für dieses seit 1952 so genannte »Institut für Zeitgeschichte (Deutsches Institut für Geschichte der nationalsozialistischen Zeit)«. Im Jahre 1951 war es über die erste Buchveröffentlichung des Instituts zu »internen Kontroversen über die Vertretbarkeit der editorischen Einrichtung« (Institut 1972; 11) gekommen. Ritter, der die Herausgabe (»Hitlers Tischgespräche«) zu verantworten hatte und dessen deutschnationale Generallinie auch bei einigen Ländern nicht gerne gesehen wurde, wurde nahegelegt auszuscheiden; er nahm »in den folgenden Jahren an den Sitzungen des Beirats nicht mehr teil« (Institut 1972; 11). Es wurde davon ausgegangen, daß einem Institut mit dieser Belastung zu den schon überlassenen Kopien der Nürnberger Prozeßakten von den konfiszierten Reichsakten nichts zugänglich gemacht werden würde. Aber – erst nach vier Jahren trafen die ersten Mikrofilme aus den USA ein. Und dies hatte wohl mehr mit den Verträgen 1955 als mit der Skrupelhaftigkeit administrativer und der Färbung wissenschaftlicher Beiräte zu tun.

Die wissenschaftliche Forschung im Institut der Gründerzeit galt als unbefriedigend, so daß man einen neuen Mann als Geschäftsführer/Direktor suchte. Vorgeschlagen wurde Helmut Krausnick, PG 1932. Er nahm von Oktober 1952 bis September 1953 die Geschäfte eines Generalsekretärs wahr, bis Paul Kluke dieses Amt antrat; im März 1959 beerbte Krausnick ihn. Von ihm konnte sich wohl der hypothetische Supervisor jenseits des Atlantiks gedeihliche Arbeit erwarten. Was bei einer Lizenzzeitung griff, einen durch die Biographie Belasteten zum Chefredakteur zu machen (SZ – H. Proebst), wurde auch hier durchgespielt: Reeducation der vielen durch Reeducation des einen, *learning by doing.* Das Institut war damit für künftige Aufgaben – nach den auch im ständigen Namenswechsel ablesbaren Verwerfungen – in der bestmöglichen Lage. Deutsche Kulturpolitiker hatten es auf den Weg gebracht, um über eine Arbeitsstelle Zugang zu jenen Akten zu finden, die außer Landes gebracht worden waren. Insofern war Wohlverhalten gegenüber der Besatzungs- und späteren Stationierungsmacht angebracht. Nun konnte sich dieses Wohlverhalten – für den deutschen Gebrauch ausgewählte Akten sollten in Fotokopie zugänglich gemacht werden – auf die Akten selbst richten, insbesondere in der Auswahl der Arbeitsschwerpunkte.

Das Jahr 1958 ist für das Institut für Zeitgeschichte (IfZ) ein bemerkenswertes Jahr:

»29.09.1958: Das Bayerische Kultusministerium weist die Schulverwaltungen an, die Forschungsergebnisse der IfZ für den Geschichtsunterricht nutzbar zu machen« (Institut 1972; 12).

Im gleichen Jahr bot das IfZ dem kanadischen Staatsbürger Celovsky, einem Mitarbeiter des »Journal of Central European Affairs« in Colorado, dem in den Vereinigten Staaten seit 1940 arbeitenden Beneš-Dienst, die Möglichkeit, seine Sicht von München 1938 herauszubringen.

Der Generalsekretär stand zur Gesamthaltung der Arbeit, sie entspräche der Zielsetzung des Instituts. Der bayerische Professor Raschhofer, Würzburg, beklagte sich, daß das Ergebnis dieser einseitigen Darstellung auch noch Grundlage für den staatsbürgerlichen Unterricht sein wolle (s. o.) und bekam Hilfe von überraschender Seite. Wenzel Jaksch, MdB, Sozialdemokrat, Ministerialdirektor im hessischen Innenministerium, wandte sich gegen Celovskys Forschungsansatz (DZ 1958, 6, 25, Nr. 50). Jener beginne – so in einem Brief an das Institut vom 27.6.1958 – 1935 – und nicht 1918/19 –, denn nur dadurch könne unterschlagen werden, »daß eine breit fundierte sudetendeutsche Verständigungspolitik an der Starrheit eines unechten Nationalstaatsprinzips verblutet ist, ehe die Partei Henleins die Mehrheit bekam« (Institut). Celovsky wurde als Mitarbeiter des Tschechoslowakischen Auslandsinstituts im Exil nach Deutschland geschickt, so Jaksch, »um politisches Wohlverhalten der heimatvertriebenen Deutschen zu kontrollieren«. Jaksch stand nicht an, das IfZ ein Institut für einseitige Zeitgeschichte zu nennen, und er folgerte, es gehöre wahrhaftig die ganze Weltfremdheit deutscher Professoren dazu, an eine solche eindeutige Erscheinung den Ruf einer altberühmten Universität (Heidelberg, Prof. Fuchs – der Verf.) und das Prestige eines geschichtswissenschaftlichen Instituts zu verschwenden, und er ergänzte, daß unter vielen grotesken Erscheinungen der zweiten Nachkriegszeit dieses Bündnis zwischen binnendeutscher Selbstgerechtigkeit und dem Rechtfertigungsbedürfnis der Beneš-Tschechen das Seltsamste sei. Der Sozialdemokrat, der aus London zurückgekehrte Emigrant Jaksch, konnte sich in seiner Partei mit dieser Sicht nicht durchsetzen.

Als unabhängiges Institut wurde nun das Collegium Carolinum (CC), die auch in München beheimatete Forschungsstelle für die böhmischen Länder, um eine gutachtliche Stellungnahme gebeten. In einer Sondersitzung des CC wurde am 13.1.1959 dazu festgestellt, die Arbeit enthalte in Teilbereichen wertvolle Beiträge, wesentliche Bereiche aber seien nicht oder nicht umfassend genug bearbeitet; eine Reihe von Thesen sei ungenügend fundiert, die Arbeit biete kein objektives Bild der Frage, diese bedürfe weiterer Klärung – für eine bundesweit geförderte Arbeit ein beschämendes Urteil.

Das noch von Kluke geleitete IfZ bekannte sich nach wie vor zur »Gesamthaltung«. Es ging demnach weniger um den akademischen Bericht als um die politische Lehr- und Bildungsschrift, die schon Kroll am Herzen gelegen hatte.

Sie war wohl, wie dies später von einem akademischen Reeducator bezeichnet wurde, »volkspädagogisch« notwendig, damit man den »deutschen Sonderweg« besser begründen konnte. Die Celovsky-Untersuchung wird beim Stichwort »Münchner Abkommen« in Handbüchern und Lexika als frühes Werk in der Regel als erstes zitiert. Formulierungen daraus finden sich, leicht abgewandelt, in den Schul-Geschichtsbüchern fortschrittlicher Länder, insbesondere in solchen, die sich lange das Fach Geschichte nicht mehr leisten mochten.

Das IfZ als Torwächter hatte das Trojanische Pferd durch die »wissenschaftliche« Pforte geholt und auf den Marktplatz gestellt. Der Ausflug in den Bereich Ostmitteleuropa hatte dazu gedient, die Nazivergangenheit der aus der Tschechoslowakei vertriebenen Deutschen zu belegen. An sonstigen Themen hätte es freilich nicht gefehlt. So etwa wäre es für das Institut eine genuine Aufgabe gewesen, als eine der Wurzeln des Nationalsozialismus die Auslandsfinanzierung der NSDAP zu untersuchen. Dazu freilich gaben die Kopien der Nürnberger Akten und auch die Außenamtsakten nichts her, und es hatte auch niemand dazu – der Einfachheit halber – ein Manuskriptpaket oder ein Flugblatt im hauseigenen Archiv abgeliefert. Erst 1993 wagten sich ein Redakteur und ein Zeitungsarchivar – außerhalb des IfZ – mit einer Veröffentlichung auch an den Randbereich der Auslandsfinanzierung (Richardi/Schuhmann).

Im Jahre 1954 durfte Hermann Lutz im IfZ eine Zehn-Seiten-Miszelle veröffentlichen: »Die Fälschungen zur Auslandsfinanzierung Hitlers«. In der »Vorbemerkung des Herausgebers« meint »H. R«, »... es gehe in keiner Weise an, wie das in Papens Erinnerungen (Deutsche Ausg. S. 357 ff) geschieht, mit dem Nachweis der Fälschung in einem Fall die Frage nach der finanziellen Subvention überhaupt beiseite zu schieben« (Lutz 1954; 386).

Das IfZ schob, ganz konsequent; es äußerte sich dazu in seinen Vierteljahrschriften und auch sonst nicht mehr: ein Tabu, das es sorgfältig pflegt. War es doch 1963 etwa voll mit »einer Auseinandersetzung mit den revisionistischen und apologetischen Thesen David Hoggans und seiner neonazistischen Gesinnungsgenossen« beschäftigt, ebenso mit Taylor, auch »treten das IfZ und seine Mitarbeiter Versuchen rechtsradikaler Geschichtsklitterung« (Institut 1972, 14) entgegen. Man widmete sich, auf Celovskys Schultern, 1964 mit der tschechoslowakischen Akademie der Wissenschaften in Prag der »Entwicklung zwischen dem Münchner Abkommen 1938 und der Besetzung Prags 1939« und 1968 den »deutsch-tschechoslowakischen Beziehungen zwischen den beiden Weltkriegen« (Institut 1972; 15). Das Institut war etwa auch mit der »Australische(n) Außenpolitik im 20. Jahrhundert« (IfZ Bd. 7) völlig ausgelastet, es erstellte Gutachten, wurde zeitgeschichtlicher Oberschiedsrichter. Der Vorsitzende des seit 1962 neuen Wissenschaftlichen Beirats, Hans Rothfels (»H. R.«), befand 1970: Das IfZ »leiste reelle Arbeit ... nicht im Sinne irgendwelcher Apologetik oder im Dienst formaler ›Umerziehung‹ – beides ist dem Institut in früheren Jahren angelastet worden –, sondern im Bestreben, gewissermaßen Ordnung im eigenen Haus zu schaffen ...« (Welt 30.9. 1970). Das ist tatsächlich so: Die Umerziehung ist nicht mehr »formal«, sondern längst subkutan; dem volkspädagogisch erwünschten deutschen »Sonderweg« wurde auch im IfZ Bahn gebrochen, die neue Ordnung im deutschen Haus ist auch sein Verdienst, wenn man dieses und nicht das IfZ meint. Als in der Zeit der neuen deutschen Ostpolitik, der das IfZ zugearbeitet hat – die Mitarbeiter glänzten in einer Ergebenheitsadresse an Brandt –, der seit 1971 neue Leiter Martin Broszat mit dem neuen IfZ am 15.1.1972 in ein neues Gebäude umzieht, kann sein Institut nicht nur mit diesem glänzen: Ein neuer Typ wissenschaftlich-politischer Arbeit hatte in Deutschland Fuß gefaßt.

Geschichte steht zur Disposition: Ein Volk wird kriminalisiert

»... wie es eigentlich gewesen ...« Rankes Forderung für das Bild, in dem sich der Ablauf der Geschehnisse darstellen sollte, stand am Beginn eines mehr als ein Jahrhundert gültigen Bemühens. Ranke ging zu den Quellen, prüfte sie, verglich sie. Er wagte die Zusammenfassung dessen, was aus sich heraus zu verstehen sei. Dieser Begründer der neueren Geschichtswissenschaft wandte sich gegen den Regelschnitt eines Weltentwurfs, der den Zielpunkt vorgegeben hat. Ranke fiel nun in seinem Heimatland bei den Vertretern der modernen Richtung in Ungnade. Geschichte sei anders darzustellen: Die Deutschen etwa haben Hitler gewählt, obwohl – oder vielleicht damit er sie in den Untergang führen sollte. So steht das seit 1945 in den Geschichtsbüchern.

Die Epochen stehen nach 150 Jahren Ranke nicht mehr »unmittelbar zu Gott«, sind also auch beliebig verfügbar; sie werden von volkspädagogisch tätigen Instituten und Bildungszentralen entworfen, in Bildarchiven und Studios koloriert oder auch retuschiert und, millionenfach reproduziert, verkauft, angedient, aufgedrängt und verordnet. Die großen Volkspädagogen glauben zu wissen, was für das deutsche Volk gut ist, und sie verfügen über das Schnittmuster für das Geschichtstableau.

Es ist z. B. volkspädagogisch nicht gut, Fragen an jene Deutung der Geschichte zu stellen, wie sie vor und unmittelbar nach der Stunde Null niedergelegt wurde, außerhalb Deutschlands und dann in ihm.

Die positiven Völker sind darin in den Schimmer menschenfreundlicher Progressivität eingetaucht, die der Weltverschwörung – der Begriff mußte den Deutschen doch irgendwie vertraut klingen – treten gefährlich aus dem Dunkel mittelalterlich-aristokratischen Arsenals. Die »Belege« für das Geschichtstableau waren schon nach einigen Monaten griffbereit, man hantierte mit Schätzungen, rechnete auch die fehlenden Millionen, die etwa dem Stalin-Terror seit den zwanziger Jahren zum Opfer gefallen waren, dem deutschen Volk auf, manipulierte mit den Millionen, die in den Städten der deutschen Ostgebiete gelebt hatten, als seien dies polnische Verluste innerhalb des späteren polnischen Verwaltungsgebietes. Der polnische Staat, seit seiner Entstehung 1916/18 fast allen Nachbarn gegenüber aggressiv und schon seit 1918 in der Verdrängung und Vertreibung nichtpolnischer Minderheiten erfahren, setzte ein weiteres Mal an, ein ethnisch »reines« Volk zu produzieren und hatte das Verständnis der anderen progressiven Völker sicher, daß die aus Kernpolen in die deutschen Gebiete geholten Familien für ihre dort zu gebärenden Kinder ein Recht auf sichere Grenzen haben müßten. Das alles mußten die Deutschen lernen.

Auf dem Rücken einer bis 1945 in diesem Umfang in Europa

nicht bekannten Vertreibung profilierten sich die Völker, die sich damit auch ihrer Geschichte entledigten, und griffen nach dem Mantelzipfel des Weltgeistes. Nicht alle merkten, daß dieser Mantel von dem schlimmsten Völkermörder der Geschichte geschwenkt wurde: Stalin, das war Roosevelts guter Uncle Joe.

Die Umschreibung der Geschichte geschieht auch im Atmosphärischen und mit Bildern, auch sinnfälligen Wörtern, die Bilder entstehen lassen. Namen der Städte werden gewechselt, das Bild der Stadt ändert sich unter den Augen des Lesers. Eilfertige deutsche Meinungssklaven schnappen nach den neuen Wörtern, sie hecheln nach Anerkennung durch die »guten« Völker.

Preßburg, bis zwei Generationen vor 1945 eine zu zwei Dritteln deutsche und im Kerngebiet heute noch als solche erkennbare Stadt, gab es nicht mehr; das Kunstwort Bratislava (seit 1919) forderte die Sprech- und Schreibfähigkeit deutscher Vergangenheitsbewältiger heraus. Prag, zur Zeit der 1848-Revolution in den drei Teilstädten über die Hälfte deutsch, hatte nun, eine tschechische Stadt, andere historische Bezüge, »gotisch« oder »flämisch«, »österreichisch«, wenn es hoch kam. Das Deutsche wurde getilgt. In Breslau befragte ein polnischer Kirchenführer, der eine ganz normale Ausbildung gehabt hatte, die Steine, und sie redeten polnisch; er hörte durch die Jahrhunderte die unverwechselbare Stimme seines Volkes, das es als solches zu keiner Zeit in Breslau gegeben hatte – und die deutschen Nachbeter, christliche und achristliche, buchstabierten und radebrechten: »Wrocław«.

Oder soll etwa Besançon für die Deutschen reklamiert werden, weil es immerhin, als Reichsstadt Bisanz, bis 1664 dem deutschen Reich zugehört hatte?!

Zu rechtfertigen hatten sich nach 1945 nicht die schon in der Zwischenkriegszeit für eine Westsiedlung aufgeputschten Polen für ihre neue Art Landnahme, die hinter der agitatorischen Nebelfront eines den Deutschen aufgeschwätzten »Ostlandritts« durchgezogen wurde. Zu rechtfertigen hatten sich die Vertriebenen, warum sie sich nicht damit anfreunden könnten, daß

Danzig eine polnische Stadt, eben Gdansk, sei. Die Retuscheure tilgten auf den Karten die deutschen Namen mit der gleichen Hartnäckigkeit, wie in den Städten selbst die Aufschriften, die Gedenksätze auf den Grabsteinen, die Widmungen an Denkmälern getilgt wurden. Die Altstadt Danzigs wurde zum Teil rekonstruiert, ohne jeden Hinweis auf jene Zeichen und Lettern, die auf die Erbauer wiesen.

Die Vertreiberstaaten, schon seit 1918 dabei, sich ihrer Deutschen zu entledigen, setzten sich auf den Rücken der Sieger und begradigten die ethnischen Grenzen in einer Tiefe von 150 bis 400 Kilometern. Zur Rechtfertigung verwies man auf deutsche Pläne, auf Kriegsverbrechen und unterschlug dabei, daß am Beginn der extremen Auseinandersetzung jeweils extreme eigene Äußerungen standen: Gewehrsalven im März 1919 in Böhmen, in eine friedliche Demonstration Deutscher gezielt, die sich gegen die Fremdbestimmung durch das Nachbarvolk wandten; Ausbruch einer von der Militärmacht geschürten und in Kauf genommenen Mordorgie in Polen im September 1939, mit der man über Tausende Deutscher, auch solche in der polnischen Armee dienender, herfiel.

Die Großmeister der Geschichtssetzung machten um das Ursache-Wirkungs-Syndrom einen Bogen. So etwa wurde eine Untersuchung zum deutsch-polnischen September 1939 (in Bromberg und anderen Orten) lange Zeit faktisch unterdrückt und konnte erst – allgemein zugänglich – erscheinen, als man sich gegen den bedeutendsten deutschen Historiker zur Geschichte Polens keine weitere Ausflucht mehr ausdenken konnte: Professor Rhode schrieb das Vorwort. Die Untersuchung, in einer Zeitschrift »versteckt«, wurde jahrelang weder im akademischen Bereich noch dem des Faches Geschichte an den Schulen zur Kenntnis genommen (Aurich).

Abstruse Verlustzahlen, für die allein die Deutschen Verantwortung tragen sollen, prägen die Merkkästen der Geschichtsbücher: Doppelzählungen der Opfer deutscher Aktionen, Juden als Juden, die gleichen Juden als Polen, Stalinsche Mordopfer,

Bombenopfer. Ausgeglichen wird dies dadurch, daß man die Vertreibungsopfer vergißt, da die Bevölkerungs»verschiebung« mit Deutschen begriffsgemäß Opfer nicht kennt.

Verdeckt wird hinter der gekonnten Zuordnung auf nur einen Verursacher auch, daß sich die bekannten antisemitischen Staatsideologien der Zwischenkriegszeit in fast allen von der Pariser Vorort-Ordnung errichteten oder gestärkten, aber auch der verkleinerten Staaten – wie etwa Ungarn und Österreich – im Krieg austobten und – wie besonders in Polen – nach dem Krieg weiterwirkten. Die Pogrome in Mittel- und Ostpolen konnten dort seit 1940 unter deutschem Namen bei der Gettoisierung fortgeführt und innerhalb der sogenannten Reform (1956, 1970, 1980), geschickt abgedeckt, mit der Verdrängung der restlichen Juden beendet werden. Polen ist »judenfrei«, das jiddische Theater und damit die Vorzeigejuden im kulturellen Bereich gehören in dieses Bild. Der virulente Antisemitismus etwa auch in Frankreich versteckt sich ebenso hinter einer angeblichen deutschen Alleinschuld, wie dies auch anderswo nicht mehr länger zu verheimlichen ist. Diese und andere Tabuzonen und Einhegungen wurden in der Geschichtssetzung für die Deutschen ergänzt und hinterfüttert mit Thesen, mit denen die, laut Churchill, als 30jähriger Krieg geführte Auseinandersetzung die gemäße Eingangsbegründung erhalten sollte.

Fischers Griff zur Weltmacht und der Beginn der deutschen Geschichte

Visser't Hooft wollte 1945 keine »unfruchtbare Debatte« (Bodenstein 13) zur Schuld an dem zu Ende gehenden Krieg. Nach Versailles hatte es einen breiten Austausch der Meinungen dazu gegeben. Der Weimarer Staat beharrte auf einer Revision besonders beim Artikel 231. Auch andere als der Geheimdienstler Hooft bemühten sich kräftig, daß es zu keiner Kriegsschulddebatte kam. Ganz verdecken ließen sich freilich die unübersehbaren Kausalzusammenhänge nicht, die Jalta und Potsdam mit Versailles verknüpften. Zwei Beweger der Zeit, der Krieger Churchill und der Landlord Roosevelt, standen für sie. Wer also vom Ursachenzusammenhang ablenken wollte, mußte beim Beginn ansetzen, also bei den, natürlich, deutschen Kriegszielen. Der Historiker Fritz Fischer rechtfertigte die Bestallung als ordentlicher Professor (1948) an der Hamburger Universität. Fischer, gelernter Theologe, entdeckte mit 28 Jahren seine Neigung für die Geschichte und wurde 1942 außerordentlicher Professor an der Universität Hamburg. An seiner Laufbahn, die 1945 keinen Bruch erfuhr, ist seine Veröffentlichungsaskese bemerkenswert: Zwischen 1939 und 1961 ist keine selbständige Buchveröffentlichung nachgewiesen (Kürschner 6; 421 bis 10; 538), dafür die Mitgliedschaft im »Hamburg Rotary Club« und »Study trips to US« (WWG 1, 2, 3). Er stellte 1961 in seinem Buch »Griff nach der Weltmacht« eine These zu einem Sachverhalt auf, der schon lange bekannt war, und lieferte die gewünschte Begründung für ein Phänomen, das später »deutscher Sonderweg« genannt wurde.

Der Sachverhalt: Das wilhelminische Reich hatte Kriegsziele formuliert, im Krieg.

Die These: Die ins Strategiekonzept einfließenden Ziele seien Beleg für die schon vor dem Ausbruch des Krieges bestehenden Absichten, daraus leite sich die Kriegsschuld ab.

Die Folgerung: Was andere Staaten, Serbien, Rußland, England, Frankreich, Italien, in bezug auf ihre vor 50 Jahren formulierten Ziele vergleichsweise auch heute noch nicht rührt, geriet im demokratischen Teil Deutschlands 1961 zur Offenbarung und wurde im volksdemokratischen genüßlich zur Kenntnis genommen.

Die Lösung: Fritz Fischers Weltkriegsthesen wären ohne den 1943 erhobenen Vorwurf der Alleinschuld, der sich in 20 Jahren in die Deutschen einsenkte, eine unbeachtete akademische Fleißarbeit geblieben.

1959 kündigte er in der HZ sein Forschungsergebnis an: »Als Ertrag eines zweijährigen Studiums der Akten soll hier lediglich ein erster Überblick über die Gesamtproblematik unter besonderer Berücksichtigung der Verhältnisse im Osten ... vorgelegt werden. ... Hier kommt es auf die großen Linien an.« ... (Es) »zeigen die Akten, daß sich [das Vorhaben – der Verf.] ... bereits im August und September 1914 vollzog, d. h. von Anfang des Weltkrieges an ...« (Fischer 1959; 251).

Dies jedoch belegt mittelbar, daß Deutschland den Krieg nicht kaltblütig hat anlaufen lassen.

Da ein Historiker-Kollege die Einengung der Forschungsarbeiten allein auf Regierungsakten verhalten rügte, wehrte Fischer dies rüde ab und bezeichnete seinen eigentlichen Zielpunkt, nämlich die »alten« Historiker um Friedrich Meinecke, den er zu den »feineren Geistern ... auf der Linie Bethmann Hollwegs« zählt (Fischer 1960; 84). Es geht also nicht so sehr um Wilhelm oder die Militärs, sondern um die zivile Führungsschicht. Das Ziel sind »die Deutschen«.

Fischers These war eine Abwehr gegen das sich noch unsicher formulierende Unbehagen, mit der Alleinschuld könne es in der geforderten Ausschließlichkeit wohl nicht seine Richtigkeit haben. Denn wenn vergleichsweise im Konkurrenzkampf von Unternehmen eine Seite Machtvorteile sieht, wird sie geneigt sein, das Unternehmensziel neu zu formulieren. Da der Weltkrieg von seiten des imperialen England jedenfalls als eine Auseinandersetzung um Märkte verstanden und geführt wurde, entbehrt es jeglicher Logik, daß einem Rivalen insoferne »Schuld« zugemessen wird. Die These Fischers ist der Versuch, den Ursachenzusammenhang innerhalb des über 30 Jahre dauernden Krieges dadurch zu verwischen, daß die Schuld am Beginn festgemacht wird, wodurch das Jahr 1933 verfügbar und frei für den deutschen Sonderweg wird. Versailles und die deutsche Krise wären demnach getrennte Sachverhalte. Die Jahre nach 1918/19 werden nur zur Vorbereitung des nationalsozialistischen Deutschlands und damit die deutsche Geschichtslinie reklamiert:

Die eigentliche deutsche Geschichte beginnt 1933 und endet 1945. Die Epochen davor werden zu deren Vorbereitung, die Epochen danach zur Geschichte der deutschen Staaten, die der »Bundesrepublik« und der »Demokratischen Republik«, nach 1989 zusammen neu zu definieren, etwa als neues »Großdeutschland«, wie die Erben der 1945er Lösung dies übereifrig vorschlagen.

Es bietet sich in Fortführung Fischers an, den deutschen Sonderweg, die vom Geflecht der Europa- und Weltgeschichte losgelöste und herauspräparierte deutsche Erscheinungsform, in folgende Epochen zu fassen:
– Vorbereitung des nationalsozialistischen Deutschlands, nach Gusto anzusetzen bei den Ostgoten, Karl dem Großen, Luther, bei Friedrich II. oder Wilhelm II.;
– deutsche Geschichte;
– postnationale Zeit als Epoche der Schuldanerkenntnis und bleibenden Sühne.

Fritz Fischers Beitrag zur deutschen Sonderweggeschichte ist ein wesentlicher, da er mit dem wilhelminischen Deutschland auch auf Standesgruppen zielt, die 1934 von Hitler auf sich einzuschwören versucht wurden oder – und diese Deutung brach sich weitgehend Bahn – sich ihm bewußt und unwiderruflich auslieferten. Das ist Teil des Geschichtstableaus, wie es 1945 in den Besatzungszeitungen etwas hölzern und didaktisch ungelenk festgelegt wurde und immer noch hinterfüttert und mediengerecht verbreitet wird.

Nicht mehr Rankes geschichtswissenschaftliches Institut als Typus und die von ihm geforderten Prinzipien repräsentierten deutsche Geschichtsschreibung, sondern »volkspädagogisch« wirkende Lehrstühle und Politinstitute, die mit ihren Thesen auf die These der alleinigen Kriegsschuld aufsatteln und »Belege« dafür anbieten, eine Art Diamat, der ja auch Geschichte weniger als Arbeitsvorhaben denn als Steinbruch betrachtet(e).

Die Großmeister postdeutscher Geschichtsdeutung lassen ihre Pferdchen, die Dissertanten und Assistenten, durch die deutschen Medien galoppieren. Dort treffen sie auf viele Pfähle, an denen sie sich, wenn sie verdienter Ruhe bedürfen, anpflocken lassen und ihren Hafer bekommen. Der Meinungsverbund im Reich der Lettern, der *litteras* und der Literaten ist so eng geknüpft, daß es in der Regel keiner Woche bedarf, daß nicht einer der volkspädagogisch für die Deutschen, besonders ihre Jugend, hilfreichen Beiträge zur weihevollen Besprechung bei einer Mediengräfin oder einem Zeitungsfürsten anlandet.

Nach einigen Jahren leider erst dringt in der Regel ein Beitrag der Wissenschaft auch zu den Schulbuchautoren – was nicht vorrangig ihre Schuld ist. Denn was auch sie rasch zur Kenntnis nehmen können, muß in vielen Konferenzen mit »gesellschaftsrelevanten« Kräften lehrplankonform, einige Zeit hieß es in den fortschrittlichsten deutschen Ländern »rahmenrichtlinienkonform«, für die Bedürfnisse der postnationalen deutschen Jugend aufbereitet werden. Es ist dabei davon auszugehen, daß die Bedenken oder die heißen Wünsche des Gewerkschaftssekretärs XY oder die der Beauftragten der Sportverbände oder des Gemeindetages »gesellschaftsrelevanter« sind als die eines Schul-(fach)mannes, denn dieser kann nur auf ein paar Tausend in seinem Verband verweisen. Der Zwang zur äußersten Vereinfachung bringt dann vor dem Hintergrund des volkspädagogisch vorgesehenen Tableaus jene Geschichtslehrpläne hervor, die sich durch Betonung einer Person auszeichnen – wo doch die Geschichte entpersonalisiert werden sollte –, so daß zu fragen bleibt, wogegen und gegen wen der als weltdominant hingestellte Führer des Deutschen Reiches überhaupt kämpfte?!

Holzschnitthaft in drei, vier Bildern wie bei weiland den Bänkelsängern mit ihrem Zeigestock vor den Monstern der Natur- (und Welt-)Geschichte stellt sich für Mike Sieberbeck, Tatjana Apfelschnitz und Yvonne Weihervogel – die Vornamen täuschen: deutsche Buben und Mädchen – die Vergangenheit dar, aus deren Kenntnis sie die Gegenwart begreifen und die Zukunft gestalten sollen. Was sollen sie begreifen vom Zerfall der Ideologiestaaten und Machtkomplexe, wenn sie kaum mehr gehört und gesehen haben als Hitler (im Aufstieg) und Hitler (im Fall). Ist er vielleicht doch an Sarajevo (1914 und 1992) schuld, an der Konstruktion der Tschechoslowakei (1919) und deren Auseinanderbrechen (1992), am Abschlachten der Kurden und Sunniten, am Hunger in Somalia, am Einströmen der Hunderttausende, die für sich Asyl reklamieren und für die ja im Herkunftsort die Flugpassagen bezahlt werden mußten, nicht wenig für die Sippe, die den Sohn auswählt, damit er im Land der weißen Kraniche sein Glück macht und sie selbst nicht vergißt?!

Was nur können Mike, Tatjana und Yvonne begreifen von unserer Welt, wenn Hitler die alleinige historische Grundausstattung sein sollte zum Verständnis jener Fragen, die ja nicht plötzlich entstanden sind, die langfristige Ursachen und bekannte Verursacher haben, freilich den großen Nachteil, daß dies alles nichts oder nur wenig mit den Deutschen zu tun hat und ihrer »Schuld«. Sollten Rankes Frage und Forderung, wie es denn eigentlich gewesen sei, auch für die jungen Deutschen nicht mehr bringen als das Sündenregister, das wie nach dem Beichtspiegel abzulesen ist?!

Ein Lehrstück: »München«

Daß »München« einen großen Erfolg der Versailles-St.-Germain-Koalition bezeichne, hat 1938 keiner bekundet. Als so borniert, wie Chamberlain freilich hingestellt wird ob seines »Friedens für unsere Zeit«, hat ihn auch sein innenpolitischer Gegner nicht eingeschätzt. Churchill war ihm vielmehr dankbar, daß der Krieg zu dem von ihm vorgesehenen Zeitpunkt und in anderer Besetzung beginnen konnte als mit der von Frankreich und anderen überschätzten Tschechoslowakei-Ukraine.

Die in München am 28. September 1938 getroffene Vereinbarung über die Art der am 21. dieses Monats von der tschechoslowakischen Regierung gegenüber England und Frankreich erklärten Abtretung des mehrheitlich von Deutschen bewohnten Gebietes war ein völkerrechtliches Geschäft, wie dies in Abwicklung der von Anfang an fragwürdigen Pariser Vorort-Verträge seit 1919 über die Verhandlungstische gelaufen war. Es wurde zur Kenntnis genommen, daß es nicht länger haltbar war, die 1918/19 gegen ihren Willen in das nach strategischen Kriterien über das östliche Mitteleuropa gelegtes Staatskonstrukt Tschechoslowakei-Ukraine einbezogenen deutschen Bewohner Böhmens, Mährens und Sudetenschlesiens in ihm zu belassen. Zugleich nahmen die Ententemächte mit (Italien als Rückwechsler) zur Kenntnis, daß dieser Staat nicht haltbar sein würde.

Im »Münchner Abkommen« wurde nicht die Abtretung der knapp so benannten »Sudetengebiete« beschlossen, auch wenn dies bisher Abertausende so geschrieben und Millionen nachgelesen und -gesprochen haben, hochrangige Staatsmänner und zur Bedeutung gebrachte Historiker eingeschlossen. Der wesentliche erste Teil im Eingangssatz der Vier-Mächte-Übereinkunft wurde sogar in offiziösen Quellensammlungen zur Verfälschung der deutschen Geschichte unterschlagen: »Deutschland, das Vereinigte Königreich, Frankreich und Italien sind unter Berücksichtigung des Abkommens, das hinsichtlich der Abtretung des sudetendeutschen Gebiets bereits grundsätzlich erzielt wurde, über folgende Bedingungen und Modalitäten dieser Abtretung und über die danach zu ergreifenden Maßnahmen übereingekommen und erklären sich durch dieses Abkommen einzeln verantwortlich für die zur Sicherung seiner Erfüllung notwendigen Schritte.

1. Die Räumung beginnt am 1. Oktober.
2. ...« (Habel 232).

Was eigentlich muß – außer daß der Text gelesen werden möge – noch getan werden, damit die Geschichtsverfälscher innen und außen Tatsachen zur Kenntnis nehmen?!

Da kein zwischen dem Deutschen Reich und den Verhandlungspartnern vorher in der Frage der Sudetendeutschen geschlossenes Abkommen bekannt ist, vor allem auch keines zwischen dem Deutschen Reich und der Tschechoslowakei, und es also keinem Zweifel unterliegt, daß mit dem im Eingangssatz erwähnten Abkommen die Grundlage der Vier-Mächte-Vereinbarung bezeichnet ist, also die von der Regierung der ČSR am 21.9. erklärte und von den Garantiemächten angenommene Abtretung, sind alle im Bereich der neuen Koalition gegen das Deutsche Reich und dessen Rechtsnachfolger betriebenen Versuche, den Eingangssatz vergessen zu machen, geschichtswidrige Fälschungen.

Diese hatten ihren Ausgangspunkt in der Exilregierung der schon am 16.10.1938 zerbrochenen ČSR in London und in deren Propagandadependance in den USA. Sie wurden von dort den deutschen Institutionen und Menschen im Rahmen der Reeducation aufgedrückt und von willfährigen, karrierebewußten Historikern und Schulbuchautoren übernommen.

Daß die Deuter des deutschen Sonderweges darin vorangingen, ist verständlich, beschämend ist es jedoch, daß zu wenige des Lesens Kundige der Verbreitung dieser Fälschung in Deutschland entgegentraten.

Sooft »München« in der Absicht geschichtlicher Verfälschung genannt wird, wird auch die für das Abkommen vom 29./30. September 1938 wesentliche Ziffer 2 einer Betrachtung nicht gewürdigt oder auch nur zur Kenntnis genommen:

»Das Vereinigte Königreich, Frankreich und Italien vereinbaren, daß die Räumung des Gebietes bis zum 10. Oktober vollzogen wird, und zwar ohne Zerstörung irgendwelcher bestehender Einrichtungen, und daß die tschechoslowakische Regierung die Verantwortung dafür trägt, daß die Räumung ohne Beschädigung der bezeichneten Einrichtungen durchgeführt wird.«

Die drei Mächte handeln demnach nicht nur treuhänderisch für die ČSR, ihr Produkt aus 1918/19, was die Festlegung der Modalitäten, den Inhalt von »München« betrifft, sie sind auch als Garanten tätig. Darin halten sie sich an die Tschechoslowakei in der Haftung. Ein Bruch des Artikels 2 hätte die latente Spannung besonders zwischen England, das seit dem Runciman-Bericht im Wort stand, und dem nicht mehr tauglichen kleinen Festlandsdegen weiter erhöht.

Der vielbeschworene Druck auf das Entente-Produkt ČSR ist zuerst der Druck der Garantiemächte. Dies wird auch aus den monatelangen Verhandlungen der tschechoslowakischen Regierung mit ihnen deutlich, die nach dem 21.9. in die Entscheidungsphase traten, worin diese vergeblich darauf drängte, sie wäre zu einer »Teilnahme an einer internationalen Konferenz bereit, auf der u. a. auch Deutschland und die Tschechoslowakei sein würden ...« (München 139). Der von den Garantiemächten groß gemachte, mit allen Vorschußlorbeeren für den demokratischen Aufbau bedachte Staat zerfällt: Die von Hitler geforderte Volksabstimmung für die in der ČSR lebenden Minderheiten, denn *darum* ging es zwischen dem 21.9. und 29.9., wurde von den Garantiemächten immerhin abgewendet. Dies hätte nicht nur den Zerfall vorab offenkundig gemacht, sondern die gesamte Konstruktion Versailles/St. Germain/Sèvres/Trianon wegen der dann zu erwartenden Forderungen anderer Minderheiten zum Einsturz gebracht.

Daß dies der eigentliche Gegenstand in der letzten Phase der Auseinandersetzung um die Abwicklung der ČSR-Angelegenheiten war, belegt der »Zusatz zu dem Abkommen«, in dem es nach der Grenzgarantie Englands und Frankreichs für den Reststaat abschließend heißt:

»Sobald die Frage der polnischen und ungarischen Minderheiten in der Tschechoslowakei geregelt ist, werden Deutschland und Italien ihrerseits der Tschechoslowakei eine Garantie geben« (München 131). Dazu kam es nicht. Die Autonomieerklärung der Slowakei am 16.10. überholte die Geschäftsgrundlage und setzte mit der Autonomieerklärung der Karpato-Ukraine am 8.10.1938 und der militärischen Besetzung des Olsagebiets durch Polen am 11.11.1938 den Beginn der Trennung in die Teile, die mit List und Gewalt 1918/19 zusammengefügt und -gezwungen worden waren. Die Slowakei erklärte sich am 14.3.1939 für unabhängig und setzte auf die Hilfe des Deutschen Reiches gegen Ungarn. Da Polen und Ungarn nicht mehr Bewohner der Resttschechei waren, war eine Garantie weder möglich noch nötig, vor allem nicht die Englands, das Chamberlains »Frieden für unsere Zeit« zu Kriegsvorbereitungen nutzte, um in seinem europäischen Machtfeld die erfolgversprechenden Partner im Rücken Deutschlands zu stärken und zu stützen, nämlich Polen und Jugoslawien, nachdem die überschätzte ČSR zur Belastung geworden und ausgeschieden war. Die nächste Runde in (Churchills) 30jährigem Krieg wurde eingeläutet.

Zu der Folge-Übereinkunft »München« gab es – von Beneš und seinen National-Sozialisten abgesehen – bezeichnenderweise nur bei den Nichtbeteiligten Unzufriedene: bei der Sowjetunion und den nicht nur in Wirtschaftsfragen mit ihr liierten Vereinigten Staaten, im einzelnen: dem Vater der Völker, Stalin, und dem Messias einer neuen Welt, Roosevelt.

Der Herr der xten Internationale war unzufrieden, da er nicht beteiligt worden war; die SU war über die Karpato-Ukraine eine Geschädigte. Der Herr am Potomac war unzufrieden, genauer: wurde von seinem Clan unzufrieden gemacht, da die mit der Quarantäneerklärung zur Ordnung gerufenen Demokraten sich nicht sofort unter seine Fittiche geschart hatten. Nur der Demokrat und Millionenmörder Stalin also – er vertrat ja laut den Interventionisten keinen Totalitarismus und stand am 30.9.1938 somit auf der richtigen Weltseite – wetterte mit gegen »München«, mit einigen Anlaufschwierigkeiten, da es erst einiges mit der KPČ abzuklären gab.

Die zweite Nachkriegsordnung bahnte sich an. Beneš setzte in London noch 1940/41 mit seinem Konzept an und erreichte eine Reprise von 1918/19, diesmal mit überwältigendem Schlußvorhang: ein sprachlich und rassisch – von den Sinti/Roma abgesehen – reines Land.

Die Fehlentwicklung der ersten ČSR hatte darin bestanden, Individualrechte für die Bürger der Minderheiten als ausreichenden Schutz für die Gruppe zu proklamieren. Da die Tschechen im sogannten Pittsburgher Abkommen 1918 die ihnen an Zahl und Kompetenz nicht gewachsenen Slowaken für ihr

Staatskonzept ködern konnten, erreichten sie – bei nicht 50 Prozent der Bevölkerung im entstehenden Staat –, die für sie zur Domestizierung der Deutschen notwendige Zweidrittelmehrheit, mit der, wie Masaryk dies schon im Januar 1919 freimütig bekannte, »eine sehr rasche Entgermanisierung dieser Gebiete« möglich sein würde (Habel 118). Die in Dutzenden von Berichten und Beschwerden an den Völkerbund offenbare Benachteiligung erreichte dort den in Kauf genommenen Genozid, wo mit Pressionen Deutsche außer Arbeit gesetzt und in der Existenz bedroht wurden. Die zum großen Teil herbeigeführte Arbeitslosigkeit und die folgende Kindersterblichkeit in Gebieten sudetendeutscher Industrieproduktion waren in der Zwischenkriegszeit am höchsten gegenüber vergleichbaren Regionen.

Die von den sogenannten deutschen Aktivisten-Parteien der ČSR versuchte Mitarbeit an der Regierung wurde da genutzt, wo es um die Billigung von Aktivitäten gegen andere Deutsche ging, und dort zurückgewiesen, wo sie auf eine Selbstbestimmungsordnung zielte. Der zweite Präsident, Beneš, mochte »seine« Deutschen noch weniger als Masaryk. Der gnadenlose Taktiker bosselte schon vor seinem ersten Abgang, September 1938 im Necas-Auftrag, an Plänen, ein bis zwei Millionen Deutsche an das Deutsche Reich loszuwerden, bei Zubilligung einer geringeren Grenzkorrektur bei Eger.

München, das ist zuerst eine Revision von St. Germain und Versailles. So verstanden es 1938 alle Beteiligten, besonders auch jene, die 1919 nicht einbezogen waren, durch Weigerung (USA), Nichtbeteiligung (SU), Diktat (Deutsches Reich).

Der zweite Handlungsstrang ist der bekannte des an die Grenze zur Großmacht tretenden Deutschen Reiches in der Politik Hitlers innerhalb des europäischen Machtgefüges. Der Appetit kommt, wie häufig, beim Essen. Man sollte aber nicht den Bissen dafür verantwortlich machen, der aus dem Munde eines Beteiligten herausgewürgt worden war. Die tschechische Gans war 1918/19 genudelt worden. Man hatte sich dabei insgesamt übernommen. Wie stand es mit der polnischen, von der Lloyd George dafür hielt, (auch) sie habe sich überfressen?!

Für Klein-Hänschen an einer deutschen Regelschule freilich liegen die Dinge anders. Der Autor des durchschnittlichen Geschichtsbuches kappt, an der Hand des fürsorglichen Lehrplanes schreitend, in vorauseilendem Gehorsam gegenüber den Reeducatoren alles Hindernde; er erklimmt mit »München« in teleologischer Sicherheit die xte Stufe auf dem Weg Hitlers zur »Entfesselung des Zweiten Weltkriegs«. So einfach kann Geschichte sein, so volkspädagogisch!

Die Entfesselung eines Weltkrieges und die ersten Kriegsverbrechen

Ein Krieg wird entfesselt, von den Fesseln befreit, damit er losbricht. Weltkriege können nur von Weltmächten zu diesem Maß gebracht werden. Wenn davon auszugehen ist, daß das Vereinigte Königreich nach eigenem Verständnis 1939 eine Weltmacht war, eher *noch* war, hat Ihrer Majestät Regierung am 3.9.1939 die erdteil- und weltmeerübergreifende Fessel vom quasi schlummernden Krieg genommen. Der vom 3.9. konsternierte Hitler hatte sicher weniger *daran* gedacht als an die Verwicklung, die nun in Europa in einem Zweifrontenkrieg drohte. Im übrigen:

In welchen Erdteilen außer in Europa wurde mit dem Deutschen Reich gekämpft, wo außerhalb der am 5.9.1939 von England verkündeten Kriegszone um den Inselstaat, von einigen mehr deklamatorischen Fahrten von einigen deutschen Kriegsschiffen abgesehen?

Wo wurde am 3.9.1939 ein Krieg im Weltmaßstab geführt? Japan trug 1937 den Krieg nach China und schwächte diesen Staat nachhaltig, der nach der Völkerbundsordnung einen ständigen Ratssitz einnahm, an langer Leine des Vereinigten Königreichs und bald der USA. Die Kriegserklärung an das Deutsche Reich verknüpfte die Machtauseinandersetzung in Europa mit der am

Pazifik und machte das Formalbündnis des Deutschen Reiches mit Japan aktiv. Da England seit 1840, seit dem Opiumkrieg, als europäische Interventionsmacht die nun notwendige Schutzfunktion nicht wahrnehmen konnte – ein Zeichen für den unfreiwilligen Abschied von der Weltmacht –, rückten die USA in Englands Position ein. Die Etappen hierin waren: Quarantäneandrohung an Japan 1937, Waffenlieferungen und Beratertätigkeit für China, Sanktionen gegen Japan bis zur Sperrung des Inselstaates für Rohstoffe, Energie und Menschen und vor allem rigides Vorgehen gegen die in den USA lebenden japanischbürtigen Bürger. Der von England ererbte und über die Machtlage im asiatischen Vorfeld über die Philippinen (1898) übernommene Krieg war ein Weltkrieg, der schon lange vor Pearl Harbor und auch dem 1.9.1939 geführt wurde.

Die Auseinandersetzung um die Revision von Versailles und das von Hitler genutzte, schon vor 1933 sichtbare Auseinanderbrechen des 1919 im Ansatz verfehlten Europakonzepts ging beim Deutschen Reich nicht von den Möglichkeiten einer Weltmacht aus und verfolgte keine überseeischen Ziele, wie dies etwa Italien tat. Ebensowenig bestand 1939 ein auch nur europaweites machtpolitisches oder strategisches Konzept, wie es die Siegermächte nicht erst seit 1919 umsetzten. Dies alles ist hinreichend bekannt. Worauf also gründet sich das apodiktische Urteil, Deutschland habe den (Zweiten) Weltkrieg entfesselt, wenn es weder eine Weltmacht war noch einen weltweiten Krieg führen konnte oder auch nur wollte?

Es gründet in der völligen Entmachtung Deutschlands nach der über 30jährigen Auseinandersetzung und damit dem völligen Zugriff auf die deutsche Geschichte und das Selbstverständnis der Nation. Mit dem Sieg gelingt es der unheiligen Allianz, sämtliche Geschäftspapiere des Gegners in die Hand zu bekommen und damit über dessen Identität zu verfügen: Anders als seit Tausenden von Jahren werden vorrangig nicht Trophäen in die Schatz- und Rüstkammern und die Ehrenhallen der Sieger geschafft, es wird das Gedächtnis der Nation unter Verschluß genommen: Patente, Karteien, Akten, Druckstöcke von Karten und Wertpapieren, Volks- und Wahllisten ...

Welche »Beweise« förderte die bisher größte bekanntgewordene Ausplünderung eines Volks- und Staatswesens für den Vorwurf einer Verschwörung des deutschen Volkes gegen die Welt zutage? Aus der Matrix, Hitlers 1924 in Landsberg diktiertem »Kampf«, hätte 1933 doch schon ein Konzept zur Eroberung der Welt ausgeformt sein müssen, wie es etwa eines gab, als Lenin/Stalin an die Macht kamen oder Roosevelt zum zweiten Male gewählt wurde. Hitler führte anfangs jene außenpolitische Linie fort, die er von den von ihm geschmähten Weimarer Politikern übernommen hatte, die auf die Revision der Westgrenzen verzichteten, um den polnischen Druck auf Danzig abzuwehren und die Option auf das Selbstbestimmungsrecht zu behalten. Auch der seit 1830 bestehende Interessenkorridor Englands in Südosteuropa war bis 1940 auch nicht ansatzweise durch Aktivitäten herausgefordert, obwohl im mittleren Donauraum etwa drei Millionen Deutsche lebten. Im westlichen Europa blieb Frankreich unbedrängt, auf Locarno und Maginot setzte Hitler den Westwall; die französische, die weltgrößte Armee forderte immerhin Aufmerksamkeit.

Das ist die eine Linie. Es gibt jedoch eine weitere, die ideologische. Wo blieben die Belege dazu?

Triumphierend wurde schließlich ein Papier geschwenkt, das »Hoßbach-Protokoll«. Nun ist das Papier kein Protokoll. Auch stammt es in der in den Quellenwerken zur Bewahrung deutscher Schuld überlieferten Form nicht unmittelbar von Hoßbach, aber endlich: Hier wurde vom Krieg geredet, nicht vom Weltkrieg, nicht einmal einem fixierbaren, sondern allgemein vom Lebensraum, den es zu sichern gelte angesichts des Rohstoffmangels und der Nahrungsbasis in Deutschland. Die Auswirkungen der Hungerblockade 1914 bis 1919 waren wohl auch den Vertretern der Armee präsent.

Inhalt einer Besprechung am 5.11.1937 war das Kompetenzgerangel der Teilstreitkräfte um die Mittelzuweisung und die Abwehr Görings, der darüber eine Art Oberaufsicht beanspruchte. Hoßbach, damals Wehrmachtsadjutant Hitlers, hatte davon keine unmittelbare Kenntnis. Er nahm die Ausführungen Hitlers, der vom Besprechungspunkt ablenkte, weil er Göring decken wollte, als Kern der Besprechung und hielt am 10.11. 1937 ihm in der Erinnerung gebliebene oder von ihm notierte Äußerungen fest. 1968 befindet ein Historiker in einer Antrittsvorlesung: »Der Anlaß zu dieser Besprechung ... ist für die Beurteilung des Vorgangs wie für seine Folgen [hier: die Entstehung und die Überlieferung der »Hoßbach-Niederschrift« – der Verf.] ohne Bedeutung« (Bussmann 374). Genau das dürfte in dieser Ausschließlichkeit nicht zutreffen. Es gibt keine Form ohne Inhalt.

Nach zwei Übertragungsschritten wurde die Niederschrift in Nürnberg als Schlüsseldokument für die Verschwörung gegen die Menschheit präsentiert. Das Original war für den Kriegsverbrecherprozeß nicht auffindbar (Smith 330). Das »Protokoll« ist die Fotokopie einer Kopie der handschriftlichen Gedächtnisnotiz Hoßbachs vom 10.11.1937. Sie wurde von ihm am 15.3.1946 gegenüber drei Angehörigen des Nürnberger Tribunals in einer eidesstattlichen Erklärung in folgender Art bewertet: »Er müsse nach Inhalt, Abfassung und Stil in summa eine Wiedergabe seiner eigenen Niederschrift als vorliegend annehmen« (Zit. Bussmann 279).

Ein solches Papier würde etwa in einem Zivil- oder Strafverfahren wohl keine Aussicht auf gerichtliche Verwertung haben (»müsse ... in summa ... annehmen«). Es gibt neben der Kopie »in direkter Linie« auch eine Fotokopie (1945/46) einer Abschrift (1943) der Gedächtnisniederschrift (1937).

Hoßbach, der neben seiner Adjutantenstellung dienstlich auch der Wehrmachtsleitung zugehörte, stand wie die meisten seiner Kameraden in der Spannung zwischen Armee-Ethos und Gehorsamspflicht. Insbesondere das ist in seiner »Niederschrift« präsent.

Zur Sache selbst hält der Historiker 1968 fest: »Gewiß wurde am 5. November kein Plan geschmiedet oder als Grundlage gemeinsamen Denkens und Handelns aufgestellt, es fand keine Verschwörung statt, wie die Nürnberger Anklage unterstellt hat; denn es wurden ja überhaupt keine Entschlüsse gefaßt, nicht einmal Weisungen erstellt; man ging ohne jede Beschlußfassung auseinander« (Bussmann 384).

Eine Gedächtnisniederschrift zu dieser Besprechung firmiert in den Quellensammlungen für Klein-Hänschen, aber auch in denen für die großen Hansen, dennoch als Schlüsseldokument für die Ent-Fesselung eines Welt-Krieges.

Beweise für die Schuld eines im voraus Verurteilten entziehen sich den Kriterien eines Strafprozesses. Und wenn der in der Auseinandersetzung der Staaten und Völker angesammelte Konfliktstoff nach Völkerrecht, also vergleichsweise wie in einem Zivilprozeß, abgehandelt würde, müßten alle Beteiligten ihre »Karten auf den Tisch legen«. Keiner der Täter-Ankläger-Richter von Nürnberg hat bisher dazu Anstalten gemacht. Es wurden schuldhafte Verwicklungen bestritten, Beweise unterdrückt, wie etwa die Molotow-Ribbentrop-Abmachung; aus der in einigen Punkten heute geklärten Beweislage werden keine Folgerungen gezogen.

Die Kriegsschuldfrage, insbesondere die Frage nach dem Kriegsbeginn beschäftigte auch jene, die aus Zweit- und Drittverweisen ein Bild der Abläufe rekonstruieren wollten, das die Alleinschuldzuweisung einer Revision, einer kritischen Überprüfung, unterziehen sollte. Die Mitschuldigen unterdrückten die sie belastenden Beweisstücke von Anfang an und taten weiterhin alles, das vorgefertigte Schuldbild zu erhalten, mit dem sie nach Nürnberg gingen, um das deutsche Volk in die Sühne zu zwingen. Das Bild blieb, die Wächter über die deutsche Alleinschuld und -sühne im eigenen Haus verteidigen es verbissen. Es ist doch mit ihre Arbeit.

Es ist peinlich, daran erinnert zu werden, daß man Bekanntes nicht oder zuwenig verwendet hat, leicht Erkennbares übersah,

für die Abklärung Notwendiges gar nicht erst untersuchte, sich mit der Kolorierung der von den Alliierten übergebenen Skizze begnügte:
- Das Zusatzprotokoll vom 23.8.1939 ist nun nicht mehr zu leugnen; übergangen wird aber, daß es schon in der gleichen Nacht über einen Informanten des deutschen Auswärtigen Amtes den US-amerikanischen Amtsträgern bekannt wurde.
- Die Mitverursachung durch Stalin ist evident, doch kaum gemäß dargestellt. Ausgespart bleibt, daß England mit Rückendeckung der USA monatelang, bis August 1939, mit Rußland und Polen mit dem Ziel einer gemeinsamen Front gegen Hitler verhandelte. Polen sperrte sich gegen den Durchmarsch sowjetrussischer Truppen und machte sich anheischig, den im Volk seit Mai propagierten Krieg allein zu führen, um im Osten nichts an Rußland zu verlieren und im Westen die schon in Versailles geforderte Oderlinie zu erreichen.
- Marschall Rydz-Smigly hielt im Sommer 1939 dafür, daß Polen den Krieg mit Deutschland will und Deutschland ihn nicht vermeiden wird können, selbst wenn es das wollte. Der hochmotivierte Gegner Deutschlands schien schließlich der atlantischen Koalition der geeignete Stein auf dem europäischen Machtfeld. Churchill befand im November 1939 in einer Rundfunkansprache: »... dieser Krieg ist ein englischer Krieg, und sein Ziel ist die Vernichtung Deutschlands ...«
- Die im polnischen Volk mit einem enormen Überzeugungsaufwand seit 1919 propagierte Westsiedlung zeigt ihre Ergebnisse. In Hunderten von Abhandlungen und Millionen Schulbüchern aber faselt man nur vom »Überfall auf Polen«, als habe es sich um einen arglosen Staat gehandelt und nicht um einen nach innen und außen aggressiven, der es das erste Mal in seiner von Tiefen unterbrochenen glorreichen Geschichte schaffen würde, das jagiellonische und piastische Staatskonzept in aller Breite zu vereinigen, vom ukrainischen Bug bis zur Oder, von Teschen bis Königsberg.

- Der polnische Stein im Machtfeld hatte seine Schuldigkeit getan, ein Bauernopfer, England suchte nach Ersatz. Es bereitet sich vor, einen Neutralen zu vereinnahmen, Norwegen. Die Absicht wird bekannt, deutsche Schiffe waren einige Stunden früher am Ort: »Entfesselung eines Weltkrieges«?
Jugoslawien, das Produkt der Entente, versuchte sich wie Rumänien, Bulgarien und Ungarn der veränderten Machtlage anzugleichen. Einige Tage vor Abschluß eines Vertrages mit dem Deutschen Reich wird über den britischen Geheimdienst die Regierung gestürzt und die Militärdiktatur auf den rechten Kurs zurückgeholt. Stalin war schon beteiligt. Hatten die Deutschen dies geplant?
- In unseren Schulbüchern setzte man auf den »Überfall auf Polen« eins drauf, den »Überfall auf die Sowjetunion«. Ungerührt nehmen die Siegelbewahrer der deutschen Alleinschuld-Geschichte zur Kenntnis, daß mit dem Oktober 1940 die Geschäftsgrundlage der überraschenden deutsch-sowjetischen Zusammenarbeit aufgekündigt wurde, von Molotow in Berlin und durch die wohl für viele überraschende deutsche Ausdehnung in Europa, daß eine Millionenarmee im überwiegend weißrussisch-ukrainisch besiedelten Ostpolen aufmarschierte und *deshalb* auch ein großer Teil der 1939 gefangenen polnischen Herrschaftselite sterben mußte. Die nach Aufbau und Stärke nur zum Angriff geeignete sowjetische Armee hatte am 22.6.1941 ihre Stellungen noch nicht ganz eingenommen, deshalb auch das Debakel. Der Kriegswille Stalins war ungebrochen. Es galt seit 1939: »Stalin ... wanted to annex territory on the western border of the USSR – ... and Besarabia and Bukovina« (Miner 252).
Wenn zwei Machtgegner mit erhobenen Waffen sich belauern, wird dann einer »überfallen«?
- »Lebensraum«, die Vokabel, bei der auch Klein-Hänschen glaubt, es wisse, wovon die Rede ist. Die Bücher sind voll davon.
Wenig ist zu lesen über die wirtschaftliche Ausgangsposition

des Deutschen Reiches nach der Weltwirtschaftskrise, wie sie sich nicht nur und so sehr in Arbeitslosenzahlen darstellt, sondern in den Leitdaten des internationalen Verkehrs. Denn hier greifen die bekannten Erklärungen, als da sind Verführung durch Propaganda, Aufstachelung des Nationalstolzes usf. nicht.

Die Zollschranken der Nachbarn blieben geschlossen, Einfuhrbeschränkungen auf dem Weltmarkt trafen den Staat vor wie nach 1933. Die für den Bedarf einer durchorganisierten Wirtschaft nötigen Devisen wurden in dem Maße knapper, als durch die Kapitalflucht, die nicht erst 1933 einsetzte, die übliche Finanzierung neuer Arbeitsplätze oder der Erhalt der früheren nicht mehr möglich war.

Deutschland wurde in die Autarkie gedrängt, bevor Hitlers Weltanschauung sie hätte fordern können. Verhinderte Arbeitsteilung macht einen größeren Bedarf an Mitteln nötig. Das gilt allseitig, volks- und weltwirtschaftlich, und berührt auch den Raum. Der von anderen Staaten vergleichbaren Industriestandards geforderte und in Anspruch genommene Existenzraum, im Übermaß in Kolonien, Schutzgebieten, abhängigen Wirtschaftsgebieten, Kolonisationsflächen in den Vorort-Verträgen für die Sieger und ihre Klientel bestätigt und dann verteidigt, wird für das Deutsche Reich tatsächlich existentiell. Das war 1919 auch so gewollt. Der Kapitalverkehr ist laut einer Untersuchung seit *1932* überwiegend und deutlich negativ und wird erst durch die Ausweitung des deutschen Staatsgebietes insgesamt positiv, die Devisenschuld kann auch durch Erlös an Effekten, Auslandsvermögen u. a. nicht nachhaltig gebessert werden, so daß 1938 »die Reserven im Devisenbereich erschöpft« (Ritschl 122) sind. Der Autor der Untersuchung fragt, ob ein Angriffskrieg ökonomisch erzwungen sein könnte. Diese Frage zu stellen bedeutet auch zu überlegen, aus welchen Gründen die anderen zum Angriffskrieg bereiten Machtgegner, Polen und die Sowjetunion, handelten und insbesondere deren Partner im Hintergrund,

Frankreich, das Vereinigte Königreich und die Vereinigten Staaten. Hatten diese zuwenig Raum, zuwenig Bodenschätze zur Verfügung und Fachkräfte übergenug, die man außerhalb der Machtgrenzen gehen lassen mußte, weil kein adäquater Arbeitsplatz anzubieten war? Das ist insgesamt negativ zu beantworten, auch bei Polen, das von 1918 bis 1922 mit allem ausgestattet wurde, was ein Staat mit Ambitionen sich wünschen konnte.

– Wo sind die Grabtafeln für die Opfer des ersten Kriegsverbrechens 1939? Sie wurden zerschlagen wie fast alle Zeugnisse deutscher Siedlung und Tradition in dem Teil Polens, der schon 1919 ohne Abstimmung vom Deutschen Reich abgetrennt wurde.

Als nach der Garantieerklärung für Polen zwei britische Experten des Außenamtes im Mai/Juni 1939 Warschau und andere Städte besuchten, berichteten sie von der gehobenen Kriegsstimmung und dem Vertrauen, bald Breslau zu erobern, und insbesondere, daß polnische Gesprächspartner davon ausgingen, im Falle eines Kriegsausbruchs könnte ein Massaker gegen die deutsche Minderheit kaum verhindert werden.

Schon z. T. vor dem 1.9.1939 wurden im Grenzgebiet nach Listen, die schon vor Monaten vorbereitet worden waren, Tausende Deutscher für einen Marsch in Kolonnen nach Ostpolen in dort einzurichtende Lager zusammengeholt. Der Gesprächspartner der englischen Experten behielt recht. Die mit dem Ruf »Auf nach Berlin« – so der Tenor der von der Armee und Volkstumsorganisationen gepflegten Kriegshysterie – schon seit Mai ausrückenden Krieger verstanden den ihnen angetanen Tort nicht. Sie sahen sich plötzlich in der Defensive und konnten dies nur mit Verrat und dem Wirken einer fünften Kolonne im Hinterland erklären. Die polnische Angriffsarmee geriet in völlige Panik. Die Jagd auf deutsche Zivilisten begann, deutsche Soldaten gab es kaum zu jagen. Getötet wurden aber auch viele Deutsche, die in die polnische Armee einzurücken hatten. Die im Grenzgebiet zusammengestellten Kolonnen deutscher Zivilisten gerieten in die zurückflutenden Armeeabteilungen. Beim Durchmarsch in Bromberg genügten einige Rufe, es würde von einem »deutschen«, d. h. protestantischen Kirchturm geschossen, daß der aufgeputschte Mob und auch Militärpersonen einträchtig gegen die Deutschen der Stadt vorgingen und eine Spur des Grauens durch sie legten. Auch in anderen Orten, auf den Landstraßen tobte sich der aufgegeilte Teil des Staatsvolkes aus (Aurich).

Als sich in den achtziger Jahren nicht mehr vertuschen ließ, daß es einen Bromberger Blutsonntag überhaupt gegeben hatte, wurden flugs die standgerichtlichen Verfahren gegen die geflohenen oder in Truppenverbänden befindlichen Mörder, deren die deutsche Armee bei ihrem Vormarsch habhaft hatte werden können, in Polen als der besagte Exzeß bezeichnet, womit auch für die deutschen Reeducatoren und den größten Teil der Zeitgeschichtler die Sache wieder im Lot war. Entgegen den noch heute gängigen Äußerungen, bei den polnisch-deutschen Schulbuchgesprächen seien nur jene Tatsachen zwischen 1939 und 1945 ausgespart worden, die aus Rücksicht auf den großen östlichen Bruder unter Verschluß zu halten waren, der Molotow-Ribbentrop-Pakt etwa und der russische Angriff, sind tatsächlich alle die polnische Seite belastenden Fakten unterdrückt worden, während deutsches Verschulden breit Gegenstand der Gespräche und auch der Politempfehlungen im Dunstkreis der neuen Ostpolitik war.

Den makabren Beginn kriegsverbrecherischer Tätigkeiten – wie auch das Ende, das nicht nur in Lamsdorf lokalisiert ist – darf sich der polnische Staat an seine Fahne(n) heften: Er stieß die sich aufschaukelnden gegenseitigen Versehrungen an.

Die Vertreibung, eine gerechte Sache?

Die Propaganda der meisten Parteien in den Vertreiberstaaten empfindet es immer noch nicht als abgeschmackt, die Vertreibung als gerechte Strafe für die von Deutschen begangenen Verbrechen anzubieten. Man braucht eine Rechtfertigung dafür, daß etwa die Hälfte der volkswirtschaftlichen Nutzung in geraubtem Land und in Gebäuden und Einrichtungen erarbeitet wird, aus denen die Eigentümer vertrieben worden sind. Kaum ein deutsches Nachrichtenmedium, das hier nicht mit den Vertreibern mitzieht und die um 1943 erfundene »Begründung« aufgreift. Die Vertreibung sei von den Weltmächten beschlossen, gerecht und unwiderruflich. So die meist übernommene Deutung.

Die in Potsdam tagenden »Häupter der drei Regierungen« einigten sich angesichts der seit Frühjahr 1945 andauernden Vertreibung von Deutschen und des in den Auffanggebieten dadurch entstehenden Chaos in der Potsdamer Erklärung vom 2. August 1945 unter der Ziffer XIII »ordnungsgemäße Überführung deutscher Bevölkerungsteile«: »... Die drei Regierungen haben die Frage unter allen Gesichtspunkten beraten und erkennen an, daß die Überführung der deutschen Bevölkerung oder Bestandteile derselben, die in Polen, der Tschechoslowakei und Ungarn zurückgeblieben sind, nach Deutschland durchgeführt werden muß. Sie stimmen darin überein, daß jede derartige Überführung, die stattfinden wird, in ordnungsgemäßer und humaner Weise erfolgen soll. ...« (Zit. Habel 291)

Es sind also Deutsche bei der Flucht »zurückgeblieben«, es gab aber auch solche, die ohne Siegerbeschluß schon vertrieben worden sind und zurückzukehren im Begriffe waren. Zu entnehmen ist auch, daß die deutschen Ostgebiete, die nach dem Vertrag vom September 1944 als zu Deutschland gehörig gezählt werden, in die Ziffer XIII nicht einbezogen sind und auch laut Ziffer XII als (mit) »unter die Verwaltung des polnischen Staates« kommend betrachtet werden.

Es soll hier nicht untersucht werden, inwiefern es gerecht sein könnte, geschlossene ethnische Bevölkerungsgruppen – denn um diese handelte es sich und nicht (auch) um Bestandteile – ihrer Heimat und der Daseinsgrundlage zu berauben, da ja, was gerichtlich erhoben werden kann und in Hunderten von Prozessen zu klären versucht wurde, aus dem gesamten deutschen Volk und nicht etwa besonders aus den vertriebenen Stämmen Täter oder Kriegsverbrecher stammten. Dabei ist auch zu fragen, wann endlich die Sieger und Vertreiber ein Wort zu ihren Millionen Verbrechern sagen – fast alle sind in die Rente eingerückt oder gestorben – und deren Repräsentanten nicht weiter Denkmäler setzen.

Zu klären ist, ob die Vertreibung durch das Deutsche Reich in seiner Politik seit 1939 verursacht worden ist.

Umfassende Ursachenforschung ist nicht die Stärke einer Geschichtsbetrachtung, die sich vorrangig als Koloraturunternehmen für politisch gesetzte Täterbilder versteht, dies nicht nur pflichtgemäß, sondern mit großem Antrieb. Es winkte auch die eine oder andere Karriere; auch in Deutschland sind die Blätter mit deutschem Verschulden gefüllt worden. Da solches bei der Seite der Kriegsgegner weder in der Breite noch der Tiefe geschehen ist, lastet das Gewicht und führte bei dem »belasteten« Volk dazu, einen erheblichen Teil, wenn nicht alles abzutragen und die Sühne dem sprichwörtlichen biblischen Esel aufzuladen.

Dieser wurde in die Wüste geschickt, die Vertriebenen gingen in mehr als nur in die Unsicherheit. »Einer muß die Schuld bezahlen«, das ist die Erklärung, mit der ein großer Teil der Heimatverbliebenen und wohl auch ein geringerer der Vertriebenen gut leben kann. Das ist eine Lebensauffassung. Es kann aber nicht die Aufgabe der Geschichtsbetrachtung sein, dies dabei bewenden zu lassen. Die Vertreibung hat viele Wurzeln.

Eine läßt sich bis zur Mitte des vorigen Jahrhunderts zurückverfolgen. Sie bezeichnet den Versuch eines Volkes, sich in einem bestimmten Raum zu verwirklichen und dort für sich zu sein. Es empfindet mitwohnende Stämme und Völker als störend und trachtet, wenn das ethnische Grundgefühl dies zuläßt, nach Integration der »Fremden«, wie dies bei den Ungarn war, oder nach (1) Desintegration – (2) Ausgrenzung – (3) Vertreibung/Ausweisung und (4) Entnationalisierung des etwa vorhandenen Restes. Der exemplarische Ablauf ist bei den Tschechen festzustellen:

Desintegration
Beim ersten Slawenkongreß 1848 ging es hauptsächlich um die Frage einer gemeinsamen slawischen Sprache und die Möglichkeiten, diese in den Staaten Preußen und Österreich sowie dem Osmanischen Reich durchzusetzen. Da über das (sprachlich) Deutsche auch die nationale Zugehörigkeit wesentlich beeinflußt war, wurde auch gefragt, woher die Deutschen überhaupt Heimatrecht herleiteten. Nicht wenige nationalbewußte Tschechen oder Polen – in der durch Sagen u. ä. verbreiteten Meinung, sie seien seit Menschheitsbeginn in den Heimatgebieten – zogen den Schluß, die Deutschen, die später ins Land gekommen seien, hätten sich zu fügen, sonst müßte man sie aus dem Land jagen. So etwa vertrat die mit dem »Großmütterchen« zu Weltruhm gelangte Božena Nemčová (1850) die Ansicht, daß sich die tschechisch-deutsche Frage nicht friedlich würde lösen lassen, und forderte eine ordentliche Revolution gegen die Deutschen und weiter (übersetzt): »sie über die Grenzen zu treiben, wohin sie ohnehin gehören«. Wenn es nach ihr ginge, würde sie »das Land von ihnen – unseren Mördern – reinigen« (Zit. Prazak 229).

Es berührt diese Schriftstellerin nicht, daß die Deutschen seit etwa 1150 zum Landesausbau in die größtenteils unbesiedelten Gebiete von den früheren Herrschern gerufen wurden und daß mit der Siedlungsbewegung innerhalb von zwei Jahrhunderten das Land zur Mitte des Römischen Reiches wurde.

Die heranwachsenden Städte, besonders die Bergbaustädte im Innern Böhmens und in Oberungarn (d. h. in der heutigen Slowakei), waren nicht nur nach deutschem Recht gegründet und geprägt, sondern auch von Deutschen bewohnt, wie etwa Kuttenberg, Iglau oder Kremnitz. Die dazugehörigen Bergbaugebiete waren die reichen Machtzentren der Staaten. In der sozialreligiösen Hussitenrevolution stellte sich aber schon einigen Vor-Reformatoren die Situation wie folgt dar: deutsch – reich – unrein. Durch die Einnahme und Zerstörung der nichthussitischen Städte wurde das Bevölkerungsgefüge Innerböhmens nachhaltig verändert, da auch der deutsche Zuzug aufgehört hatte. Mit der Pestzeit hatte die erste Phase deutscher Kolonisation geendet.

Nach den Hussitenstürmen veränderten sich Siedlungs- und Sprachgrenze in Böhmen nicht mehr nachhaltig, auch nicht durch die Einbindung in Österreich (1526/1648).

Als aber Ungarn 1867 seine Stellung in der Habsburger-Monarchie staatsrechtlich festigte, geschah dies in der schon schärfer werdenden Auseinandersetzung zwischen den Völkern, für die 1848 ein Signal gewesen war. Aber allein die Ungarn waren als Staatsvolk erfolgreich, so daß sie den mitwohnenden Angehörigen anderer Völker keine Sonderrechte zubilligen wollten.

Das Beispiel Ungarn beeinflußte zuerst die Tschechen und Mährer, die als westlichste slawische Völker selbst auf eine lange Staatradition – eingebettet in das Heilige Römische Reich Deutscher Nation – zurückblicken konnten.

Die Tschechen forderten Zweisprachigkeit in Amt, Schule und an den Hochschulen sowie das sogenannte »Böhmische Staatsrecht« gegen die teilweise Einebnung der alten Staatsstrukturen in Österreich (nun: Österreich-Ungarn). Darin hatten sie die Deutschen in den böhmischen Kronländern anfangs überwiegend auf ihrer Seite.

Mit der Teilung der Prager Universität 1882 in eine deutsche, welche die Insignien bewahrte, und eine tschechische ist eine erste Zuspitzung in dem als solchen empfundenen Sprachenkampf bezeichnet, der sich nun zu einem »Volkstumskampf« entwickelte, in dem um die nationale Zugehörigkeit etwa bei der Bildung der Grundschulklassen, der Einrichtung von Gymnasien, der Bezeichnung und Besetzung der Lehrstühle, der Gründung von Kultur- und (nationalen) Sportvereinen sowie bei der Vergabe von Aufträgen an die Industriebetriebe gerungen wurde. Jede Seite wollte sich als die bessere beweisen, was natürlich auch – neben vielen nutz- und sinnlosen Querelen – zu einer beiderseitigen kulturellen Blüte führte. Neben Berlin, Wien, Budapest und München war Prag ein Zentrum in Mitteleuropa, das in Wissenschaft und Kunst Maßstäbe setzte.

Die Desintegration im tschechischen Kernland jedoch war unumkehrbar. Hoffnungsvolle Ansätze wie der »Mährische Ausgleich« gingen im europäischen Machtkampf und besonders in St. Germain unter.

Ausgrenzung

Bis 1916 waren die Tschechen im ganzen loyale Staatsbürger Österreichs, doch mit der Unsicherheit, ob dieses – militärisch und wirtschaftlich immer mehr vom Deutschen Reich abhängig – als Sieger aus ihm hervorgehen würde, wuchs zuerst der Drang nach nur lockerer Verbindung mit dem Donaureich und schließlich nach völliger Unabhängigkeit, für die Thomas Masaryk besonders in den USA warb und Verbindungen knüpfte.

Der neue Staat sollte einer der Tschechen und – aus Ungarn herausgelöst – der Slowaken werden, die Tschecho-Slowakische Republik (ČSR).

Durch eine nationalistische Innenpolitik wurde ein historischer Staatskörper, Böhmen, allein für eine Nation, die tschechische, gegen die mitwohnenden Volksgruppen in Anspruch genommen. Andererseits setzte sich der neue Staat der Tschechen und Slowaken in seinem östlichen Teil über die historischen Grenzen hinweg und ließ Oberungarn von Ungarn aus dem Grundsatz der Selbstbestimmungsrechts heraus abtrennen, ja es griff in der Karpato-Ukraine weit in ein Gebiet hinein, das weder tschechisch noch slowakisch besiedelt war.

Da die Tschechoslowakei bis 1938/39 eine parlamentarische Demokratie war, wurden die wesentlichen Entscheidungen formal mehrheitlich getroffen. Die Deutschen, als die stärkste Minderheit, konnten mit formal-demokratischen Mitteln von der Machtteilhabe ferngehalten werden. Die Parlamentsbeschlüsse wurden durch eine Art Lenkungsausschuß, in dem die tschechischen Parteien die Entscheidung trafen, vorberaten und dann umgesetzt: eine Teilenteignung (fast nur) deutschen Grundbesitzes, tschechische Schulgründungen im deutschen Siedlungsgebiet, Umwidmung deutscher kultureller Zentren in tschechische, Vergabe von Staatsaufträgen vorwiegend an tschechische Firmen oder Einwirkung auf deutsche Firmen, Tschechen einzustellen, damit sie Aufträge bekamen u. ä.

Das Beispiel der ČSR zeigt, daß es einer (Formal-)Demokratie möglich ist, Minderheiten an den Rand zu drängen, auch wenn der einzelne volle Bürgerrechte hat.

Die Ausgrenzung der Deutschen in – auch – ihrem Land war nicht mehr zu übersehen und führte zum 21.9.1938.

Vertreibung/Ausweisung
Schon im September 1938 beauftragte Beneš seinen Minister Nečas, in Paris einen Plan vorzulegen, gegen eine kleine Grenzkorrektur bei Eger ein bis zwei Millionen Deutsche aus dem Lande zu weisen und Hitler anzubieten, weil er sich vorstellen konnte, den Rest tschechisieren zu können.

1943 wurde für die deutsche Bevölkerungsgruppe in der ČSR die Entscheidung vorbereitet. Die tschechische Exilregierung gewann die Kriegsalliierten England, USA und UdSSR für den Vertreibungsplan, wobei geschickt jene Deutschen, welche »Hitleristen« seien, zur Disposition gestellt wurden, während die »Antifaschisten« im Lande verbleiben sollten. Insgesamt sollten danach etwa 2 500 000 abgeschoben werden. Tatsächlich wurde 1945/46 aber nach dem Gesichtspunkt der Nationalität und nach wirtschaftlichen Kriterien in den Fällen entschieden, wo bestimmte Industriezweige ohne Deutsche nicht betriebs- und exportfähig sein würden. In den »odsun« (Abschub) wurden rund 3 000 000 Sudetendeutsche einbezogen; etwa 250 000 wurden Opfer der Vertreibung.

»Die Idee des ›reinen nationalen Staates, das immanente Ziel des romantischen Nationalismus des 19. Jahrhunderts, wurde endlich erreicht« (Louzil 90).

Entnationalisierung der Restbevölkerung
Die Vertreibung der deutschen Bevölkerung beließ etwa 250 000 im Land, der verbleibende Rest wurde systematisch zerstreut, soweit die Arbeitsplatzverteilung dies nur irgend zuließ. Wer, um im Lande zu verbleiben, einen Antrag auf Wiederaufnahme in den tschechisch-slowakischen Nationalstaat stellen durfte, wurde aus seinem Eigentum entfernt; die Kinder wurden meist aus der Familie genommen. Der Gebrauch der deutschen Sprache war bis in die fünfziger Jahre verboten und ging, mangels Unterricht und wegen harter Pressionen auch im Familienbereich, erheblich zurück. Allein in der Zeitung des von der Kommunistischen Partei gesteuerten »Kulturverbandes« wurde deutsch geschrieben.

Die Austilgung des Deutschen als Muttersprache wurde auch noch fortgesetzt, als wegen der erwünschten (wirtschaftlichen) Westöffnung das Deutsche im Fremdsprachenunterricht und als z. T. verpflichtende Sprache im Universitätsbereich und in verschiedenen Wirtschaftssparten wieder an Bedeutung gewann.

Gegen Ende Mai 1947 betrug die Zahl der Einwohner deutscher Nationalität 204 000, heute können etwa 50 000 als Deutsche bezeichnet werden.

Vergleichbar geschahen die Schritte in Polen, hier seit 1916/18 zeitlich gerafft und mit Besonderheiten. Schon zwischen 1919 und 1926 wurden etwa 600 000 Deutsche aus ihrem Eigentum gedrängt und zum Verlassen des Staates gezwungen, in der Folgezeit weitere. Die Vertreibung Deutscher wurde 1939 bis 1944 von dem Versuch einer deutschen Ansiedlung »heim ins Reich« Geholter unterbrochen und trat 1945 in die entscheidende Phase, in der sie in dem am 31.12.1937 polnischen und im Gebiet des Deutschen Reiches vollzogen wurde. Auch betraf die Entnationalisierung der Deutschen eine erheblich größere Zahl als in der ČSR/ČSSR. Die eine und wesentliche Wurzel der Vertreibung ist also eine ethnisch-rassisch begründete, wobei dies am wenigsten überrascht, da diese bei sogenannten »jungen« Völkern besonders ausgeprägt ist.

Eine andere Wurzel ist die des Neides auf Besitz und Eigentum anderer Gruppen, besonders wirtschaftlich erfolgreicher Minderheiten. Mit Neidkomplexen wurden besonders die polnischen Landarbeiter geködert und aufgestachelt, in der Zwischenkriegszeit in »Siedlerlisten« eingetragen und auf den sicheren Sieg der polnischen Armee verwiesen. Das Aufheulen von Millionen Landnehmern in den Vertreibungsgebieten angesichts der Verträge nach der »Wende« füllte auch die Spalten unserer Zeitungen, während sich die »Zeit«-Gräfin milde damit zufriedengibt, einen Blick auf eines ihrer devastierten Schlösser zu werfen, ein Beispiel wahrhaft gläubigen protestantischen Gleichmuts, mit dem sie den Gläubigen vom anderen Ufer zeigt, wer hier wahrer Christ sei.

Eine weitere Wurzel ist der nicht auf einzelne Personen bezogene Besitzneid, sondern die *raison d'être* des Staates. Die Vertreibung der deutschen Bevölkerung aus der ČSR etwa klärte, wie man immer wieder betont, ein für alle Male die Grenzfrage. Von daher ist das Geschrei um »München« verständlich. Wenn die Übertragung des abgetretenen Gebietes völkerrechtlich ordnungsgemäß vollzogen wurde, und daran gab es 1938 bei niemandem einen Zweifel, fußte die ČSFR auf der Vertreibung als einem Verbrechen.

Die Vertreibung soll also, und dies ist eine entscheidende Wurzel, Gebietsänderungen unumkehrbar oder zumindest unwahrscheinlich machen. Der unter Todesdrohungen aus seinem Haus geworfene Eigentümer wird es wohl nicht wagen, dem gerechten Sieger noch einmal unter die Augen zu treten: Vertreibung als Drohung für die Zukunft.

Von den Propagandisten der Vertreiber- und Siegerstaaten haben die deutschen Reeducatoren als weiteren Grund »gerechte« Rache und Vergeltung übernommen. Sie haben dabei nicht bedacht, daß sie damit nicht so sehr die Ursache, sondern allein die besondere Art der Ausprägung, etwa in der »wilden« Vertreibung kennzeichnen.

Inwieweit die *Pläne* des NS-Regimes zur Umvolkung als Begründung für die *Tatsache* der Vertreibung ausreichen, ist eine Sache der Logik. Diese verdunkelt sich bei Haß und Selbsthaß.

Alle Versuche zur Entnationalisierung im ostmitteleuropäischen Raum, wie sie lange vor und an vielen Orten unabhängig von Hitler, der NS-Ideologie oder den Deutschen schon in Gang waren – die im polnischen Volksmeer verschwundenen Kaschuben und Goralen sind nur zwei Beispiele –, wurden 1945 weitergeführt und sollen in einigen Ländern abgeschlossen werden.

Nicht unerheblich ist die Frage, wie Eingriffe in andere Völker in Kriegs- gegenüber denen in Friedenszeiten zu werten sind, unter den Bedingungen kriegsrechtswidriger Partisanenaktionen oder ohne Gefährdung des Handelnden und ohne Bedrohung. Was »den Deutschen« an Eingriffen von den Völkern der Vertreiberstaaten insgesamt vorgeworfen wird, geschah in abgeschwächter oder gleicher Art auch bei anderen Kriegsführenden, während es nicht bekannt ist, daß in Friedenszeiten in Deutschland Polen oder Tschechen als Gruppe bedroht, und schon gar nicht, daß sie gewaltsam entfernt worden wären.

Was den Panslawisten auf ihrem schon erwähnten Ersten Kongreß vorschwebte und auf dem alten Pferdemarkt in Prag, dem heutigen Wenzelsplatz, als Forderung 1848 verkündet und von ideologie- und machtbesessenen Vertretern der Stämme und Nationen laut beklatscht wurde, ist nun fast Tatsache:
Das Gebiet östlich der Linie Odermündung – Triest ist deutschenfrei.

Die Geschichte beginnt nicht 1933 oder 1939, die Mythensetzer und Fälscher außen und innen mögen dies freilich noch einige Zeit hinschleppen.

Zur leichteren Handhabung ihrer Verfälschungen und Legenden erfanden sie die »Bevölkerungsverschiebung«. Damit lassen sich 15 Millionen deutsche Vertriebene mit 1,5 Millionen aus dem an die SU abgetretenen Gebiet ausgewiesenen Polen gleichsetzen; damit lassen sich die drei Millionen aus Kernpolen und die 1,5 Millionen aus dem Inneren der Tschechei in die deutschen Siedlungsgebiete Geholten, auch die sogenannten »Goldgräber« als quasi Geschädigte, weil »Verschobene« vorzeigen. Mit diesem Trick müssen nicht die Opfer der Vertreibung erwähnt werden, nicht das unvorstellbare Leid in der größten bevölkerungspolitischen auf Dauer angelegten Veränderung Europas der neuesten Zeit. Geschickt werden völlig andersartige Tatbestände verrührt, vorübergehende Arbeitsleistung im deutschen Gebiet mit den organisierten Verbrechen eines fanatisierten Mobs, die Frauen, Kinder und alte Männer wie im Brünner Todesmarsch über die Grenzen treiben ließen. Es entsteht ein nicht mehr definierbarer Verursachungsbrei, der den Deutschen vorgesetzt wird: So schlimm wird das alles nicht gewesen sein, die Ströme des Elends sind in den Geschichtsatlanten umgesetzt in Pfeile und Signaturen. Die Menschen sind im mittleren und westlichen Deutschland angekommen, gerechterweise: Sie wurden, wie ein Geschichtsdeuter kundtut, doch auch in die Freiheit ausgesiedelt; sie hatten es gut. »Ausgesiedelt«: damit läßt sich Angenehmes verbinden: ein Aussiedlerhof in eigener Flur, Platz genug, fernab dem Gedränge der Nachbarn. »Siedeln« hat um 1943 herum einen Beigeschmack verpaßt bekommen, interessanterweise unterscheiden sich hierin Rosenberg und Morgenthau nicht, aber das befreiende »Aus« ermöglichte es, die Millionen Deutschen einzufrieden. Es umgab das Menschheitsverbrechen der Vertreibung mit dem Hauch der Freiwilligkeit, wie eben die ČSR es 1946 seit dem ersten Zug, der den geordneten, humanen »Abschub« einleitete, für die 800 Jahre und mehr im Lande lebenden Deutschen formulierte, in wohl bewußt holperiger Übersetzung: »... Sie wünschen zu gehen nach ... (Hessen, Bayern)«, wobei das Land schon eingesetzt war.

Die Ausgesiedelten wurden »eingegliedert«. Vertriebene lassen sich, so wird es wohl sein, schwerer integrieren. Vertriebene trüben das Geschichtstableau, sie belasten die Nachbarschaft, sie sind die wahren Störer, nicht die Vertreiber.

Die Geschichte der deutschen Parteien nach 1946 ist auch eine des Umgangs mit ihren Vertriebenenpolitikern. Und nicht immer hat Freiwilligkeit eine der nicht so zahlreichen Karrieren begründet oder beendet. Die Mahner, die Begründungen auch aus der Geschichte und weniger aus dem Salär eines Parlamentarischen Staatssekretärs ziehen, wurden sämtlich zerrieben oder an diesen Punkt gebracht, quer durch die Parteien. Das begann mit Wenzel Jaksch und hat mit Czaja wohl noch nicht das Ende erreicht.

Sie waren und sind nicht der Meinung, daß verpflichtende Tradition zur Disposition gestellt werden könnte. Sie wehrten sich gegen die Kriminalisierung der Deutschen, besonders gegen die durch Angehörige des eigenen Volkes.

Es ist zu hoffen, daß die Erben Rankes in Deutschland, in der Nachfolge des vor kurzem verstorbenen Thomas Nipperdey, die offene Geschichtsbetrachtung weiterführen und gegen die »Subjektivität der spätgeborenen Klügeren« jene Einsicht setzen, mit welcher der Historiker die »Deutsche Geschichte 1866–1918« abschließt: »Die Grundfarben der Geschichte sind nicht schwarz und weiß, ihr Grundmuster nicht der Kontrast des Schachbretts, die Grundfarbe der Geschichte ist grau, in unendlichen Schattierungen« (Nipperdey 905).

Ersatzmittel für die ausgehöhlte und geteilte Nation

In dem, was Churchill gesagt und geschrieben hat, bestechen manche Worte. Seine im Krieg für die Deutschen der Zeit danach geprägte Sentenz zeugt nicht nur von seiner Lernfähigkeit, sie verrät Phantasie.

Die Lehre von Versailles: Der abgemagerte, am Daseinsminimum gehaltene Deutsche, um einmal ihn für das Volk zu nehmen, gibt sich damit nicht zufrieden.

Churchills Wunsch für die Deutschen und Deutschland nach dem Ende seines 30jährigen Krieges: Feiste Kapaune, die nicht wissen, was ihnen fehlt, in einem ansehnlichen Stall mit weitem Auslauf.

Die Unterwerfung hat viele Gesichter. Das am meisten bemitleidenswerte ist, den eigenen Zustand nicht zu sehen. Viele fühlen sich dabei behaglich, daß Deutschland wirtschaftlich ein Riese, politisch ein Zwerg sei. Die Siegermächte sind nun zum Teil nicht damit zufrieden.

Nationalen Größenwahn bei unterentwickelter Basis zu pflegen, wozu es in der Nachbarschaft Deutschlands Beispiele übergenug gibt, sollte den Deutschen erspart bleiben, es ist aber doch zu fragen, warum sich viele in ihrem Auslauf so behaglich fühlen. Eine Gewöhnung war vorangegangen.

Die Stufen:
– Die Unterwerfung wird nicht gespürt.
– Sie wird gespürt, aber nicht verinnerlicht.
– Sie wird angenommen.

Angenommen wird sie, weil eine Vielzahl von Gegengewichten die fehlende Balance herzustellen scheint. Das kriminalisierte deutsche Volk, nicht als Einheit, sondern als die übergroße Zahl jener Deutschen, die im internationalen Raum handeln, zuckt in einer Art vorweggenommenen Gehorsams zusammen, wenn bei Verhandlungen zu gewärtigen ist, auf die »Vergangenheit« angesprochen zu werden. Gerade dem schäbigsten früheren Terroristen und Heckenschützen, jetzt etwa zu Staatswürden gelangt, gelingt es, diese Furcht herauszupressen. Er wendet an, was in Deutschland gilt: die Drohung mit dem großen Nazi-Hammer. Er wird immer dann herausgeholt, wenn jemand in der Sache nicht überzeugen kann oder es erst gar nicht für nötig hält, ein Sachargument zu bringen.

Sehr viele Deutsche möchten vor diesen Zumutungen und

Anwürfen in ein apolitisches Feld ausweichen – als ob es dies gäbe. Lebensläufe innerhalb der Zeit der nationalsozialistischen Herrschaft mit einem Erwachsenendasein ohne den Verdacht einer Verstrickung waren selten. Wer in dieser Zeit seine eigene »Biographie« bewahren wollte, ohne in eine parteipolitische oder existentielle Abhängigkeit zu kommen, mußte auf mehr als sein gutes Gewissen setzen können. Adenauer etwa hätte sich ohne den in den dreißiger Jahren erfolgreich durchgefochtenen Prozeß um seinen Versorgungsanspruch aus der Weimarer Zeit nicht in das staatsbürgerliche Niemandsland zurückziehen können. In Wirtschaftsverbände abtauchen konnten vornehmlich Spezialisten, in eine unternehmerische Existenz zurückfallen nur solche, für die ein Ausweichen ins Ausland auch in der Zeit rigider Visumsgebarung möglich gewesen wäre.

Es ist also sehr wohl möglich, von dem Allgemeinvorwurf, wie er seit 1943 umgesetzt wird, fast an jeden Beliebigen unter den Älteren ein Quentchen zu verspritzen. Dazu bedurfte es nicht einmal der Fälschungen, wie sie etwa gegen Lübke fabriziert und durch deutsche Medien gestreut wurden. Das dem »Spiegel« durch die britische Besatzungsmacht zur Verfügung gestellte Archiv, aus dem er in der entscheidenden Anfangszeit seine Allwissenheit schöpfte, enthielt für eine große Zahl von Politikern und im öffentlichen Leben Stehenden den Schatten, der dafür ausreichte, jemanden ins Dunkel zu stellen.

Den deutschen Handlangern der Reeducatoren war aber wie diesen bewußt, daß das Selbstwertgefühl auch des Verträglichsten und Devotesten in dem Maß angestoßen wird, in dem er Leistung zeigt. In der sich schon 1944 abzeichnenden Konfrontation der rivalisierenden Flügelmächte konnten bei den geteilten und getrennten Deutschen der noch vorhandene Idealismus und der Aufstiegswille genutzt werden. Viele ließen sich als Vorhut an den Grenzen der Weltmächte in eine Geschäftigkeit, aber auch in einen Altruismus treiben, wie sie in früheren Zeiten von Dienern erwartet und fallweise auch geleistet wurden. Zurückgedämmt auf die verkleinerten Regionen Deutschlands, neutralisierten viele die Einengung mit Aktivität. Sie sprangen, kaum daß sich einige Grenzen öffneten und sie in Nachbarländern unversehrt reisen konnten, begeistert auf den letzten Wagen des Europazugs und arbeiteten sich bis zum Tender vor, wo sie als Heizer eingesetzt wurden.

Andere entdeckten ihre Liebe zum Sozialismus, international und/oder national in der Waffenbrüderschaft mit der friedliebenden Sowjetunion, oder sie mauserten sich zu Atlantikern, sie werkelten in Kibbuzim für Gottes Lohn unter den strengen Augen ihrer Herren. Sie drängten sich, kaum daß ein Auftrag erledigt war, zum Lehrer Ost, Nahost oder West und erbaten Fleißzettelchen.

Ferngehalten von den genuinen Fragen nationalen Selbstverständnisses, wurde der sprichwörtliche und noch bestehende Fleiß auf Sekundäres gelenkt, etwa auf die Frage, wie die aus der völkerrechtlichen Existenz des Deutschen Reiches abgeleiteten Verbindlichkeiten getilgt werden könnten und andere Forderungen zu erfüllen seien. »Deutschland« wurde mit der Weigerung, einen Friedensvertrag auch nur in Aussicht zu nehmen, unter Verschluß gehalten.

Vertrag wurde auf Vertrag gestellt, manchmal auch nur angelehnt, über Teilsouveränität, Quasisouveränität unter Stationierungsrecht bis zum 2+4-Konstrukt, bei dessen Ausformung unterderhand die Ostgebiete abhanden kamen und einiges an Verfassungsnormen dazu, etwa die Verpflichtung, in Fragen territorialer Neuordnung und Veränderung das Volk zu befragen. Abhanden kamen dabei auch Dutzende Milliarden Mark, gewissermaßen die Geschäfts- und Anwaltskosten für die Koalitionäre aus 1941, welche sie in den arabischen Sand und in die nicht minder unzugängliche Taiga setzten.

Der Weg zur Mark und der Aufbau des Sozialismus

Als Finanzminister Morgenthau die ihm zugeschobenen Deutschlandpläne voranzubringen suchte, bereitete man in den USA jene Gespräche vor, die einem Welt-Kassensturz gleichkamen und für die zweite Jahrhunderthälfte das monetäre Gerüst brachten. In Bretton Woods wurden am 23.7.1944 die Währungsparitäten festgelegt. Das wichtige Geschäft Deutschland war damit abgeschlossen, auch das Geschäft Europa, wie man hoffte. Die Mark wurde fiktiv bewertet und mit dem Währungsschnitt 1948 in die Pflicht genommen. Investoren mit Zukunftsblick lag die noch devastierte Industrielandschaft Deutschland offen. Es konnte bei den zwanziger Jahren angeknüpft werden, als die Vernetzung begonnen hatte. Die bis zur Wirtschaftskrise 1929 sehr tätige US-amerikanische Weltkonkurrenz schätzte 1944 die »Gefahr« künftigen deutschen Exports nicht als sonderlich hoch ein, so daß die entstehenden deutschen Unternehmen lange Jahre über den Schlüssel vier zu eins den Vorteil hochqualifizierter Arbeit nutzen konnten. Die US-Administration reihte die deutsche Filiale in der Prioritätenliste ganz oben ein und gewährte nicht nur wegen Korea Teilhabe am Weltgeschäft – auch wenn die meinungsführende Minderheit der Ostküste am Broadway Plakate tragen und Menschen skandieren ließ: »Today Volkswagen, tomorrow death wagon«.

Das Wirtschaftswunder war keines, es wurde den Deutschen als solches interpretiert. Es war verständlich, daß der Aufstieg bei äußerster Zurückhaltung im Tertiärkonsum der Anfangsjahre rasant war. Dies ließ im leistungsgeprägten beengten Dasein einen Schimmer von dem ins Dunkel der Geschichte hinabgestoßenen Selbstwertgefühl, als Erinnerung oder als Hoffnung.

In einer Zeit, in der an der Militärakademie St. Cyr die Hoffnungsträger französischer *gloire*, die Kadetten, ihre Knie vor den ruhmreichen Fahnen beugten, wobei ihnen davon einige Jahre Erinnerung erspart oder vorenthalten wurden, in einer Welt, die sich an Paraden, Siegesfeiern und dem Morgenschein einer Friedenssonne berauschte – das Töten lief weiter –, blieben den »atlantisch« geführten Deutschen tatsächlich nicht viel mehr als die Lohntüte, die kleinen Freuden des Alltags, der Film und ein beeindruckender Aufbauwille. Den »eurasiatischen«

Deutschen blieb eine Reihe sozialer Errungenschaften, die nicht errungen, sondern abgetreten, sehr viele aber geraubt waren. Der matte Schimmer des 5-DM-Stückes ergänzte sich in den Lichtreflexen an den Ordensspangen der neuen politischen Kaste, Klassenkämpfer alle. Sie kämpften auf dem niedrigeren Niveau einer aus der laufenden Produktion durch den Schutzherrn Sowjetunion bestohlenen Planwirtschaft. Wo sollte sich hier allgemeines Selbstwertgefühl bilden oder bestätigen können?

Schließlich hatte sich auch die östliche Siegermacht zur Einsicht durchgerungen, daß die Kuh, die gemolken werden soll, nicht geschlachtet werden dürfe, während die westliche Konkurrenz schon einige Jahre dem Bibelspruch folgte, daß – nach Luther – dem Ochsen, der da drischt, nicht das Maul verbunden werden sollte.
Die westliche Besatzungs-/Stationierungsmacht ließ im Lastenausgleich die Behebung der Flüchtlings- und Vertriebenennot zu, nahm dieses Abweichen vom nun wieder hervorgeholten liberalistischen Kanon hin, wonach dem Staat kein Eingriff in das freie Spiel der Kräfte erlaubt werden soll, und bestätigte damit ungewollt, daß in Deutschland sehr wohl wesentliche Seiten im demokratischen Zusammenleben – hier die soziale – tiefe Wurzeln haben. Die Lehre aus dem 19. Jahrhundert wurde hier schon längst beherzigt, daß die Liberalismus-Theorie da vermeidbare Not erzeugt, wo die sich zum niedrigsten Lohn anbietende Arbeitskraft aus Entkräftung zur Arbeit nicht mehr fähig ist und die Kinder darüber sterben. Der karge Lohn der fünfziger Jahre stimulierte nun besonders jene, die ihre Heimat verlassen mußten und nach dem Willen vieler in das Chaos getrieben werden sollten.

Die Genugtuung zu zeigen, daß auch bei ungünstiger Ausgangsposition Organisationskraft und verantwortliche Haushaltsgebarung im öffentlichen wie privaten Bereich in der Lage waren, den Schutt zu räumen, Fundamente freizulegen oder zu setzen und Mauern aufzuführen, wurde in Mitteldeutschland nur einige Zeit erlaubt. Dann legte sich der Zwang einer nach ideologischen und antinationalen Vorgaben aufgebauten Arbeitsteilung auf den deutschen Teil des Sowjetimperiums. Seitdem verfiel im Volk in dem Maße, in dem sich die verbalen Siegeszeichen in Orden, Ehrenspangen und Gelöbnissen inflatorisch vermehrten, die realistische Sicht, was nun volkswirtschaftlich tatsächlich geleistet wurde. Das kommunistische Weltkonzept, dessen Ansatz nicht von ungefähr mit einem wortreichen Manifest und nicht durch eine nüchterne Rechnung dokumentiert ist, ließ über das volkswirtschaftliche Scheitern Wortkaskaden von Fortschritt, Frieden und Völkerfreundschaft rauschen. In der mitteldeutschen Sowjetrepublik unterblieb der notwendige flächendeckende Ersatz der industriellen und Dienstleistungs-Substanz, damit in ausgewählten Sektoren »Weltniveau« erbracht werden konnte. Immerhin blieben noch so viele Mittel, daß die beim Klassenfeind als kleinbürgerlich denunzierte private Lebensform mit Wohnzimmermöblage, Trabantanwartschaft, Plattensee-Urlaub und Blick ins Moskauer (U-Bahn-)Paradies mit dem Gefühl öffentlich-sozialer Absicherung ein nicht ungefährliches Bündnis eingehen konnte.

Dieses platzte beim Klassensturz nach dem Vollzug der Einigung. Die Frage nach den materiellen Grundlagen der Utopie ist seit 1848 geblieben. Die Antwort ist in allen kommunistisch-sozialistischen Ländern bestürzend genug ausgefallen. Der »Aufbau des Sozialismus«, das wurde bald deutlich, war eine gefährlichere Droge als die »schnelle Mark«, die mancher auf Kosten der Solidargemeinschaft im DM-Land machen konnte. Gefährlich genug aber wurde auch der Wohlstand, der sich langsam im westlichen, südlichen und nördlichen Deutschland aufschob. Der fett gewordene Kapaun stach in seiner äußerlich prächtigen, dabei aber doch eher erbärmlichen Statur besonders jenen Nachbarn in die Augen, denen nicht mehr im Gedächtnis blieb, warum man sich für die Deutschen für diese Lebensform entschieden hatte. Und die östlichen Brüdervölker des deutschen kommunistischen Satrapen begannen dem 17-Millionen-Volk jene Hilfen zu neiden, die aus der gesamtdeutschen Verpflichtung heraus gewährt oder erpreßt wurden.

Die kalkulierte Konfrontation:
Wer hat den besten deutschen Staat?

Die im September 1944 von den Kriegskoalitionären festgelegte Siegesbeute Deutsches Reich konnte 1945 nicht ungeschmälert in die vorgesehenen Besatzungszonen aufgeteilt werden. Die Sowjetunion hielt es für richtig, sich den polnischen Zwangsnachbarn auf lange Sicht zu verpflichten, und gab ihm vorab aus dem eigenen Anteil jene Gebiete, die Polen schon 1919 gefordert und über die Zwischenkriegszeit als »polnisches« Gebiet zu reklamieren nicht aufgehört hatte. Wie die siegreiche Entente 1919 den polnischen Staat gegen den ideologischen Gegner Räterepublik Rußland und gegen Deutschland weit über das Siedlungsgebiet vergrößert hatte und dies mit Waffen und sonstigen Machtmitteln bis 1922 massiv verteidigte und 1939 den Polen zu ihrem ersehnten Krieg verhalf, der ja auch die Sowjetunion berührte, konnte diese die schon 1939 wieder eingegliederten überwiegend weißrussisch und ukrainisch besiedelten Teile nur durch *den* Druck sichern, mit dem es Polen in einen langfristigen Konflikt noch weiter als die Siegermächte 1919 auf Deutschland schob. 1950 hatte der zum Staat gemachte deutsche Satellit Deutsche Demokratische Republik die »Friedensgrenze an der Oder« anzuerkennen. Auch wenn ideologischer Dunst die Augen einiger der dort Mächtigen getrübt haben sollte: Die Sowjetunion ließ mit Blick auf den polnischen Bruder vage Überlegungen zu, die Friedenslinie könne ja auch (einmal) ein wenig verändert werden. Daraus ist die Hysterie der (Volks-)Republik Polen zu erklären, hinter der Oder sofort alle Deutschen zu vertreiben und Breslau als urpolnische Stadt zu erfinden, den polnischen Teil Lembergs an die Oder zu verpflanzen, die aus

Kernpolen geholten Landarbeiter als eine Art Wehrbauern anzusiedeln und das Agrargefüge durch Parzellierung und weitere unsachgerechte Eingriffe in den Zustand zu bringen, der es fast unvorstellbar erscheinen läßt, daß dieses Gebiet einmal das Agrardefizit Mittel- und Westdeutschlands hatte ausgleichen können. Die Freundschaftsbeteuerungen der DDR-Größen kamen meist aus grimmigem Herzen, mußten und konnten aber ertragen werden, weil mit dem zu erwartenden Sieg der Sowjetunion und des Sozialismus Werra und Thüringer Wald ehestens überschritten werden könnten und als Herrschaftsgebiet ein Land lockte, aus dem die Machtmittel ergänzt werden konnten. Ostdeutschland könnte dann gegen das Land der Stahlbarone, der Elektro- und Autogiganten eingetauscht werden. So wurde der nationale Gefühlshaushalt bei den Sozialisten in Ordnung gehalten. Die Hoffnung auf Luxuskonsumgüter und »westlichen« Standard ließ die Zeit bis zur Teilherrschaft über ein Volk von 80 Millionen ertragen.

Die Sowjetunion versuchte die in Potsdam nicht ganz zu haltende Jalta-Position über den Trabanten DDR wiederzugewinnen, während die mit Roosevelts Tod aus den Ideologiefesseln etwas befreite US-Administration die Zusammenfassung der im Geiste Morgenthaus zerteilten nord-, west- und süddeutschen Gebiete vorantrieb. Die Siegesbeute sollte effektiv werden. Der störrische atlantische Vetter Großbritannien und das in die nächste Überschätzung seiner Möglichkeiten stolz schreitende Frankreich sollten mit einem überschaubaren deutschen Glacis bis Torgau und Böhmerwald zusammengefaßt werden.

Schließlich waren zwei Kriege um die Macht in der Welt auch gegen die Freunde geführt worden. Der vielleicht nicht zu umgehende offene Konflikt mit der Sowjetunion wurde sehr bald schon auf einem geeigneten Truppenübungsplatz nahe der böhmischen Grenze simuliert.

Die sowjetische Macht installierte sich in dem ausgebrannten und ausgeplünderten, aber auch disziplinierten Mitteldeutschland; sie sprang sehr schnell über den ideologischen Schatten, so daß die genehme NS-Hinterlassenschaft genauso reibungslos übernommen werden konnte, wie 1933 die SA die Rotfront eingereiht hatte. Zum Idealismus bereite junge und ältere Jahrgänge bildeten die Kolonnen, die in die Fabriktore, Hörsäle und Schulstuben hinein- und aus diesen wieder herausgeführt wurden zum Vorbeimarsch an denen, die unverbrüchlich auf der Seite der Sieger gestanden hatten. Der Krieg war vorbei, er konnte aber auf diese Weise für manche noch gewonnen werden. Nicht nur durch Paraden senkte es sich – bis 1953 – ein, daß es sich lohnte, für den Sieg des Sozialismus zu arbeiten.

Gleichgestimmte in Nord-, West- und Süddeutschland hatten es mit 1943/45 sehr viel schwieriger. Hier galt es zuerst, den Krieg endgültig zu verlieren. Der vierte Kanzler der Bundesrepublik Deutschland durfte die Niederlage – also seinen Sieg – verkünden. Er feierte ihn 1969, als sei für Deutschland ein Jubeljahr ausgerufen worden. Während hier also die Menschen noch dabei waren, mit vollem oder auch leerem Herzen »Vergangenheitsbewältigung« zu erlernen, sollten sie zugleich positive Gefühle entwickeln und sich in einer Art in eine Lebensform, die demokratische, einüben, als entstammten sie einer innerafrikanischen Provinz und nicht Deutschland, wo der rechts- und sozialpolitische Aspekt gerechter Herrschaft schon zu einer Zeit gesichert war, als man in England wegen zwei Pfund Schulden im Gefängnis buchstäblich schwarz werden konnte, also bis zum Tod.

Die doppelte und bedrängte Mühe führte zu einem Sinn- und Meinungskonflikt und dann zur Pluralität:
- Eine Gruppe half den Besatzungs- und Stationierungsmächten beim Siegen, als hätten jene dies nicht schon genug besorgt, und war dabei so erfolgreich, daß sich einige schließlich sogar für fähig und berufen hielten, den Lehrmeistern zu zeigen, wie die Welt auszuschauen habe; einige der Zauberlehrlinge von 1968.
- Eine weitere Gruppe stellte nüchtern fest, daß Deutschland am Ende eines 30 Jahre währenden Krieges eine totale Nie-

derlage erlitten hatte, ohne darüber in Jubel auszubrechen, und leitete für sich ab, daß es sich nicht schicke, das Geschäft der Sieger zu besorgen.
- Eine dritte, wesentlich kleinere Gruppe war ebenso dieser Meinung, sie schaute darüber hinaus hinter die für die Deutschen aufgebauten Geschichtskulissen, vor denen der Meinungsclan sein Stück spielte, und nahm wahr, daß das eigentliche Schauspiel schon lange vor der Kulissenschieberei auf der Hinterbühne ablief. Da bei der Verteilung der Macht in der Welt die Deutschen, als man sich – 1914 – zu Tische setzen wollte, ausgeschlossen worden waren, sah diese Gruppe also die tatsächlichen Machtgegner, die beiden Flügelmächte. Sie beschied sich selbst, nicht für diese den Popanz zu spielen. Ganz wenige gingen daran, Kulissen abzuräumen. Dagegen aber protestierten heftig jene aus den deutschen Mitsiegern, die sich weiter produzieren wollten und nach Weltbeifall süchtig sind: Ein Zitat-Satz in der »Washington Post« oder der »New York Times« vergilt ihnen dies in der Regel.

Diese Gruppen verteilten sich anfangs im Parteienspektrum, fanden jedoch bald bevorzugte »Lager«, so daß es zu Flügel- und Richtungskämpfen kam. Der liberalistisch-sozialistische Block, der sich auf wunderbare Weise 1966/69 gebildet hatte, verdrängte die Nationalen oder grenzte sie aus, der werteliberal-christliche hegte sie ein.

Der Test, ob eine völlige Aus- oder Eingrenzung in den etablierten Parteien möglich und ein Zerreiben außerhalb dieser sinnvoll ist, wurde zur Dauereinrichtung und kennzeichnet einen wesentlichen Aspekt der »Lage der Nation«.

In Mitteldeutschland nahm die durch die Wiederbewaffnung aufgeladene Konfrontation die 1945 installierte SED-Führung mit den von ihr gesteuerten Blockparteien insgesamt in die Pflicht, im westlichen Teilstaat Deutschlands die in der Willensbildung besonders in wirtschafts- und sozialpolitischen Entscheidungen obsiegende wertliberale Koalition, die noch einen starken nationalen Sektor hatte. Dieser wurde nach zwei Seiten hin gespalten. Der nationalliberale Teil fiel wegen seiner Weigerung, an der Werra und am Thüringer Wald zu der schon bestehenden Weltmachtgrenze eine (weitere) mentale deutsche Schranke aufzubauen, der friedensbewegte Teil um Heinemann glitt in die koalitionsfreie und machtlose Szene ab, bis er von Wehner für die große Koalition und dann den alleinigen Machtgewinn aufgelesen wurde. Das Nationale war damit ausgeschaltet.

Die sehr eingeschränkte Machtteilhabe ermöglichte begrenzt staatliches Eigenleben. Dies wurde sehr bald – negativ – in den beiderseitigen vertraglichen Einbindungen belegt, mit denen die Machtmittel bei den dafür geschaffenen oder umfunktionierten Institutionen NATO und Warschauer Pakt abzuliefern waren. Was dem einen oder anderen Teil der Kriegskoalitionäre eine Lust war, eine Grenze in Deutschland mit gegeneinander gerichteten deutschen Truppenteilen, weckte im Lande selbst bei einigen das Nachdenken über Deutschland. Da der atlantisch gebundene Teil Deutschlands an langem Zügel lief, trug er höheres Risiko; sein Einsatz auch in der Frage, wer Deutschland repräsentiere, war nicht nur wegen der Wirtschaftskraft höher, sondern auch wegen der subkutan noch vorhandenen Bereitschaft bei der bis 1966 mehrheitsfähigen Koalition, in der Präambel des Grundgesetzes mehr zu sehen als ein schmückendes, auswechselbares Vorwort, dessen Äußerungen für das deutsche Volk in all seinen Teilen unverbindlich seien. Und auch der sozialistische Teil Deutschlands bewies in seinen Eiertänzen um die DDR-Verfassungen, daß jenseits der Bündnisverpflichtung noch Rudimente Deutschlands bestanden, die laut Ideologie längst auf der Müllhalde der Geschichte hätten liegen müssen. In der Freude über Weltmeistertitel, Olympiasiegerwürden, mit- oder gegeneinander, etwa überlebten Befindlichkeiten, wo sonst der Gefühlshaushalt über außen- und innengesteuerte Konfrontation bestimmt wurde.

Jede der Weltmächte zeigte ihren Musterschüler von Fall zu Fall her, sorgte aber intern dafür, daß er zu parieren hatte. Im publikumsbestimmten Sportbereich zeigte sich dies deutlich, wie bei der Olympiade in Moskau, wo der eine Teil belegen durfte, daß er durch den Sozialismus zu einem solchen Rang aufgelaufen war, eben dem hinter dem großen Bruder, während der andere seine Überlegenheit darin dokumentieren durfte, daß er dem atlantischen Übervater sehr schnell den Verzicht meldete.

Die Aufgaben für die Musterschüler

Wer sich immerzu heftig zu Wort meldet, wird wenig gemocht. Wenn er dabei einiges Richtige vorbringt, wird er gerne in dieser unsicheren Lage gehalten.

Die Aufgaben für die deutschen Musterschüler häuften sich. Es genügte nicht mehr, daß der »Bundesdeutsche« bei dem in der Flucht vor sich selbst entwickelten Reisesyndrom gewichtige Devisen ablieferte und sich dabei in der Regel großer Wohlanständigkeit befleißigte. Es genügte auch nicht, bei den verschiedenen Zahlmeistertätigkeiten in internationalen Organisationen auf beiläufiges Kopfheben weiterhin devot zu nicken. Für den mitteldeutschen Satelliten machte sich stramme ideologische Frontstellung für sich gesehen nicht mehr bezahlt, wenn über das ökonomische Clearing-Feld Deutschland für den Kreis der Brüder wenig an harten Devisen und technologischem Wissen abfiel. Es galt, die Quadratur des Kreises immer erneut zu erfinden: Macht zu vermitteln, ohne mächtig, Reichtum, ohne wahrhaft potent zu sein.

Die Deutschen hatten sich nach der ihnen verordneten Reeducation und Kadererziehung daranzumachen, ihrer Selbsteinhegung Dauer zu geben. So hatten es die Psycho-Offiziere der Kriegsgegner als die optimale Folgerung gesehen, nachdem sie aus den Armeerängen in die Aufsichtsorgane der Besatzungs-

und Stationierungsmächte hineingewechselt waren: »Das müssen die Deutschen selbst machen.« Institutionen oder Gremien etwa, die Preise zuerkannten, wurden in der allein entscheidenden Absicht gegründet, gefördert oder genutzt, den mentalen Hintergrund für das delikate Geschäft der nationalen Selbstkastration zu gestalten: Ein deutsches Gemeinwesen, die Stadt Aachen, darf den europäischen Karlspreis verleihen; einer der herausragenden Preisträger ist der englische Kriegspremier (1956), 40 Jahre mit der Zerschlagung Deutschlands und der Verfolgung und Tötung Deutscher beschäftigt. Ein deutsches Gremium darf den Friedenspreis des deutschen Buchhandels dotieren und zuerkennen; einige derer, die Rang und Namen unter den Verhöhnern des deutschen Volkes haben, durften in Frankfurt am Main Dankesreden halten, die nicht nur einmal den Geldgeber beleidigten. Die Darmstädter Akademie bemüht sich bei der Verleihung des Büchner-Preises, Würdige zu finden, die sich um deutsche Sprache und Dichtung verdient gemacht haben. Sie fanden 1992 Tabori; er schreibt englisch. In der Begründung wird geäußert, er habe »den Mut, den Deutschen mit Witz und Ironie die grausame Geschichte der Deutschen und Juden zu erzählen« (MM, 10.10.1992). Worin in Deutschland oder auch England der Mut bestehen soll, wo Tages- und Nachtprogramme den Gegenstand wie kein anderes Thema pflegen, Äußerungen dazu an höchster Stelle plaziert werden, wird das Geheimnis der Juroren bleiben.

Was auf gesamtstaatlicher Ebene abläuft, hat in den Ländern diverse Entsprechungen. Entscheidenden Anteil am nationalen Kastrationsgeschäft haben die verschiedenen Deutsch-xy-Gesellschaften und Deutsch-xy-Freundschaften im Status von Vereinen, Verbänden oder Körperschaften. Die ausländische Seite im Leitungs- oder Aufsichtsgremium braucht nur in wenigen Einzelfällen für die gewünschten Aussagen zu deutscher (Allein-)Schuld, Scham oder Verantwortung zu sorgen. In der Regel ist der vorauseilende Gehorsam Gewähr für eines der Bekenntnisse, etwa bei Kreditwünschen, Streichung von Zinsen und Tilgungsraten. Bewährt haben sich vor allem jene Institute, die, meist länderweit getragen, sich die Aufarbeitung der Vergangenheit unmittelbar zum Ziel gesetzt haben. Politische Vorgaben und Pressionen wie bei den polnisch-deutschen Schulbuchempfehlungen garantierten das gewünschte Ergebnis.

Die Zentralen für politische Bildungsarbeit im Bund und in den Ländern kommen ihrer Pflicht im Rahmen des betreffenden Mehrheitswillens nach. Die wenigen distanzierenden Äußerungen gegenüber dem in- und ausländischen Meinungsdruck zeugen von Standfestigkeit.

In Mitteldeutschland regte sich verhalten und eingebettet in die sozialistische Sicht deutscher Geschichte die Frage nach Identität und Kulturtradition. Dies sollte der Stabilisierung des Herrschaftsapparates und des Staates dienen. Nur, wenn dieser Gegenstaat Luther als Deutschen feiert, Friedrich II. unter die Linden zurückholt und Arndt dem Namen nach wieder kennt, besagt dies auch, daß sich der Atlantikstaat jenseits der Werra von wesentlichen Bereichen deutscher Tradition verabschieden sollte und sich in weiten Teilen auch verabschiedet hat. Die Schüsse der GIs 1945 auf Sinnbilder der deutschen Geschichte – damals einig darin mit den Kameraden von Torgau – werden bewußt von Deutschen noch einmal abgegeben, wobei es genügt, daß ein Denkmal am »Deutschen Eck« am Moseleinfluß in Koblenz steht. Die Verdummung der in Kultursparten anspruchsvoller Blätter Tätigen ist schon so weit gediehen, daß ein »Deutsches« Eck für einen Artikel genügt. Verfestigt in ihrer Position, fragen sie nicht, woher dieser Platz seinen Namen hat. Würden sie bei Nachfrage erfahren, daß er vom Haus des Deutschen Ordens stammt, würden sie sich vielleicht noch bestätigt fühlen. Sie haben meist in fortschrittlichen Ländern ihre Schulausbildung genossen – dieser Orden steht dort für »Ostlandritt«.

Der sozialistische deutsche Staat wählte bei der Deutung des Selbstverständnisses im Leihhaus der Geschichte passende Chargen aus, im demokratisch verfaßten Staat änderte sich die Kollektion, womit man sich im Kaufhaus der Geschichte bediente. Zu bestimmten Gelegenheiten erstand man sogar Schwarzweiß.

Hier wie dort galt der Zugriff dem Kern der Identität. Die Deutschen sollten ihre Entmündigung selbst besorgen. Weithin ist dies geschehen.

Die Lage: Die befriedeten und eingehegten Deutschen

Ein nüchternes wie sinnträchtiges Wort der Römer ist: Ein Volk wird befriedet; es hält nach der Eroberung und Unterwerfung Frieden. Deutschland lebte auch vorher gegenüber der Weltmacht in Frieden. In ihr Interessenfeld geriet es, als zwei europäische Staaten die Schulden wohl nicht mehr bezahlen würden können, wenn ihr Konkurrent Deutschland nicht befriedet würde. Zur rechten Zeit stellten sich Wilsons Idee und Roosevelts Vision ein. Das war die Situation 1917 und 1941. Das neurömische Weltreich, mit Kapitol, Senatoren, mit Präsidenten-Konsuln/Diktatoren, mit dem Prokonsuln, also den Gesandten im Herrschaftsgebiet, mit der Machtmeile am Potomac und dem Gestus, der Welt Frieden zu bringen, hinreichend ausgewiesen, befriedete Deutschland, genauer: was von ihm im Westen blieb, Japan und eine Reihe anderer Länder. Das vierte Rom hatte seine Machtmeile schon gebaut, als das dritte den eurasiatischen Kontinent zu dominieren versuchte. Tocqueville hatte 1835 schon die westliche der beiden Flügelmächte beschrieben, welche die Alte Welt beerben würden. Die neuen ideologischen Komponenten brachten den raschen Aufstieg der Mächte und deren nun offensichtliches Scheitern.

Deutschland ist befriedet. Unter der umkämpften Grenze zum gescheiterten dritten Rom liegend und durch beiderseitigen Zugriff auf das Selbstverständnis seiner Identität nicht mehr sicher, verharrt es in der Situation eines in einem Ketzerprozeß Angeklagten, von dem die Verhörenden und ihre Knechte abgelassen haben. Der Delinquent ist unschlüssig. Die Teufel, die in ihm und nur in ihm steckten, sind mutmaßlich entwichen. Die Rituale der Beschwörung, der Reinigung und – vorweggenommener – Buße sind ihm geläufig geworden. Er stellt nun fest, daß die Inquisitoren etwas abgelenkt wirken, nicht mehr kompetent, kaum einmal eines Sinnes, wie selbst unter Anklage stehend.

Der Delinquent hat vieles getan, um den Verwaltern der Wahrheit zu Willen zu sein. Er hat sich schließlich von sich selbst ein Bild gemacht, von dem er annahm, so würde man ihn sehen wollen. Diese Unsicherheit bedrängte ihn; er zog die Grenzen um sich immer enger, um seiner selbst gewiß zu werden. Er hegte sich ein. Wenn er darin nachließ, wurde ihm die Anklageschrift in Erinnerung gerufen, seine Geständnisse, seine widersprüchlichen Aussagen, seine für die Zeit bis zum Weltende noch nicht beständige Gesinnung. Auch die Folterwerkzeuge wurden ihm hin und wieder gewiesen.

Dieses personifizierte Bild erleichtert den Blick in die Struktur derer, die über ein Volk zu Gericht sitzen und den Prozeß noch nicht abgeschlossen haben. Um das Volk selbst zu betrachten, ist es nicht geeignet. Hier ist zu differenzieren nach den Phasen der Befriedung und Einhegung, nach den Anklagehelfern und Zeugen, den Büttelln und Opfern, den Zuträgern und Benutzten, nach den Gruppen und ihren Sprechern, wie sie tätig waren und sich heute darstellen.

Die Sklaven der dritten Generation

Im Bau der Maschinen und Rechner überwiegen die Produkte der »dritten Generation«. Diese Einrichtungen sind in ihrer Funktion meist nicht mehr aus dem Sichtbaren bestimmbar. Bei aller Vorsicht, Vergleichbares in den Abläufen menschlichen Zusammenlebens festzustellen, ist doch wohl eines offensichtlich: Die Form der Herrschaft über Menschen stellt sich in den mediengesteuerten entwickelten Großgruppen nicht in den Zeichen körperlich unmittelbaren Eingriffs, auch nicht mehr in abgeleiteten Machtmitteln wie über Lohn und Preis, Lob oder Tadel dar, sie ist in der Außen- und Innensteuerung der Menschen begründet.

Der Sklave der »dritten Generation« denkt die Gedanken seines Herrn.

Er denkt sie stellvertretend auch für jene mit, die sich dieses Zugriffs entziehen möchten. Er setzt auch für sie Schuld und Scham. Oder auch so:

Indem er die Wünsche seines Herrn erfüllt, fühlt er sich als Herr und erkennt dem nach Schicksal ihm Verknüpften im eigenen Volk keine Entscheidung zu.

Dies ist die Überheblichkeit, mit der eine schmale Schicht allein für sich Kompetenz und Verantwortung reklamiert. Ein breites Spektrum von Regungen kommt hier zur Wirkung: kaseinhaltige Larmoyanz etwa, wie sie einem Großmeister deutscher Kurz- und Langprosa eigen war, moralinsaure Penetranz, mit der ein früherer Bundespräsident seinen Beitrag zur Lage der Deutschen leistete, die unwirsche Schnelle, mit der die Interpreten deutscher Volksseele ihre Diagnosen in Frankfurt/Main absonderten.

Gemeinsam ist allen, daß sie das ihnen übermittelte oder selbst geschaffene Bild von den Deutschen keiner Nachprüfung unterzogen, die raschen Urteile, die im Ungeist des Neides, des Triumphes und der Rache gefällt wurden, verteidigten und ihre Hand dazu liehen, sie zu vollziehen.

Anderes hätte notgetan.

Der Revisor und die Falschbuchungen

Der Revisor ruft das Gewissen hervor, bringt es ans Licht. In einer vielschichtigen und ausgestalteten Institution, im Staat etwa, sind dafür Rechnungshöfe, Senate, Untersuchungsausschüsse bestellt, und mögen sie auch nur im Ansatz dieser Stimme genügen. – Wenn es um Gewinn und Verlust geht, sind die Revisoren in der Regel streng. All diese Kontrollen sind nötige Korrekturen an einem in sich schlüssigen Regelkreis. Sie berücksichtigen, was zu besorgen ist, die Lässigkeit eines Menschen an einer Entscheidungsstelle im Zusammenfließen sonst automatisierter Systeme oder, was nur zu menschlich ist, Bestechlichkeit, Überheblichkeit oder Kleinmut.

Wenn schon in einem Regelsystem Revision als nötig angesehen wird, um wieviel mehr Korrektur in einem offenen Bild, wie es sich die Menschen vom Geschehnisablauf machen, innerhalb dessen also, was wir Geschichte nennen.

Als halbwegs gesichert mag gelten, daß in den längst vergangenen Abläufen so häufig revidiert, nachgezeichnet worden ist, daß sich das Bild weitgehend abklärt und festigt. Und doch gibt es auch hier neue Einsichten, die einmal zurückgewiesene Ansätze nun wieder wahrscheinlich machen. Was in unsere Zeit hineinwirkt und gesichert schien, mußte sich bisher zuwenig betrachteten Seitenaspekten öffnen, das »finstere« Mittelalter etwa dem Sozialspekt, die »antiliberale« und »antinationale« Restauration den Überlegungen, wie ein komplexes Sozialgefüge und Staatengebilde wie Europa für drei Generationen halbwegs gesichert blieb.

Was nur macht es wahrscheinlich, daß an dem skizzenhaften Konzept unserer Zeit, der Zeitgeschichte, die Linien für immer festgelegt sein sollen, für eine Nachschau abgedeckt, und was nur rechtfertigt es vor allem, ver- und gefälschte Partien als Tabuzonen doppelt und dreifach mit Firnis zu überziehen?

Geschichtsschreibung ist Revision, diese ist ihr Wesen, nicht das Auftragen von Firnis auf rasch hingeworfene Weltbilder, die dann, wie Gesetzestafeln vom Berg der Erkenntnis herabgebracht, dem Volk gewiesen werden, verpflichtend zur Unterwerfung, frei zur Anbetung.

Was 1943 an den Psycho- und Terrorschulen in West und Ost zum »Bild des Deutschen« im Zeitgemälde beigetragen wurde, hat sich in Deutschland deshalb so verfestigt, weil es, um beim Vergleich zu bleiben, gefahrloser und einträglicher war und ist, den Firnistopf zur Hand zu nehmen, als das in Frage zu stellen, was die Sieger für dieses Land als wesentliches Unterwerfungsmittel vorgesehen haben.

Nicht für die Sklaven der ersten Generation in das Land gesetzte Zwingburgen, nicht Prämien und Ordensspangen für die der zweiten, es sind die in die Menschen gesenkten Bilder, die sie lenkbar und verfügbar machen, das Bild ihrer Schuld, ihrer Scham, ihrer Sühne.

Vor allem, es sind die Hüter und Verwalter dieser Bilder, deren man sich bedient, die sich andienen und in einer häufig nicht mehr verständlichen, schamlosen Art zu Herren aufschwingen. So wie es genug Beispiele gibt, daß der Sklave oder Diener, dem Macht überlassen wird, ärger ist als der Herr.

Die Antirevisoren wachen über den Firnis, den schon ihre Ziehväter aufgetragen haben auf das Bild der deutschen Geschichte. Aber sie stellen hin und wieder eine weitere Markierung auf am »deutschen Sonderweg«, begradigen dort eine Stelle, die vorher genau so war wie die am Weg anderer Völker, und lassen sich am Ort der Geschichtsverfälschung feiern.

Ein Blick auf nationale Auseinandersetzungen: Der Ausbruch türkisch-nationalen Gefühls am Ende des Weltkrieges an der Ägäis sollte genügen, um bedachtsamer umzugehen mit dem Vorwurf der Einmaligkeit eines deutschen Sonderwegs. Wie etwa knickten, als es um Rechte auch für andere ging, fast alle Staaten rund um Deutschland nach 1922 in ihrer demokratisch-parlamentarischen Form ein, noch bevor dieses in den Strudel aufgewühlten Nationalismus hineingezogen wurde? Wie braute sich Antisemitismus in diesen Staaten, aber auch in den sogenannten westlichen Demokratien zusammen, wie hielt das bald faschistische Italien die Nation »rein« von anderen Elementen, bis heute, und wie versuchte es mit Gewalt, Staats- und Volksgrenze zur Deckung zu bringen und so wie auch Polen andere Ethnien zu tilgen?!

Entwicklungen, die auch anderswo in kriegerischen Auseinandersetzungen kulminierten, werden als genuin deutsch dessen Schuldkonto zugeschlagen. Wer hat die US-Amerikaner, nicht den damals agierenden Staat, sondern als Volk, haftbar gemacht für die fast vollzogene Einebnung der Indianer, wer die Engländer für den geglückten Versuch, große Teile eines Volkes unter

Bedingungen zu dezimieren und den Rest gefügig zu machen, wie dies den Buren in den ersten »Konzentrationslagern« geschehen ist? Seither haben Dutzende von Staaten solche Versuche weitergeführt, etwa auch Polen in der Zwischenkriegszeit mit den Juden und den Deutschen.

Dutzende von Millionen sind in der langen Entwicklung der Unmenschlichkeit darüber gestorben, Völker und Stämme um große Teile gebracht worden.

Jedes Volk mag seine Schuld, wenn je der einzelne diese Schuld, nach richtigem Verständnis, tragen soll, bekennen.

Da aber die Geschichte nicht nur ein zeitliches, sondern auch ein räumliches Kontinuum bezeichnet, stößt das Bekenntnis nur eines Volkes in die Leerräume versäumten oder bewußt unterdrückten Bekenntnisses der anderen Völker und wird – konsequent weitergedacht – weltweit. Die Deutschen werden damit, und dies ist nun wahrhaft der einzige Aspekt ihrer Einmaligkeit – eine in die Ohn-Macht verkehrte Weltmacht.

Die Antirevisoren halten verbissen an ihren Positionen fest, die ihnen Macht sichern, Lehrstühle, Redaktions- und Medienschalttische, und wehren den Revisor ab. Sie tun dies, indem sie ihn als »Revisionisten« denunzieren. Ein bewährtes Mittel, einen legalen Anspruch hinabzutauchen wenigstens ins Zwielicht, besser noch ins Dunkel. Die Staatsmacht gibt dem Druck der Firnisspezialisten nach und übernimmt in die Berichte über extremistische Tätigkeit die Kategorie »Revisionismus« und will die notwendige Revision unterbinden, indem sie diese auf die Diskussion um die Massenvernichtung von Juden durch das NS-Regime (Verfassungsschutzbericht 1990, 120) einengt. 1991 schiebt der Bundesminister des Innern die Sache ganz in die Rubrik »Internationaler Revisionismus« (Verfassungsschutzbericht 1991). Die Innenminister der Länder übernehmen diesen Rahmen und füllen ihn entsprechend der bei ihnen wirkenden politischen Mehrheitsmacht.

Das Konzept der Sieger ist damit umgesetzt worden: Das müssen die Deutschen selbst machen. Es mag die Nachfahren der Brickner, Sefton Delmer und Ehrenburg wohl erheitern, daß ihr Bild der Deutschen in deren Land mit staatlichen Mitteln gerahmt wird.

Institutionalisierte Erpressung

Der Klagen über die eingeengten Möglichkeiten deutscher Politik, etwa in der Asylfrage oder bei den Forderungen nach finanziellen Leistungen von Anspruchsgegnern des letzten Krieges, sind viele. Hinter der Hand und beiseite gesprochen, werden sie von in der Verantwortung Stehenden auch formuliert. Wenn aber die öffentliche Diskussion zum Punkt gebracht werden müßte, warum in Deutschland bei der Wertung der Begehren anders zu verfahren sei als in Nachbarländern, aus deren früheren imperialem oder mentalem Einflußbereich die Menschen ins Land gesogen und dirigiert werden, zuckt auch der Tapferste zurück. Die an der Entlastung des eigenen Staates arbeitenden Nachbarn brauchen sich in der Regel nicht selbst darum zu bemühen, daß den Sachwaltern deutscher Belange zur rechten Zeit ein falsches Argument einfällt oder auch zur falschen Zeit ein rechtes.

Der bis Mitte 1993 gültige Artikel 16 GG ist aus den Beratungen des Parlamentarischen Rates in seinem Sinngehalt bestimmbar: »Politisch Verfolgte genießen Asylrecht. Dieser zweite Satz im zweiten Absatz ergänzt die erste Aussage: »Kein Deutscher darf an das Ausland ausgeliefert werden.« Die beiden Sätze stehen also komplementär zueinander. In Deutschland soll es keine Ausgrenzung von Menschen deutscher Staatsangehörigkeit geben, wie dies in der NS-Zeit und in anderen Staaten geschehen war. Diese Toleranz wird auf jene ausgeweitet, die den Rechtsraum von außen betreten, weil sie an Leib und Leben gefährdet sind.

Der zweite Absatz steht selbst wieder folgernd, ergänzend und komplementär zum ersten, nach dem die Entlassung aus der Staatsbürgerschaft jemanden nicht staatenlos und – im Extremfall – vogelfrei machen darf. Daraus wird klar, daß die Heilung des erschütterten Rechtsraumes Deutschland und – soweit Folgen durch Aufnahme geheilt werden können – des Umfeldes und die Definition der Staatsangehörigkeit Gegenstand des Artikels 16 sind. Keinesfalls ist er eine Einladung und Aufforderung, den Rechtsraum weiter zu erschüttern und die nicht sichere Identität der Deutschen zu bedrängen. Die den Beratungen des Parlamentarischen Rates zugrundeliegende Erfahrung der Verfassungsväter ist es, welche der exzessiven Auslegung entgegensteht. Zu dieser Zeit lebten in Deutschland noch Hunderttausende von DPs, über die Grenzen aber kamen auch Kriminelle, die aus anderen Ländern auswichen, wie die Gehilfen der tschechischen Kommunisten bei der Behandlung der Deutschen. Diese Gefolgsleute Beneš' wurden 1948 von der Machtteilhabe ausgeschlossen und begaben sich in jenes Land, in das sie ein Drittel der Bewohner Böhmens, Mährens und Sudetenschlesiens vertrieben hatten. Auch dem Wohlgesinntesten wäre es 1948/49 nicht eingefallen, die Asylaussage des entstehenden Artikels 16 GG auf diese Personengruppe anzuwenden, und auch die Besatzungsmacht hielt dies vergleichsweise für unzuträglich. Sie stattete die Massen- und Einzelmörder mit Pässen aus und schleuste sie aus Deutschland.

Das deutsche Asylrecht war und ist eines für die Schicksalsgemeinschaft der Opfer der Kriegszeit in Mitteleuropa. Dies ließe sich offenlegen, wenn nicht die deutschen Gefangenen des Schuld- und Schamsyndroms die oktroyierte Geschichtsbetrachtung unter Verschluß hielten und damit die Erpressung Deutschlands ermöglichten. Die Ursachen der Zuwanderung und des massiven Eindringens in Deutschland stehen in keinerlei Zusammenhang mit Ursachen, deren Folgen zu Artikel 16, 2, 2 GG führten. Dieser ist längst nicht mehr Grundlage, er wurde in dem Maße mißbrauchtes Mittel, als die Mit- oder

Hauptverursacher des Hereinströmens ihre Mitschuld auf die Deutschen laden möchten.

Die Geschichte meldet sich zurück. Warum nur stehen nicht die Franzosen bereit, die Opfer des von ihnen mit einem Krieg gebildeten Zwangsstaates Südslawien aufzunehmen, warum nicht Engländer und US-Amerikaner, die ihn 1945 gegen den Willen eines großen Teiles der Bewohner noch einmal zusammengekleistert und wider alle ökonomische und politische Vernunft über Weltbankmittel aushalten ließen?

Wo stehen die Verkünder von Befreiungsideen, mit denen nach 1944/45 im Sahelgürtel und anderswo die Bewohner revolutioniert wurden, revolutioniert mit Gedanken, die auch Deutschlands Unterwerfung zum Ziel hatten?

Daß die Deutschen den Großteil der verführten Ideologie- und Wirtschaftsflüchtlinge aufzunehmen hätten, wird mit dem Pauschalvorwurf deutscher Schuld »begründet«, der in der Nachkriegszeit weltweit benutzt wird, wenn von eigener Schuld, Verfehlung oder auch nur Verantwortung abgelenkt werden soll. Die deutschen Mietlinge dieser abwegigen Art Argumentation benutzen die Asylaussage in der Verfassung in gleicher Weise, wie der »Nazi« hervorgeholt wird, wenn es opportun erscheint, Sachargumente abzuwehren.

Die schuldhafte Verstrickung europäischer und außereuropäischer Länder seit deren imperialistischer Ausweitung, auch seit deren Erfolg, die Deutschen in diesem Feld nicht zuzulassen, und demnach lange vor Hitler und unabhängig von diesem, müßte Gegenstand der Diskussion sein. Statt dessen drängen sich Sprecher unseres Staates auf und bieten an Schuld und Scham auf, was ihnen nur beifällt, und mißdeuten dazu die Verfassung Deutschlands. Die Deuter des Geschichtsbildes haben für die Genese des letzten Krieges und vor allem für die vor und unter ihm laufenden Entwicklungen eine allzu einfache Antwort bereit. In ihr ist nicht die Rede von den Eroberungsplänen Polens, nicht von deren Unterstützung durch Frankreich und

England, nicht von dem Hineinwachsen der sowjetischen Räterepublik in die Form des imperialen Zarenreiches, nicht von der Erschütterung des Mittelmeer- und Nahostbereiches in den zwanziger und dreißiger Jahren durch alte und neue Imperialismen, nicht vom Eingriff in die sprachliche und kulturelle Substanz des deutschen Volkes jenseits der Reichsgrenzen, nicht von dem den Deutschen vorenthaltenen Selbstbestimmungsrecht. Die Sklaven der dritten Generation reden und schreiben in Deutschland und verkünden selbstgerecht-demütig auch weltweit ihr Geschichtstableau, als hätte es zwischen 1933 und 1945 nur einen Beweger der Zeit gegeben, den 1932 zum Deutschen naturalisierten Hitler.

Die Erpressung Deutschlands von innen und außen fußt keineswegs vorrangig in der Niederlage 1945. Japan und in abgeschwächter Form all jene Staaten, die erobert, ausgeplündert und besetzt gehalten wurden, auch von Freunden, belegen, daß Erpressung abgewehrt werden kann und abgewehrt worden ist, wenn nicht der Kern der Identität angegriffen war.

Die Erpressung gründet im Identitätsverfall, der nach der Katastrophe 1943/45 auf den Weg gebracht wurde und der von deutschen Helfern weiter betrieben wird. Erleichtert wurde und wird dies durch das Einknicken vieler nach der ungeheuren Anspannung, der die Deutschen schon seit 1914 ausgesetzt waren. Der Inhalt des – nie aufgehobenen – Artikels 231 des Versailler Diktatfriedens hat sich in eine neue Dimension hineinentwickelt. Nicht nur der Pauschalvorwurf eines Alleinverschuldens wurde wieder erhoben und nun mit quasi göttlichem Welturteil in Kriegsverbrecherprozessen den Deutschen eingebrannt, er wird zu jeder günstigen Gelegenheit »instrumentalisiert«.

Die guten und die schlechten Deutschen: Die überwältigte Biographie

Die von den Besatzungsmächten zur Reeducation wie zur Kadererziehung vorgesehenen Personen waren bevorzugt jene, die wegen ihrer wenn auch häufig nur nominellen Verquickung mit dem NS-System lenkbar oder erpreßbar waren. Die jungen Leute, die meist noch in Kriegsgefangenenlagern steckten und jede Art existentieller Gefährdung kannten, im Krieg und nach dem Ende der Kampfhandlungen, waren tief enttäuscht von der nutzlosen Plage, vom Mißbrauch ihres idealistischen Aufschwungs und angewidert von der gierigen Art, wie die im Auge des Orkans Sicheren auch nach dem Mai 1945 ihr Leben ohne sonderliche Einschränkung weiterführten. Vor dem Zusammenbruch hatten viele dieser Kriegs- und Nachkriegsgewinnler ihre Verbindungen zu den Amtswaltern des Regimes genutzt, sich etwa zu manchem Behördengang, wenn Entdeckung nicht zu besorgen war, ein Parteiabzeichen geliehen. Nun waren deren viele »Verfolgte« und trugen Anstecker aus der Weimarer Zeit. Das Lagersyndrom, das in der Vorkriegs- und Kriegszeit in Deutschland gewachsen war, hatte das Allzumenschliche verstärkt und bei manchem zu einer Seinsart werden lassen. – Im deutschen Arbeiter- und Bauernstaat setzte sich dies bald in einer weiteren Ausprägung fort. Angewidert also auch von den Schiebern und Leichenfledderern, mehr als nur ernüchtert, entleert und ausgebrannt, konnten diese jungen Verlorenen, diese Beckmanns vor der Tür nicht nur derer, die Befehle gegeben, sondern auch jener, die in Sicherheit überlebt hatten, für den Schimmer einer Hoffnung gewonnen werden und – weil sie keine Engel waren – auch für die Verführung mit geliehener Macht. In der Leserbriefspalte der »Neuen Zeitung« regte sich freilich auch eine andere Sicht; ein junger ehemaliger Nationalsozialist schrieb, vereinzelt mit seiner Meinung:

»Die Wurzel einer Enttäuschung liegt darin, daß es am Ende dieses Krieges zu keiner Revolution in Deutschland gekommen ist ... An die Stelle des reinigenden Gewitters der Revolution trat der Fragebogen ... Eines Tages wird man erkennen, daß man nicht zwölf Millionen Deutsche mit ihren Familien auf Dauer in eine künstliche Opposition drängen kann ...« (Zit. Hurwitz 104).

Es wurden diese Fragebogen auch auf die Verwendbarkeit der Unterzeichner durchgesehen. Sie standen im dritten Lebensjahrzehnt und hatten Offiziersränge bekleidet, manche gehörten nicht zu dieser »Kaste«, die ausgetilgt werden sollte, oder sie hatten vor ihrer Einberufung oder Freiwilligenmeldung eine Charge in der HJ. Diese jungen Leute hätten, wäre eine Friedenskarriere möglich gewesen, wohl auch ohne ideologische oder existentielle Bindung ihren Weg gemacht. Und viele machten ihn ja auch, freilich nun unter Vorzugsbedingungen.

Die Besatzungsmächte West und Ost rekrutierten jene Schicht, ohne die nur ein Sklavenstaat der ersten Generation möglich gewesen wäre. Die Morgenthau-Anhänger zogen sich über den Atlantik zurück, die Stalinisten machten gegenüber ihren Deutschen einige Zugeständnisse. Sie hielten sie nach dem Abklingen der »geführten« Rache anders als etwa die Letten, Litauer und Tataren und gewährten begrenzte Machtteilhabe.

Auch die Psychologen aus dem War Welfare durften wieder an das Gute im Menschen glauben, und deshalb konnte das eine Volk – nun unterworfen – in die vier Kategorien aufgeteilt werden (s. S. 82 ff).

So etwa holte die britische Besatzungsmacht einen früheren Zeitungsvolontär an die Alster und übergab ihm – auf politischen Wechsel – 1946 ein Nachrichtenmagazin, dazu einen erheblichen Teil von Dossiers aus dem Geheimdienstarchiv über Deutsche, die mutmaßlich im öffentlichen Leben stehen würden, und stellte bald auch Personen ab, die Augstein bei seiner delikaten Aufgabe zur Seite stehen sollten. Er war ja auch noch sehr jung.

Er hat dieses Vertrauen – alles in allem – nicht enttäuscht, dabei freilich auch seine Erfahrungen gesammelt.

In vergleichbarer Weise machten auch andere ihre Medienkarriere, und dies in beiden Deutschlands.

Eduard von Schnitzler machte seine »nationale« Vergangenheit mehr als wett, sein Beitritt zur SAJ 1932 wurde zum Feigenblatt. Der Großmufti der deutschen Publizistik/West aber brachte es sogar so weit, bei der Unterschrift unter einen Jahrtausendvertrag – zur Erinnerung; es war der in Moskau 1970 – unversehens im dokumentarischen Foto in der Bildmitte aufzutauchen. Der Vertrag war das konsequente Ergebnis der »Stern«-Politik, die der Koalition 1969 den Weg wies: »Ohne Nannens Vor-Kämpfe hätte sie das 1969 und 1972 nicht geschafft«, gestand E. Kuby seinem Intimfeind zu (Kuby 44).

Das konnte dieser sich noch nicht träumen lassen, als er in Leni Riefenstahls Film den deutschen Part der Jugend der Welt in Berlin darstellen durfte. Auch die US-Administration, welche bei der Vergabe der Lizenzen nicht so großzügig wie die britische vorging, hatte es für richtig gehalten, wo es nur anging, nicht der demokratischen angealterten Hinterlassenschaft Weimars das fortschrittliche Deutschland publizistisch anzuvertrauen, sondern idealistisch gesonnenen jugendbewegten Kräften, welche lernfähig waren und zur Dankbarkeit neigten, weil ihnen Gnade widerfahren war. Schlimm war, daß der Verführung zum Opportunismus gerade die Durchsetzungsfähigen am wenigsten gewachsen waren. Es soll nicht verkannt werden, daß Deutsche jeden Alters und auch verschiedenster politischer Vergangenheit ein Anrecht haben sollten, ihren Fähigkeiten entsprechend zu arbeiten. Es muß auch nicht jeder liberaler Tellerwäscher oder kommunistischer Traktorist gewesen sein; jedoch hätte Zurückhaltung von jenen geübt werden sollen, die für ihre (volks-)demokratischen Weihen nicht mehr einsetzen wollten als ihren forschen Appell an andere, die Vergangenheit zu »bewältigen«.

Daß die Vergangenheit bewältigt werden könnte, konnte nur jemandem einfallen oder unterlaufen, mit dem es weder das Verständnis dessen, was Geschichte ist, noch das Sprachvermögen gut gemeint haben. Das mag auch ein Indiz dafür sein, warum es mit beiden heute in Deutschland nicht sonderlich gut bestellt ist.

Bewältigt werden kann Gegenwärtiges; ob Zukünftiges, läßt sich nur als Forderung oder Hoffnung beschreiben. Die Vergangenheit hat sich der Bewältigung per se, also mit dem Überschreiten des Erinnerungspunktes, entzogen.

Was freilich tausendfach praktiziert wurde und wird, ist eine Überwältigung der Biographie, der Sieg des Fragebogens über das Sein.

Die Großmeister und Politruks der in Deutschland veröffentlichten Meinung setzten sich bald in der Spitzengruppe der Publizisten fest, die anfangs überwiegend Ausländern vorbehalten war. Höfers High Noon, das Abendleuchten Schnitzlers und Nannens Stern-Stunden sorgten für den liberal- und volksdemokratischen Hintergrund, vor dem den Deutschen die Dinge der Welt dargestellt wurden. Das Stirnrunzeln des einen, die edelmütige Geste des anderen, das flammende Auge des dritten bedeuteten den an den Monitoren Sitzenden, was nun jeweils Sache war. Durchwegs stellten die Großmediatoren empört dort Abweichungen fest, wo ihr eigenes Selbstverständnis in Gefahr geriet; sie überholten die ausländischen Gäste und Kommentatoren stets rasant, wo noch einige Gradstufen bei deutscher Schuld, Scham und Sühne zuzulegen waren.

So sicher wie das Mittagsläuten kündete bei Höfers Frühschoppen dessen Zusammenfassung von göttlicher Allmacht, aber auch Güte. Auch von Schnitzler wußte, was seinen Anbefohlenen frommte. Er zog zu sich heran, was gut war, und stieß das Böse von sich. Die guten und die schlechten Deutschen wurden wöchentlich sortiert. Da bei einem Medienhäuptling die letzten Reste Bescheidenheit abhanden gekommen waren, drängten Konkurrenten und Nachrücker auf offene Karten: Höfer wurde von seiner nun wirklich nicht sonderlich gewichtigen Vergangenheit eingeholt (WWG 4). Dem Ost-Tycoon von Schnitzler kam sein Medium abhanden, und der graue Panther an der Alster mußte sich auch wegen Bissinger und Heidemanns Hitlertagebuch mit seinen früheren Gefährten herumschlagen: »Nannen ist eitel ...«, meint sein Intimfeind und bescheinigt ihm

»manische Ichbesessenheit« (Kuby 62). Nannen habe einmal gedroht: »Man soll sich vor uns zu Tode fürchten« (Zit. RM 47, 47, S. 8).

Es kann sich freilich auch jemand bemühen, in Ehren zu ergrauen. Der als Chefredakteur für eine süddeutsche Zeitung Vorgesehene hatte eine Biographie. Das war bekannt. Er war nicht mehr ganz so jung wie seine Kollegen, denen man Medien geschenkt oder billig überlassen hatte. Er hatte das Zeitungmachen in der Kriegszeit gelernt, sehr gut, wie niemals bestritten wurde.

Am 26. November 1941 bekam die »Deutsche Zeitung in Kroatien« im ersten Jahrgang mit der Nummer 203 ein übliches Impressum: »Hauptschriftleiter: Dr. Hermann Proebst (Agram).« Er blieb es bis zum 3.4.1943 und prägte die Zeitung sehr schnell u. a. auch mit dem, worauf die SZ stolz ist, dem »Streiflicht« auf Seite 1 links oben. Am 30. November 1941 hieß es »Moskau im Mittelpunkt«, am 3. Dezember, und seitdem mit »hp« gekennzeichnet, »Verlorene Panzer« (d. i.: der Engländer – der Verf.), am 4. Dezember unter »Roosevelts Krieg«: »Er war es, der die englische Garantie für Polen forderte ... Der Mann im Weißen Haus ist kein selbstloser Beschützer, ... sondern er ist der böse Geist dieses Krieges ...«. Das DZK-Streiflicht war gescheit, hatte meistens Pfiff, knöpfte sich Churchill anläßlich seines Amerikatrips im Dezember 1941 vor (DZK 1) oder auch Stalin am 12. März 1943: »Marschall der Hölle« (DZK 3). Nach dem Weggang von »hp« schläft das Streiflicht bald ein.

Man holte sich also den Fachmann und setzte auf seine Loyalität, man strapazierte sie und ließ ihn an langer Leine laufen. Der Stellvertretende gab die Richtung an. Da der Chefredakteur auch eine eigene Meinung hatte und sie hin und wieder zeigen wollte, mußte man ihn zur Ordnung rufen. Dies geschah mit einem Hinweis auf seine Biographie in einem Nachbarblatt: Hermann Proebst erledigte hinfort seine Arbeit zufriedenstellend. Er trat zeitgerecht in den Ruhestand. Nicht seine Biographie hatte ihn eingeholt, er hatte sie nicht verborgen, er hatte nicht gebosselt daran wie andere Zeit-Genossen; eingefriedet hatten ihn die Verhältnisse. So war die Lage.

Das Volk und seine Sprecher

Bedeutende Frauen und Männer in Deutschland machten es möglich, daß große Gruppen im Volk, soweit sie in der Wahldemokratie lebten, sich nach 1945 bald repräsentiert fühlten – Reuter, Schumacher, Adenauer. Sie kamen aus der politischen Schicht, die 1933 hatte abgeräumt werden sollen. Sie standen in gereiftem Alter, Patriarchen auch; die mittlere Generation war fast aus-gefallen. Sosehr sich später auch die sogenannten Jungtürken an Rhein und Ruhr bemühen mochten, ihre Palastrevolutionen gegen die Alten waren zu kurzatmig. Die Wahl- und Steuerbürger empfanden mehrheitlich, daß sich hier geliehene Macht aufplusterte; die Auslandsfolie hinter den Jungen war deutlich genug.

Die Frauen und Männer um die 60 hatten überlebt, beschädigt in ihrem Selbstverständnis häufig, aber arbeitsbereit. Sie hatten Berufe erlernt und ausgeübt. Es wäre für sie nicht nötig gewesen, »in die Politik« zu gehen. Jene, welche die politische Laufbahn als Beruf anstrebten und in die Wartepositionen gingen, waren nur zu einem Teil bereit und fähig, das zu lernen, was nötig gewesen wäre. Das Singen von Volksliedern auf gelben Präsidentenkutschen war zuwenig. So wie es für einen Diplomaten nicht genügt, Fremdsprachen zu beherrschen, gehört zum politischen Geschäft mehr als das Regelwerk, wie man sich in Parteiränge hineinboxt oder -schleicht. Die Führungsschicht ergänzte sich bald zu einem hohen Teil aus der Parteiarbeit und aus dem Bereich, der mit Nachrichten im weitesten Sinn und ihrem Vertrieb zu tun hat. Deshalb wurde von dieser Gruppe auch »Meinung« per se gepflegt. Redenschreiber und Berater stießen in die konzeptionellen Leerräume und schoben den Verlautbarer und Wortedreher und -wender in seiner Medientauglichkeit vor sich her. Auch aus dem Munde eines zur Gottähnlichkeit aufgeschwemmten Kanzlers Brandt, der sich zudem lange Aus-Zeiten nahm, konnte nicht mehr als von einem – sehr fehlbaren – Menschen erwartet werden.

Beim Verteilen des Erbes der Gründerväter drängelte sich eine sehr inhomogene Schar. – Die Funktionäre der staatsleitenden Partei in Berlin-Ost hatten dagegen auch bei den für die anderen Blockparteien vorgesehenen Positionen ein geschlossenes Feld. Der aus der Weimarer Zeit stammende Ulbricht hatte sich zusammen mit Goebbels das für den Aufbau des Sowjetsozialismus bleibende Verdienst erworben, die Republik seit 1930 durch die Blockierung der staatsloyalen Parteien dem Untergang zuzutreiben. Das Foto beider auf einer gemeinsamen Veranstaltung ist ein Schlüsseldokument für den Aufbau der Volksdemokratie und für die Doppelwurzel des Sozialismus. Der auch durch persönliche Differenzen ausgewiesene Gegner Wehners im Moskauer Emigrantenhotel setzte im Mai 1945 als Trumpfkarte ein, daß er ein Mittäter der Stalin-Säuberungen gewesen und im Zentrum des Terrors geblieben war. Ulbricht repräsentierte die Angepaßten aus dem früher sehr differenzierten Sozialismus, die schon in den zwanziger und beginnenden dreißiger Jahren die geringste Richtungsänderung der Internationale umsetzten und so dicht am Meister blieben, daß dieser nicht einmal mit der Hand gegen sie ausholen hätte können. Ulbricht war national im Rahmen der ihm gewährten Möglichkeiten.

Wer in Deutschland das Nationale vertrat, mußte nach 1945 schwere Opfer bringen. Schumacher ist Zeugnis dafür. Es erscheint als Sinnbild, daß er als Folge jedes der beiden Kriege, die um und gegen Deutschland geführt wurden, eine körperliche Versehrung erlitt. Seine Hoffnung, ja sichere Erwartung, er könne sein Volk und Land aus der von außen und innen stammenden Bedrängnis führen, hat sich nicht erfüllt.

Adenauer, der Kanzler

Sinnbilder geben Kontur. Der vom britischen Aufsichtsoffizier wegen Unfähigkeit, d. i. eigenem Urteil und Beharrung, als Kölner Oberbürgermeister Entlassene stellte sich nach einigen Jahren bei der Anerkennung als Regierungschef eines teilsouveränen Staates durch die Beauftragten der Besatzungsmächte auf den Rand des Teppichs, der Macht bedeutet. Adenauer achtete auf Form. Das Wort »Formelkram« wäre ihm auch nicht bei einer Frage um die Dienstanweisung für das Abschließen der Türen im Kölner Rathaus in den Sinn gekommen. Das unterschied ihn von einem seiner Nachfolger, der existentielle Sachverhalte nationalen Lebens mit diesem Wort abwertete. Es gibt keinen Inhalt ohne die ihn darstellende Form, und es gibt keine inhaltlose Form.

Der alte Mann aus Rhöndorf war eine Zumutung für die Besatzungsmächte. Einst ein Repräsentant des Staates, den man 1947 – das hatte aber vorher schon Hitler besorgt – aufgelöst hatte, stand er quer zum Vorurteilsbild, das sich die alliierten Psycho-Designer von Deutschland und den Deutschen gemacht hatten.

An Adenauer konnte nichts geändert werden. Er war unabhängig. In dem Staat, der ihn 1933 entlassen hatte, erstritt er sich seine OB-Pension, tauchte in ihm ab und 1945 für *den* Teil Preußen-Deutschlands auf, der den Emigranten, welche die Folien für das Horrorbild Deutschland geliefert hatten, doch nicht ganz gegenwärtig war. Die alten Männer brachten ihre Parteien aus Weimar mit und formten sie nur so weit um, wie die Aufsichtsorgane dies forderten. Adenauer stand für die Rheinprovinzen Brandenburg-Preußens. Er wurzelte im Ständestaat des 17. Jahrhunderts und in dessen Ausprägung geistlicher Fürstentümer.

Seine Haltung zur kirchlichen Obrigkeit war demnach vor allem distanziert. Der Vorwurf der Kirchenhörigkeit zeugt entweder von völliger historischer Unkenntnis, oder er ist eben eine

Verunglimpfung, wie es deren im harten Machtkampf von allen Seiten viele gab. In der Mitte Preußens, in Berlin, hatte Adenauer zwischen 1920 und 1933 die steuerkräftigen Westprovinzen in etwa der Art vertreten, die er beibehielt, als er von den Siegern als Subregent akzeptiert worden war. Sein Werdegang als Staatsmann war langwierig, in vielem wie überlagert von den Winkelzügen, die er in seinem Machtmittel CDU und im staatlichen Raum für nötig hielt. Sein Sensus für jenseits davon wirkende Kräfte war nur dort ausgeprägt, wo er seinen Bereich bedrängt sah. Deutschland, das *alle* Deutschen umfassen könnte oder sollte, gehörte nicht zu seiner Agenda. Das machte ihn für die westlichen Besatzungsmächte bei den sonstigen Abstrichen akzeptabel und für die Sowjetmacht, die mit Deutschland insgesamt etwas vorhatte, berechenbar: »Kanzler der Alliierten«.

Büttel war er nicht. Er war der pflichttreue Amtschef, der die ihm widerwillig abgetretene, in einigen Bereichen aufgedrängte Macht handhabte. Er war einer der wenigen deutschen Mandatsträger, die gegenüber dem Ausland und dessen hier stationierten aufsichtsführenden Abgesandten Würde wahrte. Er vermochte diese mit dem Vorteil für den deutschen Teilstaat zu verbinden; dies so überzeugend, daß er für viele innen und außen für die Deutschen insgesamt stand. Sein Besuch in Moskau 1955 ist dafür Beleg.

Bei all der schamlosen Anbiederung, wie sie sich nach der durch ihn bewirkten Festigung des Staates einschlich – dies wörtlich verstanden –, Deutschland zehrt noch heute von diesem Grundstock. Aus ihm ist viel verschleudert worden; bewahrt werden konnte er in weiten Bereichen wirtschaftlicher Verknüpfungen. – Im staatlichen Raum konnten im Streit um seine Macht Adenauers Erben das Erbe nicht bewahren. In die Machtpause in den sechziger Jahren, die weltweit war und sich in den Vereinigten Staaten offen, in der Sowjetunion verdeckt ankündigte, fiel ein idealistisch-wirrer Aufschwung, ein ferner Anklang an Eruptionen, wie sie in Heilserwartungslehren oft schon in die Welt eingebrochen sind. Nun waren sie an der US-amerikanischen Pazifikküste angelangt. Medienverstärkt rollten sie nach Europa zurück. Was so neu und modern schien, unterschied sich von eschatologisch gespeisten Gebilden wie dem Wiedertäufer-Staat in Münster 1534/35 nur graduell, d. h. hier: Es war schwacher Abklatsch.

Das war die richtige Zeit für jemanden, der bei der Suche nach Führern in eine lichte oder wenigstens erleuchtete Zukunft die rechte Statur zu haben schien, »Mann des Volkes« ... und was derlei Plakatformeln sein mögen.

Brandt, der idealtypische Deutsche

Es verwundert nicht, daß Brandt in der deutschen Sozialdemokratie nach dem Krieg einen langen Weg zu gehen hatte. Der vor dem Krieg war zu kurz. Schließlich hatte der Jungsozialist Frahm sie nach seiner Aufnahme 1930 schon nach einem Jahr verlassen und mit seinem Wechsel zur anarchistischen Sozialistischen Arbeiterpartei besonders jenen düpiert, der in der Selbstbiographie als geistiger Vater in Anspruch genommen wird: »Und Leber war mein Fürsprecher« (Harpprecht 88). Der Makel des Abtrünnigen, Unsicheren, mit dem kommunistischen Gegner offen paktierenden Parteiagenten macht es verständlich, daß auch der auf Schumacher folgende Parteivorsitzende der SPD sich den 1947 in Schleswig-Holstein als Brandt Eingebürgerten nicht in herausgehobener Position im Nachkriegsstaat vorstellen konnte. Die Verbindungen zu den Gefährten aus seiner Tätigkeit als Agent im spanischen Bürgerkrieg – im Kern die Creme der späteren Sozialistischen Internationale, deren Vorsitz er vor seinem Tod erreichte – machten schließlich den Weg von Berlin aus möglich. In Berlin herrschte Sonderrecht.

Hier konnte die Biographie Frahm/Brandt mit der idealtypischen Biographie für einen im Medienbereich Tätigen zusammengeführt werden. Brandt gehört nach eigenem Verständnis in dieses Feld. Politische Ämter waren für ihn solche des reproduzierenden Umgangs mit Wörtern und Bildern. Das hatte er mit einem seiner Vorgänger in einem deutschen Kanzleramt gemeinsam.

Im Krieg hatte man sich bei den Planungsbehörden der US-Administration überlegt, welche Personen in Deutschland als künftige Lizenzträger im kulturellen Bereich vorzusehen seien. Die dafür dann in Bad Orb eingerichtete Kommission sollte in einem Prüfverfahren unangepaßte Deutsche ausfindig machen. Der dort beschäftigte Psychiater Schaffner entwarf dafür als idealtypischen Fall für die Kategorie »Weiß A« folgende Biographie, an deren Interpretation die tauglichen Kandidaten festgestellt werden sollten:

»Der Lizenzkandidat war ein uneheliches Kind einer protestantischen Mutter, die künstlerisch interessiert war. Sein Vater war ein preußischer Offizier, der Zeitungsartikel gegen den Militarismus schrieb. Das Kind war völlig isoliert, las philosophische Bücher und stotterte. Er wurde vor dem ersten Weltkrieg Journalist und hielt sich drei Jahre in England und Frankreich auf. Die englische Demokratie fand er sehr gut, die französische weniger repräsentativ, da die Franzosen ihm zu selbstbezogen waren. Im ersten Weltkrieg war er wegen seines angegriffenen Nervenzustands militärdienstuntauglich. Nach Kriegsende war er Mitbegründer der Deutschen Demokratischen Partei. Dann heiratete er eine Frau, mit der er sich über soziale Fragen unterhielt, aber keine Kinder hatte. 1939 wurde er aus der Schrifttumskammer ausgeschlossen, 1944 zur Organisation Todt eingezogen. Während der Untersuchung wartete er auf eine Lizenz für eine liberale Zeitschrift und schrieb einen Roman. Er lehnte CDU und KPD als totalitär ab und stand der SPD nahe. Er sah eine zukünftige Gefahr im Nationalismus und war scharfer Antimilitarist ...« (Zit. Schrenck-N. 141 f).

Nun ist diese idealtypische Biographie so gefüllt, daß sich ohne Schwierigkeiten wenigstens drei künftige Ideal-Lizenznehmer herausfiltern ließen, u. a. Th. Heuss, und immer noch genug für Brandt bleibt, und sie ist so gestylt, daß sie in keinem Fall mit der einer tatsächlichen Person deckungsgleich sein wird. Die bei der Auswahl des Kandidaten wichtigen zusätzlichen Äußerungen zur Bewertung dieses Idealtyps gaben dann den Ausschlag für den neuen Deutschen in seiner Entscheidung gegen den alten: Dieser nämlich revoltiert nicht gegen die Eltern, was beim Typus Weiß A, also dem nun realen, zu 45 Prozent der Fall war. »Die Stellung zum eigenen Vater verriet, was einer im Innersten von der Demokratie hielt. Die Frage nach dem Zeitpunkt der Aufnahme des Geschlechtsverkehrs ermöglichte es, den Grad der demokratischen Gesinnung zu messen. Je früher der Zeitpunkt lag, desto demokratischer ...« (Schrenck-N. 142).

Bei manchem idealtypischen Lizenznehmer bewahrte die frühe Aufnahme des Geschlechtsverkehrs nicht vor unliebsamen Abweichungen. Brandt, der seinen politischen Nachkriegsweg als *fellow-traveller* begonnen hatte, gewann seiner Stellung als Regierender Bürgermeister von Berlin, als Außenminister und Bundeskanzler Facetten ab, die der gute Schaffner mit seinem psychiatrischen Leisten nicht messen hätte können. Das hatte freilich weniger mit den konzeptionellen Möglichkeiten Brandts zu tun, die sehr bescheiden waren, als mit dem Gewährenlassen von Beratern, Referenten und Redenschreibern, welche die Balance zwischen Vision und Realität nie zu halten vermochten oder sie zum Teil auch gar nicht anstrebten. Zudem waren sie häufig von unsicherem oder dürftigem historischen Hintergrund.

Sonst hätten sie einen günstigeren Ort für einen Kniefall gesucht als das Ghetto des im Jahre 1970 wiederum von einer antisemitischen Welle überspülten Warschau, es sei denn, der Neu-Kanzler sollte mit seinem Kniefall auch stellvertretend für die Polen Bußgesinnung zeigen. In jedem Fall vermittelte er dort die Überzeugung, was den meisten immer noch nicht bewußt ist, daß einem Deutschen, der sich vor einem nicht geweihten Stein hinkniet, nicht zu trauen ist. Verkauft wurde und wird dieses Bild freilich als ein Symbol der Aussöhnung »mit dem Osten« oder »mit Polen« – o heilige Einfalt! Vielleicht aber ist es auch so, daß der Kanzler für seine Geste Berater gar nicht brauchte. Einem Volk, dessen Kanzler sich zum Repräsentanten aufschwingen möchte und der diese Form der Völkerverständigung wählt, ist wohl wirklich nicht zu trauen. Er, den bald Plakate erhoben: »Die Welt verehrt IHN!« (Zit. RM 47, 42, S. 3 [1992 10 16]), festigte nicht, wie die Deutschen glauben zu machen versucht wurde und wird, das Bild des Deutschen in der Welt, er beschädigte es. Wieweit gegen Ende seines Lebens sein Anstoß, die von ihm 20 Jahre verunglimpfte Wiedervereinigung nun doch voranzubringen, dies aufwiegen könnte, ist nicht zu entscheiden.

Weizsäcker, ein Präsident für die Welt

Zwischenzeitlich hatte schon ein Bundespräsident dem Chef der Sozialistischen Internationale und des Nord-Süd-Gipfels die Schau gestohlen, den guten Deutschen zu verkörpern.

Der frühere »banker«, »lawyer«, »politician« (WWG [3] [4] [7] [8]) hatte sich in dem immer noch unter Sonderstatus stehenen Berlin eine günstige Ausgangsposition für die Wahl geschaffen – parteienweit. Im Amt entwickelte er bald seine Sicht von Schuld und Scham der Deutschen und stellte sie am 8. Mai 1985 vor:
»Wir gedenken heute in Trauer aller Toten des Krieges und der Gewaltherrschaft.
Wir gedenken insbesondere der sechs Millionen Juden, die in deutschen Konzentrationslagern ermordet wurden.
Wir gedenken aller Völker, die im Krieg gelitten haben ... der unsäglich vielen Bürger ...

Neben dem unübersehbar großen Heer der Toten erhebt sich ein Gebirge menschlichen Leids,
...
Leid durch Flucht und Vertreibung, durch Vergewaltigung und Plünderung, durch Zwangsarbeit ...« (Bundestag 15).

Die Rede fand weltweite Beachtung. Sie hat insbesondere Eingang in die Schulbücher gefunden und wird zum Geschichtskanon gezählt. Die Rede ist der Beachtung wert. Sie ist ein weiteres Beispiel für die »Bewältigung« der deutschen Geschichte.

Es fällt auf, daß eine Gruppe der Toten mit einer genauen Zahl bezeichnet wird. Nur Weizsäcker – oder seine Redenschreiber – scheinen sie zu kennen. In Handbüchern, Lexika werden Schätzungen genannt. Sie setzen bei der ersten im Jahre 1946 bei 5,9 Millionen an und sinken dann merklich ab. Nach Dokument NO 5193 (Nürnberger Prozeß) sind bis 1.1.1943 etwa 2,5 Millionen ermordet worden, zur selben Zeit waren in Europa 1,7 Millionen dem nationalsozialistischen Zugriff ausgesetzt. Im Oktober 1944 wurde die Vernichtungsaktion eingestellt (Brockhaus 99). Wenn ein Volk als eine große Familie verstanden wird, ist es nicht unerheblich, ob zwei oder vier oder sechs oder zwölf ihrer Glieder ausgelöscht werden.

Das sollte wohl für alle Völker gelten, auch für das deutsche. Hier »bewältigte« der Bundespräsident die Vergangenheit wieder – auf seine Weise:

Er stellt »dem unübersehbar großen Heer der Toten« ... »ein Gebirge menschlichen Leids« zur Seite. »Flucht und Vertreibung« haben also – nur – Leid verbreitet. Tote scheint die größte bevölkerungspolitische Katastrophe der neueren deutschen Geschichte nicht gekannt zu haben. Der feinsinnige Präsident der Bundesrepublik Deutschland unterscheidet fein, etwas zu fein.

Da nach seiner Welt-Rede wegen seines Pauschalschuld-Vorwurfs auch Kritik aufkam, fühlte er sich bemüßigt zu erläutern. Schließlich hätten ja die Deutschen gewußt, was in den Konzentrationslagern geschehen sei. Nun mag es sehr wohl sein, daß der Sohn am Mittagstisch des Staatssekretärs im Außenamt und seit 1943 Botschafters, seines Vaters, vieles gehört oder auch besprochen hat. Diese seine Kenntnis sollte er aber nicht verallgemeinern und jene für seine Scham vereinnahmen, die das Wort KZ und auch Menschen kannten, die dorthin verbracht wurden, aber nicht über seine Allwissenheit verfügten. So selbstverständlich es vielen erschienen ist, daß der in juristischer Ausbildung stehende Sohn als Helfer der insgesamt behinderten, ja abgeblockten Verteidigung seinem Vater im Kriegsverbrecherprozeß beigestanden hat, so unverständlich ist es ihnen, wie der Amtswalter der Deutschen sich seit Jahren nicht genug damit tun kann, unaufhörlich Schuld auf sie zu laden und sie wie die weiland Böcke aus dem Alten Testament mit den Sünden in die Wüste hinauszujagen. Nur, dort schickten die vielen den einen.

Das evangelische Schuldbekenntnis aus 1945 hat der spätere Laienkirchenführer sichtlich verinnerlicht. Den früheren Hauptmann d. R. hat die Reeducation der höchsten Staatswürde teilhaftig werden lassen. Der Selbsthaß ist die andere Seite der Fremdenliebe.

Es hat bisher wenig Beispiele für die Sorge eines Bundespräsidenten um Deutsche gegeben, wenn ihnen Mißtrauen, Ablehnung und Abweisung entgegenschlug. Als Karl Carstens in Hermannstadt sich nicht davon abhalten ließ, sich mit dem Unwillen des Conducators Ceausescu auch den der außen-hörigen deutschen Mediengruppe zuzuziehen, als er auf die Deutschen Siebenbürgens zuging, die hinter Polizeikordons eingeriegelt waren, hat er gezeigt, *was* die Aufgabe des Repräsentanten eines Volkes ist.

Die Gnade der späten Geburt und die Verwalter der Gnade

Vielen Deutschen ist Gnade widerfahren, die »Gnade der späten Geburt«. Sie leitet sich von der »Gnade der Stunde Null« ab, welche als Tröstung von den Besatzungssoldaten über die Grenze gebracht wurde, als Deutschland niedergekämpft worden war. Es ist der Tag abzusehen, an dem es nur noch Deutsche gibt, denen diese Gnade zugewachsen ist. Natürlich sollte es auch die »Gnade der frühen Geburt« geben. Die Gnade der späten Geburt läßt man bei Deutschen beginnen, welche 1945 noch nicht testierfähig oder strafmündig waren. Bis wann aber muß ein Deutscher geboren und gestorben sein, daß er von den deutschen Amtsträgern, die zwischenzeitlich – unter Aufsicht – die Gnade verwalten, den Frühgeborenen zugezählt wird? Da der Beginn der deutschen Sonderwegs-Geschichte mit dem Zeitpunkt einsetzt, in dem Deutsche den Nationalstaat anstrebten, gibt es wohl leider keine Gnade der frühen Geburt.

Aber auch jene Deutschen, die sich oft und gern auf ihre späte Geburt berufen, werden von allerlei Unbill heimgesucht. So etwa Bundeskanzler Kohl. Er wird von seinem Präsidenten nach Berlin geführt, um an einer Demonstration gegen sich selbst teilzunehmen. Der Präsident tut, was ein Vorsitzender einer kleinen Bevölkerungsgruppe für richtig und geboten hält. Solcherart versammeln sich in der Hauptstadt der Bundesrepublik Deutschland Begnadete der späten Geburt unter dem Beistand derer, die dabei sind, deutsche Vergangenheit auf Kosten der später Geborenen zu »bewältigen«. Sie demonstrieren 1992 am Vorabend des vielfältig geschichtsträchtigen 9.11. – wobei ein 54. Jahrestag die griffigste Zahl hergibt – gegen Ausländerfeindlichkeit in einem Land, das für die Betreuung der Kinder ausländischer Arbeitnehmer vergleichsweise mehr aufwendet als für die Kinder Deutscher, sie demonstrieren gegen Fremdenhaß in einem Land, das für Menschen sorgt, die in ihrem Heimatland wenigstens zur gehobenen Mittelschicht gehören, sonst hätten sie dort die Flugpassagen ins Land des Asyls nicht aufbringen können, sie demonstrieren gegen unerträglichen Nationalismus der Deutschen in einem Land, wo etablierte Gruppen mit chaotischem und terroristischem Umfeld fordern – ohne daß irgend jemand viel dabei findet –, »daß endlich die Rolle der größte(n) Mörder- und Terrororganisation der deutschen Geschichte, der deutschen Wehrmacht öffentlich dargestellt wird« (Zeit 1992, 1, 31).

Sie demonstrieren letztlich gegen die eigene Bemühung um den Sozialpakt, der in Deutschland auch solche einschließt, die sich ausschließen wollen.

Die Demonstration wurde gestört. Die seit 25 Jahren gepflegte und gehätschelte Subkultur, welche angetreten ist, die halbgefestigte Nation wieder zu erschüttern, hat die in Selbsthaß Eingeschlossenen und in Kollektivscham Ertrinkenden bloßgestellt und das Geheul der Selbstanklage ad absurdum geführt. Erhofft und erwartet wurde eine Störung »von rechts«. Den Verwaltern der Gnade ist offensichtlich das Feld nicht mehr ganz bekannt, in dem sie sich bewegen. Der übergroße Teil der Wahl- und Steuerbürger betrachtete mit Interesse den Schaulauf, der in einer Hinsicht vieles von den Vorbeimärschen der abgelösten volksdemokratischen Staaten an sich hatte, da das dort geführte Volk sich auch nicht ganz sicher war, ob es nun verhöhnt oder ruhiggestellt oder beides werden sollte. Herumgetragen wurden Spruchbänder »Artikel 16 bewahren«, als sollte er von finsteren Mächten abgeschafft werden. Den Verdummten wurde eingeredet, die Kernaussage des Artikels 16 GG sei die zum Asyl. Berliner Grundschulkinder wurden von strammen Lehrerinnen zur Demo beordert wie weiland vor einigen Jahren zum gleichen Ort.

Die Reeducation zeigt ein neues Gesicht
Ein Bundestagspräsident möchte die Gnade seiner späten Geburt für eine wesentliche Aufgabe seiner Generation einsetzen: sich schlüssig zu werden, »wie es dazu gekommen ist«. Der erste Mann im Staate hatte seinen Beitrag 1985 geleistet. Er, der nominell dritte Mann, wollte aus seiner Sicht beitragen, Vergangenheit nicht zu überwältigen, also zuzuschließen, sondern für die Nachkommen zu öffnen. Dabei war ihm, der sich in die Materie einarbeiten mußte, und den Beratern, die näher an ihr waren, klargeworden, daß in den zwanziger und dreißiger Jah-

ren die Menschen in Deutschland nicht säuberlich in Bösewichter und Männer in weißen Gewändern geschieden waren, sondern daß in allen Meinungs- und Bevölkerungsgruppen Wohlmeinende und Begeisterte, Gedrückte und Erlahmte, Verführte und Täter vor der sich heranschiebenden Not, aber auch den Programmen zu ihrer Abwendung standen. Jenninger und seine Berater setzten an einem der entscheidenden Punkte an und fragten sich, warum manche im internationalen Sozialismus, andere im nationalen die Lösungsmöglichkeit sahen. Unglücklicherweise stellten sich nämlich für Idealisten, aber auch andere, damals nur wenige andere gangbare Wege dar. Europa rund um Deutschland war lange vor 1932 von der in Paris rasch hingeworfenen demokratischen Konstruktion abgeglitten in National-Diktaturen oder war, wie Frankreich, im Kampf der beiden Spielarten des Sozialismus gelähmt.

Der Bundestagspräsident war sich sehr wohl bewußt, was er ins Werk setzen wollte. Die Meinungsübermacht derer, die mit Weizsäcker gerade den Weltstar zur Vermarktung deutscher Alleinschuld in lichte Höhen ge- und entrückt hatten, würden aufmerksam sein, wenn er nun in der Manier eines Lehrers den Deutschen eine Geschichtsstunde halten wollte. Darüber waren sie hinweg: Sie hatten in den diversen Journalisten-Meinungsschulen ihr Pensum gelernt, und der neue Polit-Medien-Star, der glücklicherweise auch Bundespräsident war, hatte ihre Schlag-Wort-Antworten eindrucksvoll bestätigt.

Im Bundestag sitzt der Querschnitt des Volkes. Wer vor 40 Jahren als Zeichen seiner Intelligenz und Einsicht den »Spiegel« aus der Manteltasche lugen ließ, setzt heute anderes ein. Die Überrepräsentanz nominell hoher Abschlüsse garantiert aber nicht unbedingt Niveau. Die Überheblichkeit derer, die sich im Besitz der Wahrheit wissen, ist bei der Gruppe mit visionären Lösungsmöglichkeiten besonders groß. Dem Lehrer würde man auf die Finger sehen. Die Klugen der zweiten, dritten, aber auch der letzten Bank waren motiviert. Ihr Motiv war, zu stören, und sie störten.

Die Hektik mit der Fassung letzter Hand der Rede forderte ihren Preis, ihr Inhalt kam nicht »herüber«. Die Störer kosteten ihren Triumph aus. Empörung, echte wie gespielte, machte sich breit, ergriff auch Angehörige anderer Fraktionen, die Kollegen stellten sich nicht hinter den Sprecher. Der Lehrer wurde entlassen. Eine Lehrstunde deutscher Zeitgeschichte war abgelaufen; sie hätte eine werden können.

Die Gnade der späten Geburt ist in Rechtfertigungszwang pervertiert, der zu jeder Zeit, im Parlament oder außerhalb, an einem der vielen Daten, runder oder beliebiger Jahres-Tage, abgerufen werden kann. Die Stichwortgeber stehen hinter den Kulissen, sie lassen die Manager der deutschen Schuld und Scham an die Tribüne treten oder – wenn es denn wie in Berlin am 9.11.1992 so sein kann – in die Schar der Genasführten einreihen. Meinungssteuernde Gruppen können auf diese Weise auch testen, wie weit sich jene Vertreter der »politischen Klasse« erpressen lassen, die ihnen mental nicht angehören. Nur wenige wagen Abstinenz. In diesem fast plattgewalzten Meinungsfeld gibt es nur vereinzelt eigene, selbstverantwortete Stimmen:

Ein früherer Fraktionsvorsitzender, dann Bundestagspräsident, Dregger, sagte als Zeuge der Geschichte vor jenen, denen nicht die Gnade der späten Geburt wurde, vor Mitgliedern des Heimkehrerverbandes, am 3.10.1992:

»Wir haben den Krieg erlitten; wir haben uns tapfer und mit Hingabe eingesetzt, nicht um Hitlers, sondern um Deutschlands willen. Es waren nur wenige, die damals im Getöse des Krieges und der Propaganda den Durchblick hatten und sich dann mit großem Mut zur Opposition gegen Hitler entschlossen.

Bei den Alliierten fanden diese Männer weder Unterstützung noch Verständnis.

...

Und mit Roosevelt hatte Churchill 1943 in seiner berühmten Erklärung von Casablanca die bedingungslose Kapitulation nicht Hitlers, sondern Deutschlands gefordert.

Seitdem wußten wir Frontsoldaten, daß es nicht um Hitler, sondern um Deutschland ging; daß wir vor folgender auswegloser Alternative standen:
– entweder mit Deutschland auch Hitler zu verteidigen
– oder mit Hitler auch Deutschland preiszugeben« (Zit. CDU 2).

Diese Äußerung, gegen die der meinungsleitenden Blätter gesetzt, gibt auch eine Antwort auf die Frage, wieweit der Meinungsdruck, der von der Forderung nach bedingungsloser Kapitulation ausging und das Land seitdem preßt, die Deutschen in ihrer Identität zerrieben hat.

Es gibt noch Sprecher des deutschen Volkes, die Manns genug sind, gegen die glattgehobelte oder straff gebürstete Meinung Dinge zu sagen, mit deren Leugnung sich andere das Lob hiesiger Medienherren und derer der Welt sichern möchten.

Wer repräsentiert die Deutschen?

Die Zeiten, in denen Völker in einem durch Wahl, Anspruch oder Geburt bestimmten Staatsmann repräsentiert werden, sind solche gestraffter staatlicher Tätigkeit in den Phasen des Aufbaus oder Ausgreifens. Napoleon, Disraeli, Atatürk, natürlich auch Bismarck stehen dafür. Auch Zeiten des Insich-Zurücksinkens haben ihre Namen, jedoch nur dann, wenn staatliche Schwäche oder Leere durch einen erhöhten kulturellen Anspruch überformt werden, etwa in den »deutschen Jahrzehnten«, die mit der Wirkung des Idealismus und der Romantik bestimmt sind, für die Schiller oder Humboldt stehen.

Die Restauration nach 1948, die Wiederherstellung einer tragfähigen Ordnung, ist eine halbe Generation lang unbestritten als Ära Adenauer, in Distanz häufig, aber in Anerkennung, bezeichnet worden. Die Eingrenzung auf gesichertes Terrain verschaffte den Rückhalt, der im Kampf um das Erbe und die durch die 68er-Generation vollzogene Wendung gegen den Staat rasch schwand. Es standen für die Nachfolger nur mehr wenige wesentliche Entscheidungen an. Die grundlegende sozialpolitische Weichenstellung besonders mit der Aufnahme der Flüchtlinge und der Vertriebenen und der Sorge für die Hinterbliebenen und Geschädigten des Krieges war geschehen, die Sicherheitsfrage gegen eine mutlose Opposition entschieden, die Öffnung zu den östlichen Nachbarn im Grundsatz schon 1965 angelegt, freilich damals ohne die nicht erfüllbaren Hoffnungen, die sehr bald nach 1970 enttäuscht wurden. Hochgelobte Wortedreher und Macher bestimmten bald das Feld.

Wenn sich die Besetzer Deutschlands in der ersten Nachkriegszeit auch große Mühe gegeben hatten, das Wirtschaftsfeld einzuebnen und die Werkstatt in der Mitte Europas auszuräumen, die in sie (wieder) Einströmenden wußten, wie Systeme zu organisieren und Maschinen zu bauen waren. Wirtschaftsführer, Konstrukteure und Bankfachleute standen für den Rest Deutschlands, der innerhalb der besatzungs-, dann stationierungsrechtlichen Bedingungen eine begrenzte Entscheidung hatte.

Wenige Politiker wagten sich konzeptionell hinaus in die Welt. Diese wenigen argumentierten aus der humanistischen Tradition heraus und ließen sich nicht mit Alleinschuldzuweisungen auf einen Sonderweg Deutschlands drängen. Carlo Schmid etwa gestand sich auch in Moskau 1955 so viel an Entscheidung zu, daß er Adenauers Partner in einem ersten Abgleichsversuch mit der östlichen Siegermacht sein konnte. Beide verfügten über mehr als eine kurzatmige Vorstellung von der Konstellation der Völker in Europa.

In seine Spur trat F. J. Strauß, dem neben der historischen Sehtiefe auch die geopolitischen Bedingungen zugänglich waren. Er war einer der wenigen, die über den Tellerrand hinauszuschauen vermochten. Das war für seine Gegner innen und außen auch genug des Grunds, ihm die für seine Profilierung günstige Position im Außenamt auf Dauer streitig zu machen. Es rückten dort Figuren ein, die außer taktischer Schläue in der Personalpolitik und umtriebigen Schönwetter-Jet-Geredes nichts einzusetzen hatten. Nur mit Mühe konnte der beamtete Apparat im Außenamt die ärgsten Schäden in der Vertragsgestaltung seit 1970 begrenzen, welche die überhastete »Friedenspolitik« zurückließ. Die Vertragshysterie, die unter Brandt einsetzte, erreichte Scheel und lief als im Grunde innenpolitisches Taktieren unter Genscher in immer hektischere Abwicklungsmanöver aus, bei denen schließlich die »vertrauensbildenden Maßnahmen« nur noch per Cash vermittelbar waren. Folgerichtig beendete der höchstbezahlte Geldbote Deutschlands seine Tätigkeit nach dem Kassensturz. Es war ihm unter hingebungsvoller Beihilfe seiner Freunde in dem Teil der veröffentlichten Meinung, die sich 20 Jahre als effiziente Außenabteilung des Außenamtes erwies, gelungen, den Konkurrenten Strauß als Risikoträger zu diffamieren. Persönliche Rechnungen über Staatspolitik laufen zu lassen, kann als Anstoß akzeptabel sein, ist als Konzept aber zu dünn.

Wer hat also die Deutschen repräsentiert? Nichts sagt dies besser aus als die Liste der Ermordeten, die dem terroristischen Rand jener Gruppe zum Opfer fielen, die jenes Deutschland treffen wollte und will, das in der Anspannung von nun schon drei Generationen nicht zerdrückt wurde. Logistischer Warteraum dafür war viele Jahre hindurch die DDR.

Ein Berliner Kammergerichtspräsident, Repräsentant der alten »Reichs«-SPD, war das erste Opfer. Die Spur der Täter zieht sich über die Führungsetagen wirtschaftlicher und sozialer Verantwortung. Klammheimliche Freude wurde darüber empfunden vom akademischen bis in das Medienumfeld. Auf dem Weg von der Gewalt gegen Sachen zu der gegen Personen entwickelte die Terrorschickeria Rechtsbewußtsein nur bei der Einschätzung derer, die durch die Benennung, sie seien Terroristen, schwer im Grundrecht Artikel 1 GG beschädigt seien.

Soweit Deutschland – auch wegen der Terrorspur – wieder in

das Blickfeld trat, irritierten die fintenreichen Ablenkungsmanöver derer, die einen anderen Staat wollten, aufmerksame ausländische Beobachter. Diese hatten über den wirtschafts- und akademischen Austausch Menschen kennengelernt, die sich sowohl von dem Bild unterschieden, das heute noch im Fernsehen in den USA, in England und den früheren Ostblockstaaten vom Deutschen gezeigt wird, als auch von dem, das schuld- und schamgetränkte Medien in Deutschland selbst zur Schau stellen. Der transatlantische wie transeurasiatische Medienverbund aus der Anfangszeit der Reeducation und der Kadererziehung lief in den alten Schienen weiter und griff nur fallweise wie beim Holocaust-Thema zu neuen Methoden. Bei diesem ging es vorrangig um ein US-amerikanisches Problem, um die Zustimmung zum Engagement im Nahen Osten; demnach war ein größerer intellektueller Aufwand vonnöten als bei den üblichen Filmen, in denen der Bösewicht, lange Zeit als der von der pazifischen Gegenküste stammend erkennbar, von dem abgelöst worden war, wie man sich eben den Bösewicht nun vorstellte: als Deutschen, und den Deutschen, als Bösewicht (»The Huns from Hell«). Dagegen stehen die Vertreter aus Wirtschaft und Wissenschaft, welche insgesamt die Menschen nachdrücklicher und wahrer repräsentieren als jene Amtsträger, die sich nicht genug tun können, Schuld- und Schamreden zu halten.

Made in Germany

Vor allem die Produkte aus Deutschland sollten erkannt werden. Das ist die Wurzel der 1887 von England eingeführten und international durchgesetzten Herkunftsbezeichnung gewesen. Der Weg von der Abwertung zur Hochschätzung war kurz, der Weg zurück wird von vielen beschritten: »Made in Germany«. Die gnadenlose Verteufelung des Deutschen im Krieg und des jeweils gegnerischen Teils im Kampf der Flügelmächte um Europa danach hat es nicht vermocht, weltweit die Restbestände

der Wertschätzung völlig zu tilgen. Ergänzt wurden diese aus der Leistung, wie sie unter ungünstigen Bedingungen in Rumpfdeutschland einsetzte. Die exportierten Güter und Dienstleistungen verwiesen auf eine in 100 Jahren gewachsene Solidargemeinschaft, die erst spät staatlich verfaßt worden war, in den deutschen Teilstaaten des 19. Jahrhunderts aber schon lange vorher die entscheidenden Wurzeln entwickelt hatte:
– eine schulische Ausbildung, die aus der Spannung kulturellen Auftrags und existentieller Erfordernisse neue Formen wie die berufliche Bildung entwickelte und für viele Länder richtungweisend war und noch ist;
– eine Gesellschaftsordnung, die auch in der schärfsten Konkurrenzsituation die Sorge um den Schwachen nicht vergaß und daraus mehr Kraft gewann als durch mitleidloses »hire and fire«, ein nicht wegzudiskutierender Beitrag Deutschlands zu einer demokratischen Verfassung;
– der offene Verkehr mit den Nachbarn aus gesicherter kultureller und Verantwortungsidentität heraus.

Die nun über die Wirkung der Nachkriegspropaganda hinaus sichtbaren Einbrüche in der Wertung Deutschlands haben folgerichtig in den inneren Veränderungen ihre Ursachen:
– Die Ausbildung wird seit der Schwächezeit der sechziger Jahre formalisiert, verkopft und ideologisiert;
– die Solidargemeinschaft wird im geschürten Egoismus auf die Belastbarkeit hin ausgereizt;
– der im Krieg von den ausländischen Chirurgen des Volkscharakters geforderte Umbau des deutschen Volkes zeigt erste Ergebnisse. Die Mitte ist nicht mehr in der Lage, die Ränder auf solidarisches Handeln zu verpflichten.

Was aus Deutschland kommt, sind für viele Nachbarn und Völker aus der ferneren Welt kaum mehr verständliche Äußerungen. Das Volk ist sich seiner Identität nicht mehr sicher. Es ist in weiten Teilen jeder beliebigen Medienkampagne ausgeliefert, es läßt sich für Ziele »instrumentalisieren«, die sein Interesse kaum berühren dürften. Bisher wurden die Forderungen, in welche solche Kampagnen in der Regel ausliefen, in der Regel mit Zahlungen beglichen. Der Wüsten-Öl-Krieg ist ein Beispiel. Die steigenden Ansprüche von allen Seiten lassen nun bei der Finanzierung der Einheit nur noch die Begleichung der rücksichtslos vorgetragenen Wünsche zu. Rechtsbrüche von Einzeltätern bieten den mediengerechten Ansatz für Eingriffe in deutsche innenpolitische Entscheidungen, wie z. T. auch in der Asylfrage.

Gleichgerichtet zu diesen Außenforderungen an einen von innen her geschwächten Partner-Gegner stehen die Äußerungen der Nationalingenieure für den Umbau des deutschen Volkes. Was wird aus Deutschland gemacht?

Selbsthaß und Fremdenliebe

Die Mitte der sechziger Jahre einsetzende Basis-Reeducation nach der aufgestülpten der unmittelbaren Nachkriegszeit machte mit den Forderungen eines Teils der Besatzungsmächte ernst und setzte ihr Nein gegen die Kriegsgeneration: gegen die Familie, die Solidarität und gegenseitige Verpflichtung der Ehegatten, die Eltern-Kind-Beziehung usf. Die Sozial- und Gemeinschaftskundebücher formulierten die Gegensätze »Frau – Mann«, »Kinder – Eltern«, »Lehrling (Auszubildender) – Meister«, »Arm – Reich«, »einzelne – Gemeinschaft«, wobei das jeweils an zweiter Stelle Genannte sich zu rechtfertigen hatte. Die existentiellen Bindungen sollten gelockert und schließlich aufgebrochen werden. Die Gewalt der Gewaltlosen, die Macht der vorgeblich Ohnmächtigen breitete sich über das Land, ergriff die Sachen, dann die Personen und feierte jeden Mord als Befreiung. »Widerstand« war die Losung. Die neue Generation bestellte den Acker für die Gewalt, die sich nach zwei Jahrzehnten nicht ganz überraschend auch auf der anderen Seite des politischen Spektrums einstellte. Die Zerstörung jeglicher Bindung innerhalb der Familien und der engen sozialen Bezugsfelder war Voraussetzung für den Haß auf das eigene Volk, der sich über die Einigung hinweg steigerte:

»Das deutsche Volk hat die moralische Verpflichtung auszusterben, und zwar subito. Jeder Pole, Russe, Jude, Franzose, Schwarzafrikaner usw. hat genausoviel Recht, ›auf deutschem Boden‹, von dem gesprochen wird, als sei er heilig und gebenedeit, zu leben, wie irgendein Deutscher – wenn nicht sogar mehr, ... und wenn so ca. 100 Millionen Asylanten, egal wie arm, krank und kriminell sie sein mögen, aufgenommen und gleichwertig behandelt worden sind, dann darf an einem Kneipentisch ein Besoffener einmal leise seine Überfremdungsbeschwerde führen – aber keinen Tag eher.

Die Deutschland-den-Deutschen!-Deutschen ... haben den Rand zu halten und sich nicht zu mopsen. Tun sie es doch, gehören sie – ja doch! – deportiert, an den dunkelsten, kältesten und elendsten Ort, der sich in diesem Universum finden läßt. Dort dürfen sie dann in der Scheiße, die sie im Kopf haben, ersaufen« (Zit. Zitelmann 816). Diese ernstgemeinte Äußerung aus dem November 1991 ist vorbereitet durch die Parolen eines breiten Politspektrums, aus dem Tausende 1989 in Berlin forderten: »Nie wieder Deutschland!«, »Deutschland halt's Maul!«, »Deutschland verrecke!« Die Aufforderung, Deutsche zu jagen, tausendfach auf Wände geschmiert, hätte keine Resonanz, wenn nicht der parlamentarische Kern dieser Gruppe sich politisch profilieren und dann 1991 durch Thomas Ebermann und Rainer Trampert die Äußerung der anderen Parteien zu Hoyerswerda als die eines »Packs« (Zitelmann 817) verhöhnen hätte können.

Der deutsche Selbsthaß, auch Gegenstand innerhalb verschiedener Untersuchungen von Elisabeth Noelle-Neumann bis Michael Wolffsohn zum Bild des Deutschen in der Welt, ist der schärfste Angriff einer Meinungs- und Aktionsgruppe, der nun die ideologischen Werkzeuge entglitten sind und die in ihrer Argumentlosigkeit mit blanken Fäusten und Knüppeln auf den Körper einschlägt, den sie einmal nach dem Bild von Marx/ Engels/Marcuse formen wollte: auf das eigene Volk.

Schon die Grass, Habermas und Kuby hatten als Helfer die Werkstatt des national-sozialistischen Experiments Berlin (Ost), die DDR, hingebungsvoll gepriesen und gegen den »Kapitalismus« ›links‹ verteidigt und dabei »rechts« gelebt; ihre Lehrlinge können nach dem Scheitern der deutschen sozialistischen Nationalingenieure nur noch um sich schlagen. Ein Beobachter faßt in seinem Aufsatz »Wiedervereinigung und deutscher Selbsthaß« zusammen:

»Offenbar befriedigt dieser Antigermanismus auch tief-religiöse Schuldvorstellungen. Viele Linke fühlen sich doppelt schuldig als Angehörige einer ›ausbeutenden‹ Industrienation und als Deutsche. Da man selbst jedoch diese Schuld erkannt hat und durch permanente, forcierte ›Trauerarbeit‹ und politisches Engagement sühnt, kann die Schuldzuweisung ausschließlich an jene erfolgen, die durch ihr mangelndes Schuldbewußtsein und die angeblich ausgebliebene Vergangenheitsbewältigung eine ›zweite Schuld‹ – so der Titel eines Buches – auf sich geladen haben« (Zitelmann 820).

Die begnadeten Männer der Stunde Null wie Erich Kuby, die schon die ersten Gehversuche des Volkes im westlichen Teil mit Zuspruch begleitet haben, möchten ihm auch in schwerer Stunde beistehen. Die Deutschen hätten kein Anrecht darauf, sich wie irgendein anderes Volk zu sehen, deshalb auch empfanden Kuby, Grass u. a. dessen Zerreißung als zutiefst gerecht. Da es nun aber – gegen die Geschichte gewissermaßen – wieder eins sei, helfe nur, es in Frage zu stellen: Selbsthaß als gerechte Buße für die Einheit. Die Kinder der Reeducation und der Kadererziehung der ersten Stunde stehen am Ergebnis ihres Wirkens.

Sie schauen trotz allen Schmerzes über die Einheit wohlgefällig auf ihre Lehrlinge, die es im deutschen Staat weit gebracht haben.

Die Nationalingenieure und ihr Volk

Auch Heiner Geißler macht sich Gedanken; er fürchtet um den Bestand seines Volkes. Diese Sorge teilt er mit anderen deutschen Politikern, er befindet sich mit ihr freilich nicht nur in guter Gesellschaft. Auch Hitler – alle wissen es – hatte Sorge, ob sein Volk fortbestehen könne und solle. Schließlich, am Schluß also, hielt er dafür, es sei nicht wert weiterzuleben.

Heiner Geißler setzt ein positives Votum. Er wünscht seinem Volk für das Jahr 2017 und alle folgenden Primzahl-Jahre ein gesundes Leben, volle Krankenkassen, ausgewogene Beitragszahlungen in die diversen Umverteilungstöpfe und ein buntes breitgefächertes Kulturangebot. Heiner Geißlers Volk ist nicht das Volk weiland der Nationalisten. Der Jugendbewegte ist als Begnadeter oder auch Begnadigter der fast späten Geburt diesem Ismus entgangen, er ist jedoch in den nächsten hineingestolpert, einen modifizierten Biologismus.

Die Warnschreie, das oder ein Volk sterbe, sind nun schon generationenalt. Der Folgerungen waren verschiedene:

Das Frankreich der 4. und 5. Republik setzte (wie Hitlers Deutschland) auf Kinderprämien, die Deutsche Demokratische Republik lockte mit Wohnungsanwartschaften. Die Bundesrepublik Deutschland machte wegen der Einkommenseinbußen der Ehepaare mit Kindern schwache Ansätze, indem sie Darlehen gewährte. Das wird wohl kaum jemanden einschlägig erregt haben.

Heiner Geißler – ein ausgewiesener Gegner der Wiedervereinigung – möchte die Geburtenverluste durch Zuzug ausgleichen. Dabei sind ihm grundsätzlich Nichtdeutsche lieber als Deutsche, deren es ja als Aussiedler noch viele außerhalb Deutschlands gibt. Er denkt in Generationen: Das nichtdeutsche Angebot von Dutzenden von Millionen wartet an den Grenzen; der letzte Aussiedler aber wird bald schon das Durchgangslager passiert haben.

Die erheblichen Schwierigkeiten, Menschen aufzunehmen,

die außerhalb des engeren Kulturkreises aufgewachsen sind, schrecken ihn und seine Freunde nicht.

Als Modell wird auch angeboten: Die Zuziehenden vereinen sich nicht zu einem bunten Strauß herrlicher Blüten, sie bleiben für sich. Jeder entwickelt für seine Nationalität und seinen Kulturkreis in Deutschland abgegrenzt und unverwechselbar an jedem beliebigen Wohnort mit seinen Gleichgearteten sein Leben. Was an einigen Handelsorten, etwa in Byzanz – Konstantinopel – Istanbul, einmal wuchs und z. T. noch vorhanden ist, wird in Deutschland auf das ganze Land flächendeckend übertragen. Die sprichwörtliche Organisations- und die wieder geforderte Finanzkraft hätten eine Aufgabe, mit der Weltgeltung erreicht werden könnte.

Ansätze dazu werden erprobt. Sozialarbeiter sorgen für die Verbindung mit den Zuziehenden in öffentlichen Einrichtungen; multikulturelle Gesellschaften stimmen den Terminkalender für die Nationalfeiertage ab. Die Schulverwaltungen garantieren die Ablösungsstafette der Lehrer aus dem Entsendeland, damit völlige Kultureinheit gewährleistet ist, ausländische Botschaften und Konsulate wachen über die reine Nationallehre auch in der Dependance Deutschland und fordern dafür deutsche Kulturmittel.

Noch gibt es darin einigen Wildwuchs, keineswegs sind auch nur die bescheidensten multikulturellen Forderungen erfüllt. Die Entsendeländer verstehen es aber, die deutsche Identitätsschwäche zu nutzen und »Verständnis« anzumahnen. Parlamentsvertreter von Ländern, in denen Folter und Mord an Minderheiten die Regel sind, sorgen sich bei ihren Besuchen in Deutschland um Sicherheit und kulturelles Ausleben der ihnen Anbefohlenen.

Die Nation in Deutschland – so wie sie sein soll – formiert sich. Die Voraussetzung schafft sie, indem sie sich öffnet, genauer: aufspaltet für die einströmenden Gruppen. Notwendig wurde dies besonders durch die Einigung der Deutschen, soweit sie in den durch die Verträge festgestellten Grenzen leben. Die Einigung ist auch in den Augen vieler Deutscher eine unliebsame Spätfolge des abgebrochenen Wettlaufs der beiden Flügelmächte um die Macht in der Welt. Der Schaden, die Einung der Deutschen nach der Vereinigung, ist in deren Augen zu begrenzen.

Thomas Fall – ein weiteres Lehrstück

Die Spalten in den Lexika sind von Generalisierung geprägt. Bei Thoma, Ludwig Thoma, schien alles geklärt zu sein: antiklerikal, antiobrigkeitlich, Simplizissimus-Autor, ein Mann für alle Welt-Zeiten, liberal eben, ein Vorzeige-Schriftsteller, der die »goldenen Zwanziger« – leider – nicht mehr erleben durfte. Und dann dies! Bei den Grabungsarbeiten nach dem Bösen im Deutschen hatte man einen Suchschnitt durch Leben und Werk Thomas gelegt. Es gab bei ihm, dies war bekannt, eine irritierende Facette. Er hatte schwer an der Niederlage 1918 und dem drohenden Ausverkauf Deutschlands getragen. Bald wurde man fündig, bei einem Lokalblatt im Oberland. Die Meinungs-Tycoons waren entsetzt: Thoma, der liberale, der demokratische – ein Antisemit. Nummer für Nummer des »Miesbacher Anzeigers« der Jahre 1920 und 1921 prägte das Anonym mit seinen Überlegungen zu Macht und Einfluß der Juden in Bayern und im übrigen Deutschland. »Thomas Literaturkritik wie sein Menschenbild ist völkisch konservativ zu nennen«, urteilte die fortschrittliche Dissertantin und erläuterte für jene, die noch nicht wissen, worum es geht, in der »Urteilsbegründung«: »Völkisch verdient seine Literaturkritik genannt zu werden, weil sie die Situation in Bildern des Wachsens und Verderbens, im Gegensatz von Krankheit und Gesundheit darstellt« (Rösch 317). Die literaturwissenschaftliche Fleißarbeit listet aus den nicht zimperlichen Pressefehden zwischen Kahrs München und Erzbergers Berlin, zwischen den Ständestaatlern und den Parlamentsdemokraten die Feindbilder Thomas auf, in denen er sich mit seinen Bayern einig ist, zusammengefaßt: »Preußen und die Juden« (Rösch 313). Das mit »Preußen« hätte ja seine Ordnung, aber …

Was tun? Sollte man ihn einer Antisemitismus-Welle überantworten, wie sie noch öfter über den Redaktionstisch schwappen würde, sollte Thoma »volkspädagogisch« behandelt werden? Eine moralische Hinrichtung konnte auch gefährlich sein. Die im Land in der Verdrängung lebenden Bayern haben wenig übrig für Denkmalschändung. So edel wie der Wildschütz Jennerwein oder der Bairische Hiasl war und ist Thoma allemal.

Man verzichtete also auf den großen Knüller. Otto Gritschneder befindet als Rezensent in einer Rubrik »Das politische Buch«, es sei wohl richtig gewesen, die Ludwig-Thoma-Medaillen nicht »wieder einzusammeln und die alljährlichen Wiederholungen der arg innigen sozial-nostalgischen ›Heiligen Nacht‹ abzublasen« (SZ 1991, 2, 19).

Der Stoff wurde aus dem Politischen rasch in die ausgedünnte Luft der Literaturspalten befördert. Junge Germanisten, Politologen und Soziologen, auch Psychologen können nun zeigen, ob sie das – journalistische – Zeug dazu haben, derlei schwere Grundsubstanz so zu verkochen, daß ihr Menü sowohl dem Gusto des Medienkulturpapstes einschließlich der Gegenpäpste wie auch den nicht weniger unbescheidenen Ansprüchen des Professors entspricht, bei dem sie ihren akademischen Weg fortsetzen wollen.

Einer Schar von sich selbst handverlesenden Thoma-Kennern und Interessenten las der Chef der Falckenberg-Schule im Werkraum der Münchner Kammerspiele unter der Überschrift »Deutsch reden« – schließlich soll jeder wissen, worum es geht – aus den Texten vor. Die Zuhörer wurden »begeifert mit dem journalistischen Machwerk des bayerischen Schriftstellers und Juristen im Miesbacher Anzeiger der Jahrgänge 1920 und '21«. Die Berichterstellerin hört »Dummheit der erschütterndsten Sorte« und attestiert Thoma, er habe »von den politischen Hintergründen des verlorenen Ersten Weltkriegs nichts begriffen« (MM 73, 13, S. 23). Die Reeducation läßt grüßen.

Ludwig Thoma hatte genügend Lebenshintergrund, um seine Welt der Knechte und Dienstmägde, der Bauern und Handwerker, der Landgerichtsräte und Offizierswitwen, ja auch des Millibauern Ludwig III. höchstselbst abzuheben von den einengenden und bedrückenden Zwängen des Standes, wie sie auch den Oberen zuwachsen. Sein Herz gehörte dem Ruepp genauso wie dem Landpfarrer; er beherrscht die Zwischentöne, mit denen ein Abgeordneter Filser zu zeichnen ist, wenn er ans Regieren kommt, er hielt Bosheit und Häme bereit für den Klüngel, für die Systeme und Klientele, wo immer er sie auszumachen glaubte. Er machte sie auch aus in der Advokatenkanzlei, in der einem Bäuerlein der Schröpfegel so lange angesetzt wird, bis dessen Gütlein ausrinnt. Er sieht das schreiende Unrecht im Gerichtsstand, wo am Paragraphen hin Recht gesucht wird; er notiert die Aufgeblasenheit und die Hohlheit, die Gier derer, die Macht haben.

Er selbst hatte genug Macht, um die der anderen benennen und zeichnen zu können. Er hatte auch seine Wochen Arrest abgesessen, um sich Freiraum zu schaffen. Er hat nicht immer mit offenem Visier gefochten, aber er hielt Position gegen die Mächtigen.

Fraglos dürfte sein, daß im ersten Drittel des Jahrhunderts der Anteil der Juden in Deutschland nach ihrem Weg in die bürgerliche Freiheit und Gleichberechtigung ein hohes Maß an Leistung und Kompetenz, damit auch an Macht erreicht hatte. Dies war Thoma ebenso präsent wie den Juden selbst. Diese Bevölkerungsgruppe ist so gut oder schlecht beschreibbar wie »Klerus«, »Offiziere« u. ä. Als solche ist sie auch Gegenstand schriftstellerischer Arbeit. Pseudonyme und Anonyme werden aus den verschiedensten Gründen verwendet, aus Snobismus, Feigheit, Bosheit, aus Bescheidenheit, Witz oder auch Lebensangst, aus Überhebung oder Unsicherheit. Ludwig Thoma griff zum Anonym, er schrieb in einer Lokalzeitung, er schürte also dumpfen Antisemitismus ...

Wer gleichmäßig die Verknotungen und Verflechtungen einer

Zeit in all ihren Aspekten darzulegen versucht, wird das Ziel jener, denen es in ihrer »volkspädagogischen« Tätigkeit keineswegs um Volkserziehung geht, sondern um feinziselierte Hetze. Es ist keine Frage, daß Thoma 1920/21 Mächtige skizzierte, wie er vor 1914 auch Mächtige gezeichnet hatte. Der in Gehorsam vorauseilende Philosemitismus heute ist nichts anderes als die andere Seite dumpfen Antisemitismus'! Besonders die Vifen der Stunde Null haben rasch die Seiten gewechselt. Sie gehören wieder zur Herde, wie sie vorher dazugehört haben. Neue stießen dazu, die Population stimmte: »Als ›Hauptheer‹ (der Deutschen Journalistenschule e. V.) standen vornehmlich diejenigen wieder zur Verfügung, die im Dritten Reich mitgemacht und sich nun umgestellt hatten; ihre Entnazifizierung erfolgte verhältnismäßig zügig; man wollte ihre Erfahrungen nutzen« (Zit. Mayer 43).

Man ist wieder in der Mehrheit. Es läßt sich wieder leben. Der Fall Thoma, der fast zu Thomas Fall geworden wäre, zeigt eines sehr deutlich: Gefragt ist nicht Aufarbeitung. Diese würde Stereotype in Frage stellen müssen. Dies gab es unter Hitler: den schläfenlockigen Semiten. Dies gibt es heute: den bösen Deutschen. Den meinungssetzenden Reeducatoren ist doch wohl anders als den Mitläufern präsent, daß sie mit ihrem verqueren Philosemitismus, wie er im Schwange ist, Antisemitismus erzeugen?! Und das soll wohl auch so sein. Womit sonst könnte man die Deutschen besser einhegen als mit fein dosierten Gaben, auf die reagiert wird?

In der Dosierung zeigt sich der Könner, dies gilt für die Arznei wie für das Gift. Gemacht in Deutschland!

Der tragende Untergrund wird anderswo gefertigt: In Washington, D. C., wurde nach 13jähriger Vorbereitungszeit am 22.4.1993 ein Holocaust-Memorial eröffnet. Der Hauptinitiator ist der Friedensnobelpreisträger Elie Wiesel. Sein Bekenntnis aus (übersetzt:) »Legenden unserer Zeit«:

»Jeder sollte irgendwo in seinem Dasein eine Zone des Hasses beiseitesetzen [d. i.: bewahren – der Verf.] – gesunden, starken Hasses – für das, was der Deutsche darstellt und was in ihm beharrt. Anders zu handeln, wäre ein Betrug an den Toten« (GANPAC). Die Tränen der Präsidententochter netzten die Welt. Die Saat wird aufgehen.

Pilsting – ein authentischer Fall

Die Meinungssetzer waren schon vor dem November 1989 besorgt um Deutschland. Sie horchten hinaus in das Land; zu wenig kam in der Art, die ihre herbeigeredeten Befürchtungen belegt hätte. Es mußte etwas getan werden, flächendeckend.

Etwa: Eine Schülerin im bayernschwarzen Passau schrieb für den Preis des Bundespräsidenten an einer Wettbewerbsarbeit über ihre Stadt in der Zeit des Nationalsozialismus. Diese wies wenige vorzeigbare Widerstandskämpfer auf, Bösewichter wohl auch kaum. Es gab Bürger, die sich nach dem Krieg verantworten mußten, und einige, die aus der Verdrängung und Verschleppung jüdischer Geschäftsleute Gewinn gezogen haben. Den in ihrer Ruhe Gestörten gelang es, die Arbeit der Jungpublizistin einige Zeit zu behindern. Das meinungssetzende Medium in der Landeshauptstadt wurde aufmerksam.

Für das schmale Manuskript, das sonst wie Hunderte von Studienarbeiten auch seinen Platz in einem Ablageregal gefunden hätte, reichte es zu einem Preis. Man griff für den Beginn etwas zu hoch: Die Geschwister Scholl, die ihr Leben eingesetzt hatten, durften ihren Namen für ein Unternehmen hergeben, das nun erst Gestalt gewann. Die Biographie der Schülerin und nunmehrigen Studentin wurde zu der einer Widerstandskämpferin stilisiert. Finstere Mächte wurden bemüht. Das ist der Stoff, aus dem man in Deutschland Filme macht. Ein Könner nahm sich der jungen Lichtgestalt und der dunklen Wasser Passaus an. Er setzte Akzente:

Von den zwei geistlichen Schutzherrn aus der frühen Jugend

des »Schrecklichen Mädchens« – so der Titel – entpuppt sich einer als salbadernder Waschlappen, der andere aber als eine Art Eichmann in Prälatensoutane. Er hat unschuldige Menschen auf dem Gewissen, verwischt seine Spur. Als seine Hilfstruppen treten Skins auf, die sich im Dunstkreis eines Bierkellers vor dem Kruzifix als Szenen-Hintergrund Mut für ihre Anschläge antrinken. Die Phantasie des Regisseurs und seiner Filmtruppe schlägt zu: Morddrohung, fast geglückter Mord an der Widerstandskämpferin im Hochzeitsauto, Überfälle mit schwerer Körperverletzung, Angriff auf einen Altkommunisten, der – Mitte der achtziger Jahre – immer noch um seine Widerstandsrente kämpft und der jungen Forscherin Informationen geben will, Bombenwürfe ins Familienidyll, Feuerball und Zerstörung, unbeugsames Streben nach Wahrheit, öffentliche Demaskierung des NS-Prälaten, der nebenbei auch noch Professor und Chefredakteur einer dunklen Zeitung ist, Weiterschreiten der jungen Lichtgestalt in ihrer Unbedingtheit. Schlußklappe.

Als Hintergrund für diese Action, die sich für Cannes Aussichten einräumte, werden unvergeßliche Tableaus bemüht: Im Schokoladengroßbetrieb des NS-Oberbürgermeisters laufen nun, in Nato-Jahren, »Jaguare« und »Panther« kolonnenweise durch die Glasurspritze; der Vater des Mädchens, Lehrer, darf anfangs ein Taschentuch mit der Aufschrift »Schlesien bleibt unser« vor die Kamera halten, wird aber bald von seiner Tochter zum Verfassungsbürger erzogen, einem der leider wenigen in »Pilsting«-Passau; die Dunkelmänner, welche die Spruchkammerakten im Giftschrank des Archivs widerrechtlich versperrt haben, werden von der klugen Heldin übertölpelt wie sonst nur böse NS-Chargen durch Nichtdeutsche in einschlägigen Filmen und Schmonzetten.

»Michael Verhoevens Polit-Moritat basiert auf dem authentischen Fall der Passauerin Anja Rosmus. Doch trotz ansehnlicher Preise – ›Silberner Bär‹ bei der Berlinale 1990, ›Oscar‹ – Nominierung als ›bester ausländischer Film‹ – verschwand der Film binnen kürzester Zeit wieder aus den Kinos. Vielleicht rehabilitieren die Fernsehzuschauer ›Das schreckliche Mädchen‹, ZDF (Montag, 19.30)«, jammerte das Medium in der Landeshauptstadt (SZ 1.12.1992 Fernsehen/Hörfunk Beilage S. 2). So wurde der Film für den 07.12.1992 angekündigt. Wer nur mag diesen Superfilm auf dem Gewissen haben, nachdem man ihn mit so viel Lorbeer auf den Weg geschickt hatte, so daß er jetzt »rehabilitiert« werden muß? Wer hat die Zuschauer von den Kassen weggeprügelt? Die Zeitung ist mit Recht irritiert.

Was nämlich ist der »authentische Fall der Passauerin Anja Rosmus«, also der Sachverhalt zur Titelfigur und zum Umfeld:
– Es gibt keine nachgewiesene Bedrohung an Leib und Leben.
– Die finstere Gegengestalt gibt es nicht, sehr wohl aber den Bruder eines Prälaten Janik. Dieser Bruder war Chefredakteur einer schon lange nicht mehr bestehenden Zeitung.
– Der frühere OB war Bäckermeister, in seinem Betrieb werden keine BRD-Nato-Schokoladenpanzer erzeugt.
– Zur Aufdeckung der Vergangenheit bedurfte es keiner 007-Methode; sie kam in Gang durch einen deutlichen Hinweis einer Aufsichtsbehörde an das Archiv, Einsichtnahme nicht zu behindern.

Die Arbeit der Anja Rosmus ist verdienstvoll wie jede andere vergleichbare Untersuchung, soweit sie Authentisches beiträgt und nicht wie der Film vortäuscht.

Die Arbeit des Meinungsclans, der sich die Bälle zuspielt, ist gefährlich. Sie baute mit fiktiven Stereotypen einen Popanz auf; sie deckte nicht auf, sondern zu. Die der deutschen Öffentlichkeit generell unterstellten Verhaltensmuster werden erst im Film zur Allgemeingültigkeit hin erzeugt. Die »Polit-Moritat« soll sich einsenken. Die Fiktion giert nach Aktion. Die Skins des Jahres 1992 tun das, was die Polit-Moritat-Sänger auf ihren Tafeln zeigten. Der Pflasterstein, der von der Straßenüberführung auf Sonja Rosenberger geworfen wird, fliegt nun tatsächlich auf Menschen. Der Film hat auf eine sonderbare Art seine Funktion erfüllt.

Es ist nicht bekannt, wer erstmals diesen Politfilm als »Moritat« bezeichnet hat. Das ist er natürlich nicht. Der Bairische Hiasl oder der Wildschütz Jennerwein als Figuren einer Moritat sind keine Fiktionen. Eine Moritat soll aus der szenischen Brechung heraus belehren und bessern. Verhetzen von Unbeteiligten ist der Moritat fremd, Mogeln und Lügen sind ihr unbekannt.

Leider ist es nicht damit getan, nachzuweisen, daß es sich bei diesem Film »Made in Germany« nicht um eine Moritat handelt.

Er sollte wie andere eine bestimmte Höhe eines NS-Pegels in Deutschland fingieren. Unverdrossen hatten die volkspädagogischen Reeducateure Jahrzehnte hin daran gearbeitet, mußten sie sich doch als die Retter des Staatsvolkes darstellen. Was bliebe von ihnen, wenn die Akteure aus der Zeit vor 1945 wegsterben? Ein Griff ins Archiv belebt das Geschäft, eine »Moritat« schafft die Skins herbei; 1992 dürfen die Fernsehzuschauer diese Art feinziselierte Unterstellung aus der Mitte der achtziger »rehabilitieren«!

Die Zauberlehrlinge haben sich in der Mixtur vergriffen, sie wissen nun nicht, was sie tun sollen.

Auch ist die Werkstatt nicht mehr die aus den friedlichen Jahren, als es sich anbot, tief in die Requisitenkiste und hart an die Handlung zu greifen, damit etwas herauskam, womit man Bedrohung vortäuschen konnte.

Das vereinte Deutschland bringt harsche Tatsachen, es zeigt vor allem die Gegner innen und außen unverstellt und ohne die Rücksicht, wie sie hin und wieder ein Nachbar äußert. Deutschland, wenn es nun schon als »Großdeutschland« eins ist, soll daran tragen oder – wie die Moritaten-Zeitung 15 Tage nach dem Hilferuf an die Fernsehzuschauer in roten Hinweisbalken für einen Bericht unschuldig titelt: »USA: Der häßliche Deutsche – wie gehabt! / Seite 13« (SZ 16.12.1992).

Das Lied der Deutschen

Der sich in Deutschland verfestigende Selbsthaß schneidet scharf in den ruhigen Grundton und ruft auch Widerstand hervor. Das Lied der Deutschen ist wieder schwankend geworden. Die Sklaven der dritten Generationen arbeiten an ihrem Meisterstück. Sie schauen über die Grenzen, orten Erwartungen und mögliche Forderungen. Sie fürchten, daß ihnen der stillschweigende Auftrag, in dem sie sich tätig glauben, entgleiten könnte, wenn das Land in der Mitte Europas nicht weiter forderbar und erpreßbar bliebe.

Die Vereinigung Deutschlands legte mit einem Male, für einen historischen Augenblick, die Befindlichkeiten jener Völker und Länder bloß, die 1914 angetreten waren, Deutschland am Tisch der Macht nicht erst Platz nehmen zu lassen. Der Präsident der benachbarten 5. (oder 6.) Republik also beschwor 1990 die Waffenbrüderschaft mit Polen – als hätte die Große Nation sie nie verraten –, auch die mit Rußland, als wolle sie wie vor 100 Jahren Fregatten nach Leningrad/St. Petersburg senden als Einladung für einen Pakt. Die Lady in London ließ einen Minister-Diener äußern, was sich für Ihrer Majestät Premier nicht schickte; Italiens Regierung suchte hektisch und irritiert nach einem Völkerrechtstitel, aus dem heraus eine Mitsprache bei dem deutschen Innengeschäft möglich sein sollte. Die 1914 mittelbar im Bund gegen die Deutschen handelnden extremen Führer der Serben und der Tschechen verkündeten in ihren Nachfolgern, »Großdeutschland« sei entstanden. In seine Teile hatten sie 1946 Millionen Deutsche vertrieben und die anderen ermordet oder entnationalisiert. Die Überraschung raubte einigen kleineren Nachbarn nachhaltig das Wahrnehmungsvermögen und vorübergehend auch den Verstand.

Honorige Politiker und Staatsmänner konnten ihrer zurückgestauten Obsessionen nicht mehr Herr werden. Sie stimmten bald in das Gebrüll des Weltchores ein, der das ruhige Schauspiel, das mit der Einigung vor seinen Augen ablief, nicht mochte. Es konnte nicht sein, was nicht sein durfte, und also suchte man hektisch nach Ansatzpunkten. Daß sich unter 80 Millionen einige hundert oder tausend Gewalttäter finden, darf in allen Weltgegenden vorausgesetzt werden. Was anfangs noch mit zugesteckten Dollarnoten und Pfund und verführenden Aufforderungen hervorgekitzelt werden mußte, Hitlergruß und starke Sprüche, stellt sich nun z. T. von selbst ein. Das Lied der Deutschen ist in der Mitte unsicher geworden, schrill an allen Rändern der Nation, begleitet von Ungunst und Hohn im Ausland.

Diese würden sich nicht so kräftig entfalten und das hiesige Meinungsfeld beherrschen können, wenn nicht kräftig vorgearbeitet worden wäre am Bild Deutschlands.

Bundesrepublik

Die Deutschen leben in der Bundesrepublik. Seit eine Politikwissenschaftler-Seilschaft den Verfassungspatriotismus als das für das deutsche Volk einzig Gemäße, ja als den erstrebenswerten Gipfel deutsch-bürgerlicher Existenz verkündet, kann sich auch das staatsfernste Subjekt auf dem rechten Weg politischer Erziehung fühlen. Es hat alles Dumpfe und Erdhafte abgeworfen, wenn es einmal so weit sein wird, es hat sich emporgeläutet aus dem Volk und dem Land. Es ist Teil des leibgewordenen Grundgesetzartikels geworden, des Artikels 20. Aber eben nur in einem Teil – Absatz 1, Satz 1 –, denn im Artikel steht auch etwas von Deutschland.

Die Deutschen leben nicht in Deutschland. Herr Hinz aus Hamburg, Herr Kunz aus Böblingen und auch verschiedenste amtliche Organe bezeichnen das Land mit seinen Menschen, nicht etwa nur bei Nennung der Staatsform, mit viel Pathos als »Bundesrepublik«. Die Verfassungspatrioten haben sich dabei etwas gedacht, und dies nicht nur, weil dies bei Wissenschaftlern vermutet werden darf und bezahlt wird. Sie sind den anderen weit voraus, den Franzosen und Italienern, den Spaniern und

Österreichern, auch den Kroaten und den Leuten aus Makedonien. Diese leben in einer Republik oder auch – wie die Österreicher – in einer Bundesrepublik, sind jedoch noch nicht zur luziden Existenz völliger Erd- und Landgelöstheit vorgedrungen.

Die Väter des Grundgesetzes hatten in ihrer sehr eingeschränkten Entscheidung zum Staatsnamen auf die Kultur- und Sprachgemeinschaft zurückgegriffen und sie nach der Vorgabe der Westsieger als bundesstaatlich verfaßt gesehen. Sie hatten auch wohl die Worte Hoffmann von Fallerslebens aus dem Jahre 1842 in der Erinnerung, der die Einheit der Deutschen beschwor und sie von Hader und Streit zurückhalten wollte. Sie wollten keine »Deutsche Bundesrepublik«, sie dachten an Deutschland, wie die sowjetisch geleiteten Gegenstaatsmänner an das »Neue Deutschland«, das durch das Parteiorgan auch einmal für die jetzigen Kapitalisten heraufdämmern sollte. Der Staatsname Deutschland war jedoch schon besetzt, die Konkurrenz hatte sich für die Zeit mit einer »Deutschen Demokratischen Republik« zufriedenzugeben.

Der Kult der Worte begann, der Kult, das Zitat und die Schmähung der Staaten über die Kürzel, DDR und BRD. Nach der Konstituierung der »Bundesrepublik Deutschland« dauerte es nicht lange, daß jene Staaten, die auf Kosten hauptsächlich der Deutschen 1918 ihr Dasein oder ihre Wiederbelebung erlangt hatten, den deutschen Staatsnamen unter der Vorgabe, er sei nicht in ihre Sprachen zu übersetzen, verfälschten. Mit der (übersetzt:) »Deutschen Bundesrepublik« – so die Tschechen – trieben sie von außen den semantischen Abbruch des Reststaates voran, dessen Kern zerschlagen worden war, damit sie 1945 ihre Staatlichkeit fortführen und zur »reinen« Nation werden könnten. Die Weststaaten dagegen ließen es dabei bewenden, weiterhin vom westlichen und östlichen Deutschland zu sprechen (»Made in Western Germany«), wobei der Genuß, mit dem ein Franzose diese Worte gebrauchte, ein sublimer, geradewegs kulinarischer war; er zerging auf der Zunge. Einer ihrer

Größten, François Mauriac, offenbarte: »Ich liebe Deutschland. Ich liebe es so sehr, daß ich zufrieden bin, weil es gleich zwei Deutschlands gibt.« Und der zeitgleiche de Gaulle tat ein übriges und besuchte nicht nur eines der Deutschlands, er machte sich ein Vergnügen daraus, 1962 auf seiner Inspektionsfahrt, einer präsidentialen Tour d'Allemagne, die Hauptdörfer der einstigen napoleonischen Hilfsvölker und nunmehrigen Claqueure zu visitieren und dabei vor den Landesbewohnern vom »Europa der Vaterländer« zu künden.

Wie bescheiden-schlicht sich daneben die Wertevorstellung Kennedys bei seiner deutschen Konfettiparade ausnahm, läßt sich an den Worten »Auch ich bin ein Berliner« ablesen. Dabei darf neben anderem Bedenkenswerten offenbleiben, ob er bei einer Vorbereitung der Mauer etwa in Kassel die Begeisterung in eben der Art hervor-gerufen hätte. Die Deutschen wären jedoch wohl auch beim Aussprechen von »Düsseldorf« – ein schwieriges Wort auch dieses – in Jubel zu versetzen gewesen.

Über sie hatte sich in den späten Fünfzigern und unübersehbar mit Beginn der sechziger Jahre die selbstgemachte Reeducation wie dichter Nebel gelegt. Der organisatorische Aufbau und das wirtschaftliche Luftholen hatten als bescheidenes Ergebnis am Rande einigen Landespatriotismus geweckt gehabt, was sich am augenfälligsten am arglosen Jubel zur Fußball-Weltmeisterschaft 1954 geäußert hatte. Die auswärtigen Reeducation-Supervisors spürten Schlimmes. Die Fußballgegner, schlechte Verlierer fast alle, mehr noch die, welchen es wegen der Auslosung nicht beschieden gewesen war, »die Deutschen zu schlagen«, bauten in ihren Medien das Szenario auf, wie es seitdem immer wieder Deutschland zeigt: Schlagt die Deutschen, wo ihr sie trefft.

In tiefempfundener Mit-Empörung sammelten sich in der »Bundesrepublik« die Demokraten, in der »Deutschen Demokratischen Republik« die Demokraten: Der Bau der Mauer setzte dann in Western Germany jene Kräfte frei, die bisher noch an die nicht erst jetzt als lächerlich erklärte Chimäre »Deutschland« gebunden gewesen waren.

Die Konstrukteure einer neuen Republik wie Bahr holten sich seit 1963 über die sozialistischen Genossen in Italien und Prag das Eintrittsbillett zu dieser Spielart des ewigen Friedens. Die Konkurrenz-Genossen in Berlin-Ost loteten die finanziellen und organisatorischen Möglichkeiten aus, die dem Ausbau ihres Staates dienen sollten. Begleitet wurde die beginnende Vernetzung der rivalisierenden und zugleich aufeinander bezogenen Systeme von der Heulorgie der Schmäher Deutschlands im eigenen Land. Kaum eine Äußerung zur gemeinsamen Kultur- und Staatstradition entging geifernder Häme. Das Deutschlandlied wurde von den Geschichts-Analphabeten weder in seiner Entstehung begriffen noch in seinem Weg durch die zu politischer Mitbestimmung gelangten Stände und Schichten gewürdigt. Die Stichwortgeber aus der Reeducation und – hierin geeint – der Kadererziehung konnten in einer zunehmend des historischen Hintergrunds entkleideten oder beraubten jungen Generation billige Dummerle-Effekte hervorrufen, etwa mit »Maas« und »Memel«. Da tat es denn auch wohl, wenn jene, die immer noch nicht wußten, was es mit deren Nennung auf sich hat, auf die zwölf Jahre verweisen konnten, in denen die Hymne mit Horst Wessel zusammengespannt gewesen war. Hat sie darüber die Glaubwürdigkeit eingebüßt?

In einem Interview »Nach dem Bonner Asylkompromiß« (RM 18.12.1992, S. 8) in einer Wochenzeitung, in dem es um Deutschland geht, wird dieses als solches oder als Bundesrepublik Deutschland kein einziges Mal bezeichnet, dafür als »Bundesrepublik« in den Überschriften und Bildunterschriften dreimal, in den Fragen viermal und in den Antworten zweimal. Die Ausländerbeauftragte Schmalz-Jacobsen spricht sich darin auch für die von Lafontaine ins Gespräch gebrachte »republikanische« statt einer »rassischen« Staatsangehörigkeit aus. Diese National-, genauer: Republikingenieurin im Gefolge Geißlers ordnet darin auch die deutschen Aussiedler dem Begriff

»deutschstämmig« zu und beklagt, daß die »Bundesrepublik« sich den Ausländern zuwenig öffne, um mit diesen »Nachwuchs ins Land zu holen«.

Die Glaubwürdigkeit bei diesem unwürdigen Spiel mit Deutschland hat ein großer Teil jener Bürger eingebüßt, die heute als »politische Klasse« Verantwortung tragen. Die in den fünfziger Jahren präsidential verordnete Scham mußte erst einiges Unterfutter erhalten. Dazu diente auch die Verhöhnung des Deutschen und der Deutschen in der Herabsetzung des Deutschlandliedes.

Den Entdeckern des Verfassungspatriotismus ist Dank zu sagen, daß sie den Deutschen statt Deutschland eine neue Heimat gegeben haben, die »Bundesrepublik«.

Ausgesiedelt

Wörter haben ihr Umfeld. An ihm wird gearbeitet, sie selbst prägen. »Ausgesiedelt« hat im ganzen einen positiven Aspekt. Ein flüchtiger Blick von der Seite verbindet mit diesem Wort eher Behagen als Bedrohung. Gesetzesgrund, Maß und Ordnung begleiten den Ausgesiedelten.

Die Wortsetzer in der Vorbereitungsphase der Zerstörung der ostdeutschen Siedlungslandschaften hatten einen guten Griff getan, als sie in Verlautbarungen als »Aussiedler« jene Menschen bezeichneten, die in einer bemerkenswerten organisatorischen Leistung mit Tausenden von Zügen in Viehwaggons nach Restdeutschland verbracht wurden. Millionenfacher Gebrauch kerbte die Sinnspuren ein, welche seitdem durch die deutsche Sprachlandschaft führen.

Anfangs nahm man in Anknüpfung an die US-Festlegung »German nationals returning to the American Zone of Germany from such countries as Poland, Hungary, Czechoslovakia, etc.« (Zit. Frey 1986, 89, Anm. 32) auch noch »Rücksiedler«, aber »Aussiedler« schliff sich ein. Erhellend und entlarvend ist, daß in der US-amerikanischen Rüge vom 31.1.1946 an die »Süddeutsche Zeitung« anläßlich eines nicht genehmen Berichts über die Vertriebenen das Wort »expellees« benutzt wird, in der Übersetzung jedoch schon das geschönte »Aussiedler«. Die vernetzte Sprachsetzung beherrschte demnach auch jene Zeit, in der Millionen Deutsche den »Ausweis für Vertriebene und Flüchtlinge« kraft eines Gesetzes erhielten, das über die »Angelegenheiten der Vertriebenen und Flüchtlinge (1951)« erlassen wurde. Die Meinungsprägung der Sieger, ihrer Handlanger und der von ihnen Abhängigen setzte sich mühelos über die durch die deutschen Mandatsträger gesetzte Norm.

Die »Vertriebenen« konnten es zur »Anerkennung« nur in der Wortverbindung mit »Funktionäre«, »Häuptlinge« und deren »Verbände« bringen, während von den Millionen der von offensichtlich honorigen Staaten »Ausgesiedelten« für den schönen Namen Wohlverhalten, ja Dankbarkeit erwartet werden durfte. Die Sache Vertreibung hatte mit dem Jahr 1950 nicht ihr Ende. Der Vertreibungsdruck bestand in den meisten der Herkunftsgebiete weiter. Den Menschen wurde die Heimat entfremdet; sie wichen in großer Zahl aus. Der Gesetzgeber definierte deshalb in dem genannten Gesetz unter Paragraph 1, Absatz 2: »Vertriebener ist auch, wer als deutscher Staatsangehöriger oder deutscher Volkszugehöriger ... (4.) nach dem Abschluß der allgemeinen Vertreibungsmaßnahmen vor dem 1. Juli 1990 oder danach im Wege der Aufnahme die zur Zeit unter fremder Verwaltung stehenden deutschen Ostgebiete, Danzig, Estland, Lettland, Litauen, die Sowjetunion, Polen, die Tschechoslowakei, Ungarn, Rumänien, Bulgarien, Jugoslawien, Albanien oder China verlassen hat oder verläßt ... (Aussiedler) ...« – Fassung vom 28.6.1990 – (Gesetz). Also: Auch der Aussiedler ist nach Rechtsnorm Vertriebener.

Die Wort- und Sinngeber der Reeducation hatten nach 1950 schnell einen Einwurf zur Sache. Sie sprachen von »Spätaussiedlern«. Damit wurden die Vertriebenen Frühaussiedler und blieben damit Aussiedler.

Aussiedlung beinhaltet nach Definition ein gewisses Maß an Freiwilligkeit. Die Entscheidung »bleiben oder gehen« ist wohl sehr eingeschränkt, wenn generationenlang der Gebrauch der Muttersprache unter Ächtung oder Strafe gestellt wurde, wie durch die polnische Staatsmacht in den deutschen Siedlungsgebieten, oder die kulturelle Umwelt ausgehöhlt oder zerbrochen wird wie in Rumänien; die Entscheidungsmöglichkeit immerhin besteht.

Für die Vollender der Reeducation gelten Dinge wenig. Sie greifen, wenn es denn sein muß, auch zu Falschinformationen. Der Wiener Korrespondent des Bayerischen Rundfunks, Dagobert Lindlau, gab sich in den letzten Monaten Ceausescus sogar dazu her, die sogenannte Systematisierung, das Abräumen auch der deutschen Dörfer in Siebenbürgen zu leugnen, um Beweis dafür zu legen, daß die kulturell-sprachliche Einebnung des Deutschen in Rumänien eine Lüge sei. Der Reeducator wurde dafür vom Conducator empfangen. Der Vertreter einer öffentlich-rechtlichen Anstalt schämte sich nicht, seinen Bericht darüber als Beitrag für das Lebensbild seines »Paten« nach dessen Tod anzubieten – er wurde gesendet.

Meist jedoch sind die mit der Wortsetzung Befaßten nicht bösen Willens. Es sind häufig sogar Wohlmeinende, die ihren Beitrag leisten: Ein Fernsehteam geht über den Grenzkamm des Böhmerwalds und zeigt die in Ödnis und Wildnis zurückgefallene deutsche Kulturlandschaft, nennt Namen zu den Mauerresten, die kaum mehr als Orte erkennbar sind, geht den Weg von einem Einödhof zum nächsten und fragt, wo die Menschen geblieben sind, – der Sprecher antwortet für sie: »Sie wurden ausgesiedelt« (BR [3], 15.3.1992). Kein erläuterndes Wort zu dieser Antwort, die dortige Sprachsetzung ist und hiesige wurde. Die Manipulation jedoch wird offenbar am Ort, an dem die Menschen einmal lebten:

Die Herkunftsgebiete der Vertriebenen belegen, daß in ihnen eine Vertreibung geschah, keine Aussiedlung. Da die Bewohner meist innerhalb von Stunden die Wohnungen, Werkstätten und Arbeitsfelder verlassen mußten, blieben diese häufig lange sich selbst überlassen, bis nach den Leichenfledderern und »Goldgräbern« die amtliche Retributions-, also die Entrechtungs- und Enteignungsverwaltung aus dem Übermaß der beweglichen und unbeweglichen Habe Teile für die in die »Grenzgebiete« geholten Dienstverpflichteten und landhungrigen Habenichtse in Anspruch nahm. Das übrige fiel in sich zusammen. Die deutschen Friedhöfe und die anderen Zeugnisse der Kultur belegen jedem auch nur im Ansatz Empfänglichen, daß im Wortsinn die Menschen nicht ausgesiedelt, sondern aus ihrer Heimat vertrieben wurden und das einzig Geregelte darin bestand, die Menschen bei Ausnutzung der Transportmittel schnellstmöglich über die Grenze zu schaffen.

Aus der Tatsache, daß Räuber und Mörder sich gemeinhin optimaler Mittel bedienen, kann vergleichsweise nicht gefolgert werden, ihr Tun sei notwendig und gerecht. Ganz anders die Siegelbewahrer in den meisten der meinungssetzenden und -steuernden Medien. Hier wird aus einem Verstoß gegen die Menschlichkeit, begangen an Millionen, eine saubere »Bevölkerungsverschiebung«, und manche der Opfer sind nun bald selbst zur Überzeugung gebracht worden, sie seien nicht einer Vertreibung zum Opfer gefallen. Möchten sie doch zu allem nicht auch noch verhöhnt und in die Anklageecke gestellt werden. Die Sprachregelung aus den Anfangsjahren der Lizenzpresse hatte die Norm gesetzt: »Editors must also remember that the admitted hardships of the Expellees may lead them to exaggerate their difficulties and that in many cases Expellees may be unconstructed Nazis« (Zit. Frei 1986; S. 9 Anm. 32).

Das ist das Schnittmuster, nach dem an den Redaktionstischen und Mischpulten der deutschen Mitarbeiter der Reeducation und der späteren Handlanger bis heute die Vertreibung aufgearbeitet wird. Es war wahrhaft eine Wohltat für diese vielen Nazis, sie als Aussiedler aufzunehmen und nicht gleich (1946) nach Übersee weiterverfrachten zu lassen, wie das einige

Würdenträger in Erwägung gezogen hatten. Davor bewahrte sie Wohl die Furcht vor den »Nazis«.

Und es läßt sich die Empörung der Reeducation-Blätter nachfühlen, daß die Undankbaren in die Präambel des deutsch-tschechoslowakischen Vertrags das Wort »Vertreibung« hineindrückten – wenn auch sonst nichts.

Es ist zu erwarten, daß es bei diesem einmaligen Gebrauch des Wortes bleiben wird. Die Absolventen der Journalistenschule brauchen nicht umzulernen. Gefährdungen gibt es für sie seit der Vereinigung Deutschlands viele. Ihre Koordinaten stimmen an vielen Karten und Bildern nicht mehr. Hilfe tut not.

Ostdeutsche – Fernostdeutsche

Eine deutsche Bundesverwaltung hatte es geschafft: Die Wartburg liegt seit 1990 deutlich in Ostdeutschland, der Passauer Dom in Westdeutschland; ein O und ein W dokumentierten dies bis 30.6.1993, und die Buchstaben würden, so ist es wohl auch gedacht, nach Einführung der neuen Postleitzahlen weiterwirken. Die Bundespost hat die Gedanken derer erfüllt, denen die Einigung, das Ende von Ost und West, gar nicht behagte: mit »W« und »O«.

Kaum, daß die Deutschen Atem geholt haben nach dem fast Unvorstellbaren, hat eine Post-Verfügung die Einteilung Deutschlands in einen Satz gefaßt und Mitteldeutschland verabschiedet. Eisenach und Eisleben, Mühlhausen und Merseburg, Potsdam und Parchim sind O, damit neben den Briefen und Paketen auch anderes richtig laufe.

Daß es bis Mitte 1992 genügt hätte, ein M für Mitteldeutschland zu setzen, wird wohl niemand erwartet haben, aber ein N – für Neue Länder – oder ein B – für Beitrittsgebiet – hätte es wohl getan. Die Verantwortlichen über die der Bundespost hinaus haben eine gute Reeducation gehabt und mit diesem Hintergrund wissen sie wie Millionen anderer Deutscher, daß »Mitteldeutschland« ein revanchistischer Begriff ist – der Mitteldeutsche Sender in Erfurt und eine einschlägige Zeitung werden dies schon noch begreifen –, weil man jenseits Ostdeutschland suchen könnte.

Dieses aber haben jene, die ewige Verträge unterzeichnet haben, zur Abrundung ihrer Vertragspalette gewissermaßen, ein für allemal verabschiedet. Dort haben, wie weiland Kanzler Schmidt befand, die Polen gesiedelt und die Litauer und die Russen; Deutsche waren auch dort, aber eben nur als »Ritter«, in Ostpreußen etwa. Auch der allzeit bereite Grass, der, halb Kaschube, halb Deutscher, in diesem Ostumland geboren ist, schlief also eines Nachts ein und wachte auf – als (halber) Fernostdeutscher.

Er darf sich darin in bester Nachbarschaft sehen, Fernostdeutsche alle: Herder und Eichendorff, Lenz, Hauptmann und Werfel, Vegesack und Bobrowski. Grassens Hund und seine Blechtrommel sind keine ostdeutschen Attribute mehr, dies sei seinetwegen und Genschers wegen geklagt, wenn sie es in deren Vorstellung denn je waren.

Ostdeutschland reicht bis zur Görlitzer Neiße, jenseits beginnt urpolnisches Land. Zwar hat zu keiner Zeit bis 1945 ein polnisches Staatswesen im nördlichen Teil dieses Gebiets feste Staatsgewalt ausgeübt noch das polnische Volk auf der anderen Flußseite gesiedelt, aber die Deutsche Bundespost und andere Institutionen, Verbände, Meinungsclans und Friedenskämpfer tun ihr Mögliches, um Geschichte umzuschreiben und Traditionen zu kappen. Die schlesischen Piasten-Herzogtümer werden für Polen reklamiert, als wären vergleichsweise die Burgunder Deutsche. Es ist eine Lust, auf der Höhe der Zeit zu sein.

Im privaten Kämmerlein und in Fachkreisen wird vielleicht ja leise davon gesprochen, daß man diese Geschichtsbegradigungen nicht gerade gut finde, aber wer mag das im harten Wind der meinungssteuernden und tabusetzenden Organe tun?!

In der Serienspalte einer Wochenzeitung bekennt ein gehobenes Redaktionsmitglied in seinem Beitrag »Meine Woche« im März 1992 privatim: »Dienstag ... Jury Sitzung beim Ostdeutschen Kulturrat, um den Medienpreis zu ermitteln, der alle zwei Jahre für die besten journalistischen Arbeiten mit ostdeutschen Motiven in Presse, Funk und Fernsehen vergeben wird. In diesem Kreis herrscht selbstverständlich Einigkeit darüber, daß mit Ostdeutschland die ehemaligen deutschen Ostgebiete gemeint sind; die neumodische, unhistorische Begriffsverengung auf das Gebiet zwischen Elbe und Oder machen wir nicht mit ...« (RM 47, 13, S. 26). Die *Zeitung* machte nicht nur mit, sie ging mit voran. Sie hat sich in den sechziger Jahren und später nicht für zu unfein gehalten, den mentalen Abbau Ostdeutschlands durch blauäugige Berichte über das Nachkriegsschicksal dieses Landes und stramme über die von dort kommenden Deutschen und deren Vertreter, die »Berufsvertriebenen«, voranzubringen.

Es handelt sich jedoch nicht um eine »Begriffsverengung«, sondern um einen Begriffsschwindel, soweit die Benennung der Landschaften Deutschlands als eine Angelegenheit seines Volkes und nicht die seiner Zerstörer gesehen wird. Thüringen gehörte zu keiner Zeit zu Ostdeutschland, so daß sich der Begriff gewissermaßen auf den westlichen Teil »verengen« hätte lassen.
 Allenthalben freilich wacht die eine oder andere Redaktionsstube auf. Wer aber mit Ostpreußen als Kulturlandschaft oder den Deutschen aus Böhmen, Mähren und Schlesien nichts zu tun haben wollte oder will, ist nicht glaubwürdig, auch wenn die Miegel, die Ebner-Eschenbach oder Stifter für die Literaturseite in Anspruch genommen werden.

Die Kultur- und Schicksalsgemeinschaft ist unteilbar. Das Feine herauszupicken für eine Anthologie deutscher Barockdichter und einige Seiten zuvor den Geschichtsklitterungen und -verfälschungen Raum zu geben, in denen die Tradition dieser deutschen Kulturlandschaften unkenntlich geworden ist, geht nicht an. Gespeist wurde diese Schizophrenie auch durch mangelnde Kenntnis. Die Ostkunde-Lücke, allgemein im Bildungsbereich festzustellen, hat sich im Medienfeld zu einer Schneise ausgeweitet, die manchen Unvorsichtigen zu Ausflügen verleitete. In genannter Wochenzeitung fühlte sich Anfang der sechziger Jahre ein Hobbyhistoriker berufen, ohne grundlegende Kenntnis dieses Raumes ein europäisches Modell für die Deutschen und ihre östlichen Nachbarn zu entwickeln. Derlei »Fachleute« haben zumeist ein gehöriges Vorurteil und ein breites Tabuspektrum. Sie sind dann überrascht, daß der von der polnischen Staatsmacht in Gogolin angediente Autochthone deutsch spricht, und mutmaßen eher, die Schlesische Landsmannschaft habe hier jemanden untergeschoben, als daß dem Informationsmaterial mißtraut wird, das eine Propagandastelle dem tumben Deutschen überreichte.

Die Fernostdeutschen sind weit weg. Sie wurden aus dem allgemeinen Bewußtsein gedrückt. In Verbandsnischen konnten manche überleben. Keinem der mit politischem Amt oder Mandat ausgestatteten Sachwalter ist es gelungen, auf lange Sicht jene zu repräsentieren, die ihm das Mandat gaben.

Wenzel Jaksch wurde von der deutschen Sozialdemokratie den Anpassern geopfert; die Flüchtlinge und Vertriebenen in der Deutschen Partei und anderswo wurden vom Kreis um Adenauer zermürbt und in christdemokratische Schrebergärten zur Volkstumspflege geschickt; die nationale Seite der FDP wurde unter tatkräftiger Mithilfe kommunistischer Desinformationszentralen durch die Liberalisten von den Schaltstellen verdrängt.

Die ostdeutschen Politiker haben zu keiner Zeit das deutsche Volk in den Fragen vertreten können, die über das hinausgingen, was in einigen Bereichen an sozialer Fürsorge auch dem gewährt wird, der nicht dem eigenen Volk angehört. Die Zehntausende von Emigranten stehen dafür.

Der mentale Abstand zu Ostdeutschland und seinen Menschen wurde durch den Sperriegel der sowjetzonalen Satrapie verfestigt. Die Finnen haben vergleichsweise Gesamtsolidarität mit den Vertriebenen aus Karelien bewiesen. Das Zahlenverhältnis derer zu ihren Heimatverbliebenen war freilich um vieles günstiger als in Deutschland, ohne Bruch jedoch auch das Wissen um die Traditionszusammengehörigkeit und durch ausländische Propaganda nicht zu erschüttern. In Deutschland jedoch wurde von den Besatzungsmächten und ihren Helfern zeitgleich mit der Zumessung der Wohn- und Ernährungssubstanz eine gezielte Meinungspflege betrieben, nach der die Ostdeutschen Gesetzesbrecher seien, Nazis, denen dieses Schicksal zu Recht widerfahre, oder auch – etwas vereinfacht und besonders dem politisch nicht Interessierten vermittelbar – Habenichtse, Landfremde, »Polen« oder »Russen«. Eger rückte immer weiter weg, da der von dort Vertriebene nicht mehr als notwendig davon reden möchte; Landsberg an der Neiße war schon nicht mehr zu lokalisieren, und Breslau wurde eben dann zur Stadt, in der, angehaucht von einem bischöflichen Mund, auch die Steine polnisch sprachen: »Wrocław«.

Wer dagegen etwas einwendet, ist Revanchist. Es ist zu verstehen, daß ihm medienwirksam das Fell gegerbt wurde, wenn er einer Meute Fernsehjournalisten in die Hände fiel, die gerade dabei waren, aus einem Pfingsttreffen die weißen Strümpfe und Unterröcke der Tanzgruppe von schräg unten zu zeigen wie auch die Nasenlöcher des Redners, als ginge es um einen Chaplin-Propagandafilm über Hitlers Deutschland.

Der Kreis schließt sich, wie er bei der Reeducation-Planung gedacht wurde: Der Ersatzpopanz »Nationale« steht bereit, die Ostdeutschen sind schon ent-fernt!

Deutschstämmig

Abgeordnete, Minister und Ministerpräsidenten entdecken dafür und statt dessen nun den Deutschstämmigen; nicht nur in

Schlesien, auch in Pommern und anderswo, vereinzelt, in Gruppen. Daß sich schon der Weltwirtschaftskanzler Schmidt mit Ostpreußen schwertat, mag angesichts des für ihn sonst gewohnten größeren Maßstabs nicht verwundern, aber Volksvertreter kleineren Zuschnitts sollten wenigstens für benachbarte Regionen firm sein. Es ist davon auszugehen, daß diese Bildungsreisenden (volks)demokratisch-fortschrittlichen Unterricht genossen haben oder/und, vom Formelkram der Grenzlinien wie weiland Brandt angewidert, sich Wichtigerem zugewandt haben als der Frage, woher ihre Wohnnachbarn kamen; so sie welche kennen.

Die Historie ist ein weites Feld, kaum zu überblicken und von verwirrendem Bewuchs. Manche Vertreter des deutschen Volkes begaben sich ungern in dieses Gelände. Was sie aber kennen sollten, ist ihr Handwerkszeug, das Grundgesetz vorab. Das Grundgesetz weiß von keinem Deutschstämmigen. Der Artikel 116 GG spricht von Deutschen, von denen, die es kraft Staatsangehörigkeit sind, und anderen, deren Volkszugehörigkeit festgestellt werden kann. Sollte der deutsche Politiker also die Grenzen Deutschlands vom 31.12.1937 kennen, wird ihm klar sein, daß er es in Gogolin mit Deutschen zu tun hat, auch in Oppeln, Schneidemühl und anderswo. Und sollte er sich in Gebiete der weiteren Nachbarschaft verirren, etwa in die Zips oder nach Siebenbürgen, und dort noch vereinzelt merkwürdig vertraute Laute hören, dann sind diese nicht »deutschstämmig«, und auch das Bild von Georgenberg in der Zips oder des »sächsischen« Tartlau ist deutsch und nicht »deutschstämmig« geprägt.

Es ist möglich, in der Wohnbevölkerung der Vereinigten Staaten die Irisch-, die Englisch- und auch die Deutschstämmigen hochzurechnen. Die Nation hat sich 1776 jedenfalls nicht nominell stammlich oder ethnisch verfaßt, sondern als kolonisatorische Schicksalsgemeinschaft mit hohem Integrationsanspruch. Dort nach der Herkunft zu fragen, ist offen, aber von Extremsituationen abgesehen, ist die Antwort bei der Entscheidung, ob Staatsangehörigkeit beantragt wird, nicht erheblich.

In Europa aber ist die Zugehörigkeit zu einem Volk immer noch die wichtigste Äußerung. Wenn also die deutschen Bewohner Pommerns, auch solche gibt es noch, als »Deutschstämmige« bezeichnet werden, stuft man sie in ihrer eigenen Heimat gegen die jetzt dort lebenden Polen ab, welche sich in einer gewaltsamen Aktion, aus dem Kerngebiet kommend, dort niedergelassen haben, ohne je Vorfahren dort gehabt zu haben. Das polnische Selbstverständnis, das früher in den »Westgebieten« Deutsche überhaupt nicht kannte, mag für sich feststellen, daß bestimmte Teile des Staatsvolkes nicht von Polen abstammen, also nach dem Mogelwort, dem schon die Evangelische Denkschrift 1965 aufsaß, »Autochthone« sind. Wer aber in Deutschland und als Deutscher sich nicht genug tun kann, »deutschstämmig« überall dort zu setzen, wo deutsche Staatsangehörigkeit und deutsche Volkszugehörigkeit vorliegen, belegt entweder seine Unkenntnis oder seine Absicht, Angehörige der Schicksalsgemeinschaft in die Unsicherheit zu bringen.

Er belegt aber auch seinen Identitätsverfall. Identität kann nicht nach eigenem Verständnis begründet werden, sie muß sich im Verhältnis zum Gleichartigen äußern. Wer als Deutscher in Oppeln einen »Deutschstämmigen« begrüßt, schämt sich dessen und seiner selbst. Wenn es sich doch nur fügte, nicht Deutscher zu sein, also nichts zu sein als – nur – von Deutschen abstammend, wenn es denn nicht zu ändern ist! Das geht in vielen Köpfen um. Die Distanz zu Gleichen bewirkt beim einzelnen Identitätsverfall nach außen und innen. So glatt es vielen von den Lippen geht, sich von Gruppen von Deutschen abzusondern, die als von der Geschichte überholt gelten, so scharf sind die Auflagen, die jene treffen, die Fragen zu nichtdeutschen Zuwanderern stellen.

Einigkeit und Recht und Freiheit ...

»Das Lied der Deutschen« ist seit 1841 ein Lied der Besinnung und der Hoffnung. Den Staaten des Deutschen Bundes, jenseits dessen, in Helgoland, Hoffmann von Fallersleben als steckbrieflich Gesuchter das Bekenntnis für sein Vaterland in Worte faßte, entspricht heute, nach 150 Jahren, das zerrissene und unsichere Bewußtsein von sich selbst, der damaligen äußeren Zersplitterung die innere Schwäche. Die erste Strophe rief 1841 zu brüderlichem Zusammenhalt in den Grenzen der Kultur- und Sprachgemeinschaft auf. Dieser enge Bezug ist die Voraussetzung für ein Leben mit den anderen Völkern. Deshalb sieht Hoffmann, der Professor für deutsche Sprache, es als die vorrangige Aufgabe an, »Deutschland über alles« zu schätzen. So kann sich der Bürger im Sinne des seit den »deutschen Jahrzehnten« fortwirkenden Humanismus in der Welt entfalten.

In der zweiten Strophe versuchte Hoffmann sein Volk zu charakterisieren. Er beschwört in Bildern Eigenschaften, von denen er hofft oder zu wissen glaubt, daß sie den Deutschen auch von außen zugestanden werden. Frauenehre, Treue, Kulturtradition (»Wein«, »Gesang«) sollen ihren »schönen Klang« behalten, also zusammenstimmen.

Wie es in der dritten Strophe erhofft wird, sollen »Einigkeit und Recht und Freiheit« zugleich Mittel wie Ergebnis gemeinsamen Bemühens um das deutsche Vaterland sein.

Als diese Strophe am 9. November 1989 von einigen Abgeordneten der nationalen Mitte im Deutschen Bundestag angestimmt wurde, verließen jene Mandatsträger den Saal oder blieben verstört in ihren Sitzen, die »Deutschland verrecke« zu ihrem Ruf erkoren und ihre Klientel am zerfaserten Rand des deutschen Volkes einzusammeln versucht hatten. Der Fall der Berliner Mauer hatte für eine kurze Zeit den Nebel auseinandergetrieben, in den mit Deutschland auch das Deutschlandlied eingehüllt wurde.

In ihm tränkt nicht das Blut der Feinde den Boden, lebt nicht die Verketzerung und Verhöhnung des Auslands; des französischen, englischen oder polnischen Beispiels einer Nationalhymne bedarf es wahrlich nicht.

Das deutsche Volk sollte nach Hoffmanns Wunsch durch Recht und Freiheit eins werden und bleiben. – An einem Tiefpunkt seiner Geschichte versuchte der Sozialdemokrat Ebert es aufzurichten, indem er ihm am 11. August 1922 das »Lied der Deutschen« als Nationalhymne vorlegte, gegen Zwietracht und Willkür. Wer das Lied mißdeuten wollte, hat es getan: Beispiele setzten überzogener Nationalismus wie die Verketzerung der Deutschen vor und nach 1945.

Das Verbot durch die Alliierten unterlief, aus welchem Grund immer, Adenauer seit 1950. Er setzte das Lied gegen Koalitionsgegner und Heuss durch. Der immer wieder bemühte Briefwechsel Adenauers mit dem ersten Bundespräsidenten beendete dessen Suche nach einer neuen Hymne, »Land des Glaubens, Land der Väter«. Seitdem dient das Lied der Deutschen den Gegnern und Feinden der Deutschen innen und außen dazu, sich zu Volk und Nation zu äußern.

Ein gewerkschaftlich organisierter Lehrerverband hat sich nicht genug tun können, mit dem Lied das Bekenntnis zum Volk in den Schmutz zu ziehen, Andersdenkende auszugrenzen und diese nicht nur jenseits der Grenze der Ehrbarkeit, sondern des Verstandes zu stellen. Häme wurde auch vom ideologisch benachbarten Medienverbund ausgegossen, zum Billigtarif für den Massengeschmack, ziseliert in den Kulturspalten der »gehobenen« Blätter. In nicht wenigen Kundgebungen und Feiern wurde der Hymne innerhalb der Klientel höhnisch Unerheblichkeit oder bösartig »Revanchismus« attestiert: Der übliche Verweis war der auf die zeitweilige Koppelung mit dem Parteilied der Nationalsozialisten; das Lied der Deutschen sei für immer diskreditiert.

Die Verfechter dieser Ansicht sind eigenartige Puristen. Ginge es nach ihnen, wäre mit diesem Determinismus jegliche Entwicklung zur Seite zu setzen. Die Franzosen blieben mit ihrer Nationalhymne in der Blutspur ihrer Guillotinen, die Engländer am Schafott Jakobs II. und bei der Ausrottung der katholischen Iren, die Polen könnten bis an das Ende der Zeiten der nationalen Hybris nachlaufen.

Daß sich die Deutschen an ihrem Lied polarisieren, hat auch ein Gutes: Es könnte den Sinn schärfen für das Nachdenken darüber, aus welcher Wurzel es stammt, wie es durch Aufschwünge und Einbrüche das Volk begleitete und wo dessen Zukunft liegen soll. Dabei sind bewußte Mißdeutungen auszuhalten.

Nach dem Briefwechsel Adenauer-Heuss wurde am 2.4.1953 in einem Lande im Sinne des bundesstaatlichen Aufbaus verfügt: »Die Erlernung des Deutschlandliedes (›Deutschland, Deutschland über alles‹) und des Bayernliedes (›Gott mit dir, du Land der Bayern‹) wird für sämtliche bayerische Schulen angeordnet. Im Unterricht ist darauf hinzuweisen, welche Bedeutung die dritte Strophe des Deutschlandliedes als deutsche Nationalhymne hat« (Bekanntmachungen 1028).

Ein Lehrer nahm 1992 daran Anstoß. Die nationalferne Seite des Parteienspektrums mit ihrem Medienverbund sprang dem – so wurde argumentiert – zur Hetze verurteilten Erzieher der republikanischen Jugend bei, übersah in der Hektik freilich zweierlei: An der Wiege des Liedes stand ein Verfolgter einer »rechten« Regierung, an der Stufe zur Nationalhymne ein Sozialdemokrat. Dies freilich hieß 1922: ein nationaler Demokrat.

Die Vereinigung der 1943/45 aufgespaltenen Nation spornte die Zerstörer Deutschlands an; von innen und außen wurde für das kleinste Deutschland seit 1000 Jahren »Großdeutschland« als Horrorpopanz aufgebaut. Die Pressionen setzten sich in einer konzeptionslosen Außenpolitik um und fanden im Innern ihre Befürworter.

Ein Bundeskanzler hatte sich ein weiteres Mal mit einem Bundespräsidenten wegen des Liedes der Deutschen zu befassen. Was Heuss nicht gelang, führte der Präsident für die Welt Weizsäcker zu einem Teilsieg: Er kappte die zwei ersten Strophen, setzte die Deutschen in die räumliche Beliebigkeit und in die wesenheitliche Leere. Er ist sein »Deutschland« los, das ihm und dem er seit seinem Amtsantritt zusetzt; die Förderer der »Bundesrepublik« werden aufgewertet. Der Verfassungspatriotismus löst sich aus dem Spannungsverhältnis zum Volkspatriotismus und setzt zum Selbstlauf an.

Die Kultusverwaltung des Landes, das 1953 die Folgerung aus dem ersten Briefwechsel gezogen hat, mochte am 5. November 1992 der Absicht des Welt-Präsidenten nicht ganz entsprechen. Sie gab bekannt:

»Durch Austausch von Noten im August 1991 legten Bundespräsident Richard von Weizsäcker und Bundeskanzler Helmut Kohl fest: ›Die dritte Strophe des Liedes der Deutschen von Hoffmann von Fallersleben mit der Melodie von Joseph Haydn ist die Nationalhymne für das deutsche Volk.‹

Im Hinblick darauf wird angeordnet:

Die dritte Strophe des Liedes der Deutschen (deutsche Nationalhymne) und die Bayernhymne sind an allen Schulen zu erlernen. Dies schließt nicht aus, daß an den weiterführenden Schulen das Lied der Deutschen als ein Dokument der deutschen Geschichte auch als Ganzes unterrichtlich behandelt wird.

Die Bekanntmachung vom 2. April 1953 (BayBSVK S. 1028) wird aufgehoben« (Bekanntmachungen 1992; 552).

Die Behandlung der deutschen Nationalhymne und der Bayernhymne im Unterricht schließt nicht aus, was die Verfassungspatrioten ausgeschlossen haben möchten: das »Lied der Deutschen« zu kennen, es läßt zu, wogegen Millionen Lehrer, Journalisten, Politiker, Wahlbürger arbeiten, »Deutschland« als Begriff und Inhalt zu bewahren.

Es könnte dagegen eingewendet werden, derlei amtliche Äußerungen – und dies für den Unterricht – änderten wenig, bewegten kaum etwas. Aus dem Zusammenfließen verschiedenster Zeichen veröffentlichter und zum Teil ja auch verinnerlichter Meinung jedoch wächst der Grundtenor, der die politischen Entscheidungen nicht nur wie ein Chor begleitet, sondern immer wieder auch prägt, in historischen Stunden diese selbst darstellt. Das waren die Rufe in Leipzig und Berlin des Jahres 1989. Sie forderten für Deutschland ein, was jedes andere Land für sich in Anspruch nimmt.

... für die Deutschen

Vernünftige Politik früherer Gegner Deutschlands hat es nicht vermocht, dessen Feinde von ihrem Ziel abzubringen, das deutsche Volk in Rechtfertigungszwang und Bußestellung zu halten. Wohl hat McCloy die atlantische Brücke gebaut, beschritten wird sie von jenen, die immer wieder Wellen des Hasses und der Verdächtigungen aussenden, um die Selbstfindung des Volkes zu verhindern.

Auch der Geist von Verdun und der vom Élysée ist ein sehr esoterischer geblieben; unter ihm breitet sich ungehemmt handfester Ungeist aus. Die Äußerungen der Deutschen zu ihren inneren Angelegenheiten rufen regelmäßig die Einmischung der engeren und weiteren Nachbarn hervor und die für den hiesigen meinungsprägenden Sektor gewünschte Antwort: Damit müsse man leben. Manche gieren geradewegs nach dieser Sonderstellung.

Die wie eine Lawine losgetretene Mär von der Ausländerfeindlichkeit der Deutschen hätte bei jedem ihrer Nachbarn vergleichsweise stärkeren Realitätsbezug. Deshalb darf gefragt werden: Wem nützt die Meinungswelle?

Wer schaukelte zuerst eine allgemeine Nachdenklichkeit in Deutschland zu der in ganz Europa spürbaren Unruhe und diese zu mediengerechten Straßenszenen auf? Wer steckte als erster jungen Leuten Lohn für Hitler-Rufe und Armrecken zu, schickte Radikalinskis an die Rostock-Front und testete, wann die deutsche Verwaltung nun endlich vor der Welt(»Monde«-) Meinung in die Knie geht und den auf Deutschland hin- oder umdirigierten Strom der begehrlichen Wirtschaftsflüchtlinge ohne Gegenwehr ins Land läßt und dort auch behält? Jedes

Hunderttausend, das vor einer europaweiten Regelung nach Deutschland gedrückt wird, entlastet nicht nur das Budget der Nachbarn und ihre auf nationale Reinheit getrimmte Psyche, es enthebt vor allem von dem Eingeständnis, daß deren verfehlte Europa-, Kolonial- und Entwicklungspolitik schon in den Pariser Vorverträgen angelegt war und nun die Herde zündet und die Kolonnen in Bewegung setzt.

An eben den Punkten stammlicher und nationaler Auseinandersetzung, für die 1919 Grund gelegt wurde, werden explosionsartig oder in Infektionsschüben die Unverträglichkeiten bloßgelegt, im Bereich der früheren Sowjetmacht verstärkt durch die Unfähigkeit zu rationaler Wirtschafts- und Sozialpolitik. – Zuerst suchte man sich derer zu entledigen, die anfangs als willkommene Füllsel in Anspruch genommen wurden. Aus Rumänien und der – nun zerbrochenen – Tschechoslowakei drückt man die Zigeuner, zum Teil über Transitstaaten, nach Deutschland, aus dem zerfallenen Südslawien sind es die Muslime, die man die ehemalige Zugehörigkeit zum osmanischen Staatsvolk entgelten läßt, aus den Brennpunkten englisch-französisch-italienischer Rivalität – im Sahelgürtel – werden schubweise Tausende den erpreßbaren Deutschen als »Asylanten« angedient. Die Erbschaft der Machtpolitik eines Jahrhunderts wird in Deutschland abgeladen. Der politische Nachlaß, bis aus dem Indischen Ozean, wird an den deutschen Aufnahmestellen angelandet, Menschen werden wie Hehlerware hinter den Toren der »eingehegten« Deutschen abgelegt.

Die von außen kommende Meinungswelle »(deutsche) Ausländerfeindlichkeit« und »Fremdenhaß« ist unter dieser wesentlichen Frage, wem sie also nützt, zu erklären.

Nicht auf erstes Hinsehen freilich ist zu verstehen, daß ein Teil der gewählten, bestellten oder – wie beim Meinungssektor – zugelassenen Sachwalter des deutschen nationalen Interesses sich jedem Versuch des anderen Teils, sich vor dieser Erpressung zu schützen, hinhaltend widersetzt.

Wer etwa gibt einem Minister den Auftrag, auf ein Stichwort hin sich für sein Volk stellvertretend vor *dem* Staat zu schämen, der Deutschland zu einem Popanz nationalen Ungeistes aufbläst, zu gleicher Zeit Hunderte Landeseinwohner gnadenlos über die Grenze treibt und die aus den zwanziger und dreißiger Jahren bekannte Art des Landgewinns und der Behandlung Ansässiger, nun mit staatlichen Machtmitteln, fortsetzt? Warum kann sich im Land die abgeschmackte Larmoyanz noch weiter ausbreiten, mit der die gegen Deutschland gerichtete Meinung durch höchste Repräsentanten den Grundtenor erhält, deutsche Scham und Schuld als tragende Schicht für die schrillen ausländischen Stimmen?

Das von nicht wenigen Erhoffte ist ausgeblieben; Deutsche haben in Kampfverbänden nicht auf Deutsche geschossen. Die Vereinigung aus eigenem Antrieb, in einer günstigen Säkularbedingung, hat einen weniger extremen Wunsch nicht für noch längere Zeit Wirklichkeit bleiben lassen, eine Ent-Zweiung der Deutschen über machtpolitisch getrennte Staatengruppen. Was den Zerstörern innerhalb der früheren Gegner als Hoffnung noch bleibt, ist die nachhaltige Minderung und Schwächung des nun langsam zusammenwachsenden deutschen Staates. Sie sind dafür sogar bereit, Einbußen bei den seit dem Krieg unter verschiedenen Titeln eingeforderten tributären Leistungen hinzunehmen.

Die von Selbsthaß verzehrten Deutschen – vom staatsstürzenden Chaoten bis in die Staatsränge hinein – stehen diesen Zerstörern Deutschlands nicht nur kräftig bei, viele lassen sich von keinem Ausländer darin übertreffen: Jahrelang anstehende Entscheidungen zur sachgerechten Asylpolitik und zur Verfassungsreform werden verschleppt, die Rechtsordnung wird zur Durchsetzung der Gesetze untauglich gemacht, nicht genehme Gruppen des Volkes werden nicht so sehr nur von der Machtteilhabe ferngehalten als ausgegrenzt.

»Das müssen die Deutschen selbst machen«: Im Lande wurden genug gefunden, denen dies auch heute noch Auftrag ist, Selbstschwächung durch verkürzte, einseitige und tabubegrenzte Vergangenheitssicht. Es ist nicht auszuschließen, daß sich unter diesen auch ein gehöriger Teil jener befindet, die gemeinhin als »Idealisten« bezeichnet werden und damit benutzbar sind. Die Meinungsführer freilich handelten und handeln in Kenntnis der Bedingungen. Sie haben etwas abzutragen, oder: Sie glauben, etwas abtragen zu müssen. Ihnen oder ihren Vorgängern wurde Macht übergeben: Schaltpulte, Redaktionstische, Verlegeranteile, Lehrstühle. Manche von ihnen hätten mangels Qualifikation ihren beruflichen oder politischen Weg nicht ohne Bestellung oder Förderung durch die Besatzungs- und spätere Stationierungsmacht gehen können. Dies sind die Großväter, die Väter.

Die Entscheidungssubstanz für die Kinder und Enkel wurde über Rahmenrichtlinien doktrinärer Reeducation- und Klassenkämpfer transportiert, ihr Weltbild ist weitgehend ein schmaler Diastrahl innerhalb eines weiten Tabufeldes. Sie wissen von Deutschland nicht viel mehr, als »Hitler im Aufstieg« und »Hitler im Fall«. Der Kreis schließt sich: Die Geschichte und also eine wesentliche Grundlage für politische Entscheidungen für die meisten in die Lebenshöhe Tretenden ist nicht das, was gewesen ist, sondern, was gewesen sein soll.

Die deutsche Geschichte, nominell geöffnet in nachbarschaftlicher, europäischer und Weltbeziehung, verengte sich für sie, als hätte es keinen anderen Handelnden gegeben und keine andere Doktrin als die deutsche nationalsozialistische.

Es irritiert viele – und deren Zahl wächst –, daß offensichtlich schon seit Generationen die Weltbühne früher mehrheitlich und seit 50 Jahren ausschließlich von anderen als Deutschen gestaltet wird. Anders, als dies in Medien und Schulstuben mißbräuchlich breitgewalzt wird. Deutsche Scham und Schuld werden weiterhin gefordert. Wo nur läßt sich da bei Mogadischu, in Los Angeles, in Bergkarabach und Sarajevo anknüpfen?

Was Hoffmann von Fallersleben beschwor mit dem Recht und dem Freiheitsanspruch, die Einigkeit der Deutschen gegenüber dem Druck ausländischer Mächte und der inneren Zersplitterung zu wahren, ist heute noch immer aktuell. Das Lied der Deutschen ist vor allem eines der schmerzlichen Mahnung.

Die in Geschichtsbüchern abgedruckte Karikatur über die deutschen Philister im Debattierclub des Vormärz, die einen Maulkorb tragen, deren Arme gefesselt sind, die also politische Grundsätze bestenfalls denken, aber nicht ausdrücken und umsetzen dürfen, ist weiterhin anwendbar. Die Deutschen führen heute das Machtgespräch vergleichbar. Den Fesseln des damaligen antiliberalen und antinationalen Grundkonsenses entsprechen die Einhegung und die Gängelung aus der Forderung von 1943, die auf das deutsche Volk gelegt wurden. Die Bindung läuft heute über die Selbstbindung. Die näheren und weiteren Nachbarn nutzen die Bündnis- und Vertragsformen weit über die natürliche gegenseitige Abhängigkeit hinaus, wie sie sich gemeinhin bei jeder Beziehung ergibt. Die mentale Schwäche des deutschen Volkes durch den aufgedrückten und am Leben erhaltenen Scham- und Schuldkomplex sichert einen überbordenden Einfluß und sorgt dafür, daß die Einigkeit durch Verwirrung und Zerrüttung, das Recht durch Unsicherheit und Hintansetzung und die Freiheit durch Gängelung und Selbstkasteiung beeinträchtigt werden.

Das Lied der Deutschen mahnt die Jüngeren, die in die Entscheidung hineinwachsen,
– die Einigkeit in Recht und Freiheit zu wahren,
– ihr Recht in Freiheit und Einigkeit in Anspruch zu nehmen und
– die Freiheit für die Einigkeit im Recht einzufordern.

Sie können dies nur, wenn sie das Netz ungerechtfertigter Kollektivbindung abstreifen, das vor 50 Jahren über ihre Vorfahren geworfen wurde, und aus Nebel und Dunst heraustreten, in die man ihren Gang durch die Geschichte als den eines Sonderwegs gebannt hatte.

Literatur- und Quellennachweis

- Arndt, Hans Joachim, Die Besiegten von 1945. Versuch einer Politologie für Deutsche samt Würdigung der Politikwissenschaft in der Bundesrepublik Deutschland. 1978 Duncker und Humblot Berlin

- Auerbach, Hellmuth, Die Gründung des Instituts für Zeitgeschichte. In: VfZ 18, S. 529 ff (Oktober 1970)

- Aurich, Peter, Der deutsch-polnische September 1939. Eine Volksgruppe zwischen den Fronten. 1985 Westkreuz Verlag Berlin/Bonn – Ilma-Verlag Kelkheim

- Bereinigte Sammlung der Verwaltungsvorschriften des Bayerischen Staatsministeriums für Unterricht und Kultus 1865–30.06.1957 (BayBSVK), Erster Band 1865–1954, 1958 München

- Bekanntmachungen des Bayerischen Staatsministeriums für Unterricht, Kultus, Wissenschaft und Kunst KWMBl I S. 552 Nr. 22/1992 München

- Bodenstein, Walter, Ist nur der Besiegte schuldig?
  Die EKD und das Stuttgarter Schuldbekenntnis von 1945.
  1986 Ullstein Frankfurt/Main, Berlin

- Boyens, Armin, Das Stuttgarter Schuldbekenntnis vom 19. Oktober 1945 – Entstehung und Bedeutung. In: VfZ 19, S. 374

- Bayerischer Rundfunk (BR)

- Der Große Brockhaus Bd. 6, Wiesbaden 1965

- Buch, Günther, Namen und Daten wichtiger Personen der DDR. 1979[2] Verlag J. H. W. Dietz Nachf. Berlin, Bonn

- Buchheim, Hans, Zu Kleists »Auch Du warst dabei«. In: VfZ 2, S. 175 ff (April 1954)

- Bundeszentrale für politische Bildung u. a. (Hrsg.), Richard von Weizsäcker. Zum 40. Jahrestag der Beendigung des Krieges in Europa und der nationalsozialistischen Gewaltherrschaft. Ansprache am 8. Mai 1985 im Plenarsaal des Deutschen Bundestages. Bonn u. a. o. J.

- Bungenstab, Karl-Ernst, Umerziehung zur Demokratie? Re-educations-Politik im Bildungswesen der US-Zone 1945–1949. 1970 Bertelsmann Universitätsverlag Düsseldorf

- Bussmann, Walter, Zur Entstehung und Überlieferung der »Hossbach-Niederschrift«. In: VfZ 16, S. 373

- CDU/CSU-Fraktion des Deutschen Bundestages. Dr. Alfred Dregger – Der Ehrenvorsitzende – (Hrsg.): Erstes gesamtdeutsches Verbandstreffen der Heimkehrer am 03.10.1992 in Gera. Bonn 03.10.1992 ID: 10357/440

- Celovsky, Boris, Das Münchner Abkommen 1938. Quellen und Darstellungen zur Zeitgeschichte, Band 3. 1958 Deutsche Verlags-Anstalt Stuttgart

- Craig, Gordon A., Die Chequers-Affäre von 1990. In: VfZ 39, 4. (Okt. 1991)

- Denkschrift, Eine evangelische. Die Lage der Vertriebenen und das Verhältnis des deutschen Volkes zu seinen östlichen Nachbarn. 1965 Verlag des Amtsblattes der Evangelischen Kirche in Deutschland Hannover

- Deutscher Ostdienst (DOD), Informationsdienst des Bundes der Vertriebenen 34, 23 (12. Juni 1992)

- Dudek, Peter und Janson, Erich, Mißbrauch echter Ideale. Der Nationalsozialismus als Thema pädagogischer Zeitschriften 1945–1949. In: Pädagogik und Schule in Ost und West 40., Heft 2/1992 Verlag Isensee Oldenburg

- Deutsche Zeitung in Kroatien (DZK) Jgg. 1–4 Agram 1941–1944

- Fischer, Fritz, Deutsche Kriegsziele. Revolutionierung und Separatfrieden im Osten 1914–1918. In: HZ 188 S. 249 (1959)

- Fischer, Fritz, Kontinuität des Irrtums. In: HZ 191 S. 83 (1960)

- Fischer, Fritz, Griff nach der Weltmacht. 1961 Droste Verlag, Düsseldorf

- Fischer, Heinz-Dietrich, Parteien und Presse in Deutschland seit 1945. Studien zur Publizistik Band 15, 1971 Schünemann Universitätsverlag Bremen

- Fischer, Klaus, Die Emigration von Wissenschaftlern nach 1933. Möglichkeiten und Grenzen der Bilanzierung. In: VfZ 39., S. 535 ff (Oktober 1991)

- Flynn, John T., The Roosevelt Myth. 1950[17] The Devin-Adair Company New York

- Frei, Norbert, Medienpolitik der Alliierten nach dem Zweiten Weltkrieg. Die Situation in den Besatzungszonen und in Berlin. In: Mitteilungen Studienkreis Rundfunk und Geschichte 11., Nr. 1 (Januar 1985)

- Frei, Norbert, Amerikanische Lizenzpolitik und deutsche Pressetradition. Die Geschichte der Nachkriegszeitung Südost-Kurier. Schriftenreihe der Vierteljahrhefte für Zeitgeschichte Band 52. 1986 R. Oldenbourg Verlag München

- German-American National Political Action Committee (Santa Monica C.A. 90401) GANPAC-Brief Nov. 1986, Nr. 47

- Gesetz über die Angelegenheiten der Vertriebenen und Flüchtlinge (Bundesvertriebenengesetz – BVFG) in der Fassung vom 3. September 1971. Bundesgesetzblatt, Jahrgang 1971, Teil I S. 1565

- Gimbel, John, The Origins of the Institut für Zeitgeschichte. Scholarship, Politics, and the American Occupation 1945–1949. In: The American Historical Review LXX, 1 October 1964

- Gorodetsky, Gabriel, Stalin und Hitlers Angriff auf die Sowjetunion. Eine Auseinandersetzung mit der Legende vom deutschen Präventivschlag. In: VfZ 37, 4, S. 645 Oktober 1989

- Grenfell, Russell, Bedingungsloser Haß? Die deutsche Kriegsschuld und Europas Zukunft. 1954 Verlag Fritz Schlichtenmayer Tübingen

- Greuner, Reinhart, Lizenzpresse. Auftrag und Ende. Der Einfluß der anglo-amerikanischen Besatzungspolitik auf die Wiedererrichtung eines imperialistischen Pressewesens in Westdeutschland. 1962[1] Rütten & Loening Berlin

- Habel, Fritz Peter, Dokumente zur Sudetenfrage. Veröffentlichung des Sudetendeutschen Archivs München. 1984 Albert Langen, Georg Müller Verlag München, Wien

- Hacker, Jens, Deutsche Irrtümer. Schönfärber und Helfershelfer der SED-Diktatur im Westen. 1992 Verlag Ullstein Berlin/Frankfurt a. M.

- Harpprecht, Klaus, Willy Brandt, Porträt und Selbstportrait. 1970 Kindler Verlag München

- Harenberg, Karl-Heinz, DIE WELT 1946–1953. Eine deutsche oder eine britische Zeitung? Dissertation 1976: Freie Universität Berlin

- Höppner, Joachim, Das Institut für Zeitgeschichte in München und seine Arbeit im Dienste der militärisch-klerikalen Herrschaft des westdeutschen Imperialismus. In: Zeitschrift für Geschichtswissenschaft VII Heft 1, S. 316 (1959)

- Hoffmann, Peter, Claus Schenk von Stauffenberg und seine Brüder. 1992[1] Deutsche Verlags-Anstalt Stuttgart

- Hughes, Emrys, Churchill. Ein Mann in seinem Widerspruch. 1959 Verlag Fritz Schlichtenmayer Tübingen

- Hurwitz, Harold, Die Pressepolitik der Alliierten. In: Pross, Harry (Hrsg.), Deutsche Presse seit 1945. 1965 Scherz München

- Hurwitz, Harold, Die Stunde Null der deutschen Presse. Die amerikanische Pressepolitik in Deutschland 1945–1949. 1972 Verlag Wissenschaft und Politik Köln

- Institut zur Erforschung der nationalsozialistischen Politik. Akten I–VI Bayerisches Staatsministerium für Unterricht und Kultus [Zeitliche Reihenfolge]

- Institut für Zeitgeschichte. Selbstverständnis, Aufgaben und Methoden der Zeitgeschichte. Chronik, Bibliothek, Archiv, Publikationen, Personalia. 1972 Institut für Zeitgeschichte, München

- Journalisten Handbuch[2]. Hrsg. Deutscher Journalisten-Verband. 1960 Verlag Chmielorz Wiesbaden

- Korte, Karl-Rudolf, Der Standort der Deutschen. Akzentverlagerungen der deutschen Frage in der Bundesrepublik Deutschland seit den siebziger Jahren. 1990 Verlag Wissenschaft und Politik Köln

- Kuby, Erich, Der Fall »stern« und die Folgen. 1983 Konkret Literatur Verlag Hamburg

- Kürschners Deutscher Gelehrten-Kalender, 6. bis 12. Ausgabe. 1941 bis 1976 W. de Gruyter Berlin (u. Leipzig)

- Lindemann, Helmut, Die Rolle der freien Publizisten. In: Pross, Harry (Hrsg.), Deutsche Presse seit 1945. 1965 Bern, München, Wien.

- Louzil, Jaromir, Niemals waren wir Tschechen allein hier. Nikdy jsme tu nebyli jen my sami. In: Deutsche und Tschechen. Neue Hoffnung? Cesi a nemci nova nadeje? Nadace Bernarda Bolzana. Ackermann-Gemeinde. Bericht zum Symposion »Die verschwiegene Minderheit« vom 10.–12. April 1992 in Iglau

- Lutz, Hermann, Fälschungen zur Auslandsfinanzierung Hitlers. In: VfZ 2, 4 (Okt. 1954)

- Lutz, Hermann, Verbrecher-Volk im Herzen Europas. 1959 Verlag Fritz Schlichtenmayer Tübingen

- Marder, Jürgen, Eine Journalistengeneration – seine Schüler. Erinnerungen an das erste Groth-Seminar in München. In: Publizistik. Hrsg. E. Dovifat, 10. Jg. 1965 Verlag B. C. Heye Bremen

- Martini, Winfried, Das Ende aller Sicherheit. Eine Kritik des Westens. 1954 Deutsche Verlagsanstalt Stuttgart

- Matz, Elisabeth, Die Zeitungen der US-Armee für die deutsche Bevölkerung (1944–1946). Studien zur Publizistik. Bremer Reihe, Deutsche Presseforschung Band 12. 1969 Verlag C. J. Fahle Münster (Westf.)

- Mayer, Hans, Die umerzogene Literatur. Deutsche Schriftsteller und Bücher 1945–1967. 1988 Verlag Siedler Berlin

- Merkl, Gerd, So nicht, Herr Präsident. Diskussionsbeitrag zu Richard von Weizsäckers Parteienkritik. 1992[1] Verlag Ingrid Merkl Teugn

- Messmer, Annette, André François-Poncet und Deutschland. Die Jahre zwischen den Kriegen. In: VfZ 34., 4

- Miner, Steven Merritt, Between Churchill and Stalin. The Soviet Union, Great Britain, and the Origins of the Grand Alliance. 1988 The University of North Carolina Press Chapel Hill London

- Münchner Merkur (MM). Unabhängige Tageszeitung für die Landeshauptstadt München und Bayern. München

- Moltmann, Günther, Amerikas Deutschlandpolitik im Zweiten Weltkrieg. Kriegs- und Friedensziele 1941–1945. 1958 C. Winter Universitätsverlag Heidelberg

- München 1938. Dokumente sprechen. Mitteleuropäische Quellen und Dokumente. Band 8. Hrsg. vom Sudetendeutschen Rat e. V. München. 1963. Universitäts-Buchdruckerei und Verlag Dr. C. Wolf und Sohn München

- Nizer, Louis, What to Do with Germany. 1944 London

- Overesch, Manfred, Die Deutschen und die Deutsche Frage 1945–1955. Darstellung und Dokumente. 1985 Droste Verlag Düsseldorf

- Paulus, Günter, Wissenschaftliche Zeitgeschichte oder Apologie des deutschen Imperialismus? In: Zeitschrift für Geschichtswissenschaft III Heft 1, S. 3 (1955)

- Prazak, Albert, České Obrození (übers.: Tschechische Wiedergeburt). o. J. E. Beaufort, Narodni Sprava, Praha (Verlag E. Beaufort in Volksverwaltung Prag)

- Rheinischer Merkur. Wochenzeitung für Politik, Wirtschaft, Kultur, Christ und Welt. (RM) Bonn

- Richardi, Hans-Günter/Schumann, Klaus, Geheimakte Gerlich/Bell. Röhms Pläne für ein Reich ohne Hitler. 1993 W. Ludwig-Verlag München

- Ritschl, Albrecht, Die deutsche Zahlungsbilanz 1936–1941. In: VfZ 39., 4. (1991)

- Rösch, Gertrud M., Ludwig Thoma als Journalist. Ein Beitrag zur Publizistik des Kaiserreichs und der frühen Weimarer Republik. 1989 Verlag Peter Lang Frankfurt/M., Bern, New York, Paris

- Rosen, Hans Freiherr von, Die Verschleppung der Deutschen aus Posen und Pommerellen im September 1939. Eine Dokumentation. 1990 Westkreuz-Verlag Berlin/Bonn

- Rothfels, Hans, Zehn Jahre danach. In: VfZ 3., S. 227 (1955)
- Sänger, Fritz, Verborgene Fäden. Erinnerungen und Bemerkungen eines Journalisten. 1978¹ Verlag Neue Gesellschaft Bonn
- Smith, Bradley F., Die Überlieferung der Hoßbach-Niederschrift im Lichte neuer Quellen. In: VfZ 38., S. 329 (1990)
- Süddeutsche Zeitung, Münchner Neueste Nachrichten aus Politik, Kultur, Wirtschaft und Sport (SZ). München
- Schrenck-Notzing, Caspar, Charakterwäsche. Die amerikanische Besatzung in Deutschland und ihre Folgen. 1965 Seewald Verlag Stuttgart
- Sternberger-Storz-Süskind, Aus dem Wörterbuch des Unmenschen. 1957³ Claassen Verlag Hamburg
- Stockhorst (Erich), Fünftausend Köpfe. Wer war was im Dritten Reich. 1967 blick + bild Verlag Velkert und Kettwig
- Times Educational Supplement (TES), London
- Vereinte(n) Nationen (UNO), Die Satzung der. Mit den vorbereitenden Dokumenten und dem Statut des Internationalen Gerichtshofes. Hrsg. von W. G. Grewe, 1948 Vandenhoeck & Ruprecht Göttingen
- Verfassungsschutzbericht 1990. Hrsg. Der Bundesminister des Innern. August 1990 [wohl: 1991] Bonn
- Verfassungsschutzbericht 1991. Hrsg. Der Bundesminister des Innern. August 1992 Bonn
- Verfassungsschutzbericht Bayern 1991. Hrsg. Bayerisches Staatsministeriums des Innern. April 1992 München
- Vierteljahreshefte für Zeitgeschichte (VfZ) 1ff, 1953 ff München
- Vogts, Alfred, Unconditional Surrender – vor und nach 1943. In: VfZ 7., 3 S. 280 ff
- WELT, DIE, Unabhängige Tageszeitung für Deutschland. Berlin, Hamburg
- Weniger, Erich, Die Epoche der Umerziehung 1945–1949. In: Westermanns Pädagogische Beiträge, 11 (1959) S. 403, S. 517, 12 (1960) S. 9, S. 74

- Wer ist wer? 1. Auflage 1948 grani Verlags GmbH Berlin

- Wetzler, Peter, Kaiser Hirohito und der Krieg im Pazifik. In: VfZ 37., 4, S. 611 (Oktober 1989)

- Wittek, Bernhard, Der britische Ätherkrieg gegen das Dritte Reich. Die deutschsprachigen Kriegssendungen der British Broadcasting Corporation. Studien zur Publizistik Band 3. 1962 Verlag C. J. Fahle Münster

- Who's Who in Germany (WWG). 1 bis 4. Auflage. 1956–1972 Munich u. a.

- Young, A. Primrose, Die ›x‹-Dokumente. Die geheimen Kontakte Carl Goerdelers mit der britischen Regierung 1938/39. 1989 Piper, München, Zürich (The ›x‹-Documents. London 1974)

- Zitelmann, Rainer, Wiedervereinigung und deutscher Selbsthaß. In: Deutschland Archiv 25., 8. August 1992 S. 811

Personenregister

Adenauer, Konrad 36, 162, 191, 193 ff, 206, 235, 240 f
Adorno, Theodor W. 63
Alexander I. 13
Arndt, Ernst Moritz 174
Asmussen, Hans 88 ff
Atatürk, Kemal 205
Augstein, Rudolf 187

Bahr, Egon K. 227
Barth, Karl 87 f, 90
Beck, Józef 23
Beneš, Eduard 37, 138 f, 155, 183
Bethmann Hollweg, Theobald von 131
Bismarck, Otto von 205
Bloch, Ernst 76
Bobrowsky, Johannes 233
Böll, Heinrich 97 f
Bonhoeffer, Dietrich 81
Borchert, Wolfgang 97
Brandt, Willy 98, 192, 195–198, 207, 237
Brecht, Bert(olt) 76, 96, 99 f
Brickner, Richard M. 69, 115, 182
Broszat, Martin 125
Brüning, Heinrich 34 f, 42
Buchheim, Hans 120
Bush, George 7 f
Byrnes, James Francis 73

Carstens, Karl 200
Ceausescu, Nicolae 200, 230
Celovsky, Boris 122
Chamberlain, Joseph 134, 136, 138
Churchill, Winston 23, 29–33, 38, 41 f, 46, 50 ff, 58 f, 65, 80, 105, 129 f, 134, 138, 145, 160, (173), 190, 204
Clark, Mark Wayne 119
Clausewitz, Carl Ph. G. von 59 f
Clemenceau, Georges B. 33, 44, 60 f
Czaja, Herbert 160

Davis, Elmer 54
Delmer, Sefton 86, 182
Delp, Alfred 80 f, 86
Disraeli, Benjamin 205
Dönhoff, Marion Gräfin (157)
Dregger, Alfred 204

Ebermann, Thomas 211
Ebert, Friedrich 240
Ebner-Eschenbach, Marie Freifrau von 234
Eichendorff, Joseph Freiherr von 233
Ehrenburg, Ilja 109, 113, 182
Eisenhower, Dwight D. 18, 29
Erzberger, Matthias 215

Fischer, Fritz 129–132
Franco Bahamonde, Francisco 31 f, 50
François-Poncet, André 33–37, 77
Friedrich II., Kg. v. Pr. 174
Fritzsche, Hans 86
Fromm, Erich 63

Gandhi, Mahatma 31
Gaulle, Charles de 33, 36–37, 226
Geißler, Heiner 213, 227
Genscher, Hans Dietrich 207, 233
Goebbels, Joseph 52, 64, 192
Goerdeler, Carl Friedrich 79 ff
Göring, Hermann 23, 143
Grant, Ulysses Simpson 57
Grass, Günter 98 f, 212, 233
Gritschneder, Otto 216

Habe, Hans 102, 113
Habermas, Jürgen 212
Hacking, Douglas 32
Haldane, Richard Burdon 30
Halifax, Edward Frederick 44
Hauptmann, Gerhart 233
Heinemann, Gustav 120, 171

256

Herder, Johann Gottfried 233
Heuss, Theodor 120, 197, 240 f
Hindenburg, Paul von 34, 42
Hirohito, Kaiser (= Tenno) 28, (53)
Hitler, Adolf 11, 17, 22 f, 26, 28, 31 f, 36, 39–44, 45, 49 f, 55, 57, 77 ff, 80, 86, 92, 95, 103, 110, (133), 134, 139–143, 145, 147, 184 f, 193, (196), 204, 213, 218
Höfer, Werner 117, 189
Hoffmann von Fallersleben, August Heinrich 225, 239 f, 247
Hoover, Herbert Clarc 25
Horkheimer, Max 62
Hoßbach, Friedrich 142 f
Hull, Cordell 60 f
Humboldt, Wilhelm Freiherr von 205
Hus, Jan 15

Jeanne d'Arc 37
Jaksch, Wenzel 122 f, 160, 235
Jenninger, Philipp 202 ff
Jünger, Ernst 96

Kaas, Ludwig 108
Kästner, Erich 96
Kahr, Gustav Ritter von 215
Kaufmann, Theodore N. 62
Kennedy, John F. 226
Kluke, Paul 121
Kohl, Helmut 201, 242
Krausnick, Helmut 121
Kroll, Gerhard 120
Kuby, Erich 188, 212

Lafontaine, Oskar 227
Langendorf, Ern(e)st 112
Leber, Julius 80, 195
Lee, Robert Edward 57
Lenin, Wladimir Iljitsch 38 f, 64, 142
Lenz, Siegfried 233
Lilje, Hans 89
Lindlau, Dagobert 230
Lippmann, Walter 109, 112
Löwenthal, Leo 63
Lloyd George, David 140

Lübke, Heinrich 162
Luther, Martin 92, 165, 174
Lutz, Hermann 35, 124

MacLeish, Archibald 54, 73
Maginot, André 36
McCarthy, Joseph Raymond 27
McCloy, John Jay 243
Mann, Heinrich 96, 100
Mann, Thomas 77, 96
Mao Tse-tung 49
Marcuse, Herbert 63
Masaryk, Tomáš Garrigue 15, 139, 154
Mauriac, François 226
Mayer, Hans 76, 100
Meinecke, Friedrich 131
Mendelssohn, Peter de 113
Miegel, Agnes 234
Mitterrand, François (223)
Molotow, Wjatscheslaw 39, 53, 144, 149
Monroe, James 64
Morgenthau, Henry 11, 44, 59–62, 75, 115, 159, 163, 168
Mussolini, Benito 23, 26, 28, 31, 40

Nannen, Henri 117, 188 ff
Napoleon Bonaparte 13, 205
Nečas, Jaromir 155
Němcová, Božena 152
Niemöller, Martin 87 ff, 110
Nipperdey, Thomas 160
Noelle-Neumann, Elisabeth 211
Noske, Gustav 108

Papen, Franz von 42
Pfeiffer, Anton 103
Pius XII. 85 f
Poincaré, Raymond 33
Proebst, Hermann 121, 190
Raiser, Ludwig 91
Ranke, Leopold von 125 f, 132, 134, 160
Raschhofer, Hermann 122
Reagan, Ronald Wilson 8

Reich, Wilhelm 63
Reuter, Ernst 191
Rhode, Gotthold 128
Ribbentrop, Joachim von 53, 144, 149
Richter, Hans Werner 97
Ridley, Nicholas (223)
Ritter, Gerhard 120 f
Robbespierre, Maximilien de 95
Röhm, Ernst 35
Rommel, Erwin 80
Roosevelt, Franklin Delano 9, 14, 17 ff, 23–29, 31 ff, 38, 49, 51, 53 f, 57–62, 64, 66, 69, 74 ff, 80, 82 f, 86, 105, 115, 117, 130, 138, 142, 168, 176, 190, 204
Roosevelt, Eleanor 24
Rosenberg, Alfred 159
Rosmus, Anna (zitiert: Anja) 220 f
Rothfels, Hans (H. R.) 124 f
Rydz-Śmigly, Edward 145

Salazar, Antonio de Oliveira 50
Schaffner, Bertram 196 f
Scharf, Kurt 91
Scheel, Walter 207
Schiller, Friedrich von 205
Schleicher, Kurt von 34
Schmalz-Jacobsen, Cornelia 227
Schmid, Carlo 206
Schmidt, Helmut 233, 237
Schmitthenner, Adolf 119
Schnitzler, Karl Eduard von 187, 189
Schumacher, Kurt 104, 191 f, 195
Schweitzer, Albert 96
Shirer, William S. 62
Sikorski, Wladyslaw Eugeniusz 37

Stalin, Jossif W. 9, 24, 26, 37 ff, 49 f, 54, 58 f, 74 ff, 80, 82, 95, 138, 142, 145 f
Stauffenberg, Claus Graf Schenk von, und –, Bertold Graf Schenk von 80 f
Stifter, Adalbert 234
Strasser, Gregor, und –, Otto 35
Strauß, Franz Josef 206 f

Thatcher, Margaret Hilda (223)
Thoma, Ludwig 215–218
Tocqueville, Charles Alexis de 21, 176
Trampert, Rainer 211
Trotzki, Leo 39, 49
Truman, Harry Spencer 18, 75
Tschiang (Chiang) Kai-shek 50

Ulbricht, Walter 64, 192

Vegesack, Siegfried von 233
Verhoeven, Michael (219), 220
Visser 't Hooft, Willem Adolph 88 f, 129

Wehner, Herbert 192
Welles, Sumner 59 ff
Werfel, Franz 233
Weizsäcker, Richard Freiherr von 198 ff, (201), 203, 241 f
Wiesel, Elie 218
Wilhelm II., dt. Kaiser 25, 92, 131
Wilson, Woodrow 53, 64, 74, 176
Wolffsohn, Michael 211
Wurm, Theophil 88 f

1945 keimte die Hoffnung auf, ein freies demokratisches Deutschland auch in der sowjetischen Besatzungszone zu schaffen. Schlomann schildert den mühsamen Aufbau demokratischer Parteien, die brutalen Repressalien, die Verhöre und Schauprozesse und schließlich das Ende aller Hoffnung.

320 Seiten, DM 39,80

Die Waldheimer Prozesse gehören zum dunkelsten Kapitel der DDR-Geschichte. Was sich als Abrechnung mit Faschismus und Militarismus bezeichnete, war ein beispielloser Justizskandal und ein unmenschlicher Willkürakt im Umgang mit politischen Gegnern.

320 Seiten, DM 39,80